兰州财经大学公共管理学科（甘肃省重点学科）建设经费
甘肃省陇原青年英才、兰州财经大学科研专项经费　　资助

张文斌◎著

西北内陆中心城市居住空间分异及其效应研究

Research on residential spatial differentiation
and its effects in northwest inland central cities

中国财经出版传媒集团
经济科学出版社
Economic Science Press
·北京·

图书在版编目（CIP）数据

西北内陆中心城市居住空间分异及其效应研究／张文斌著. --北京：经济科学出版社，2024.6. --ISBN 978-7-5218-6069-6

Ⅰ. D669.3

中国国家版本馆 CIP 数据核字第 20241WR865 号

责任编辑：杜　鹏　常家凤
责任校对：齐　杰
责任印制：邱　天

西北内陆中心城市居住空间分异及其效应研究

XIBEI NEILU ZHONGXIN CHENGSHI JUZHU KONGJIAN FENYI JIQI XIAOYING YANJIU

张文斌◎著

经济科学出版社出版、发行　新华书店经销

社址：北京市海淀区阜成路甲 28 号　邮编：100142

编辑部电话：010-88191441　发行部电话：010-88191522

网址：www. esp. com. cn

电子邮箱：esp_bj@163. com

天猫网店：经济科学出版社旗舰店

网址：http://jjkxcbs. tmall. com

北京联兴盛业印刷股份有限公司印装

710×1000　16 开　15.5 印张　270000 字

2024 年 6 月第 1 版　2024 年 6 月第 1 次印刷

ISBN 978-7-5218-6069-6　定价：99.00 元

（图书出现印装问题，本社负责调换。电话：010-88191545）

（版权所有　侵权必究　打击盗版　举报热线：010-88191661

QQ：2242791300　营销中心电话：010-88191537

电子邮箱：dbts@esp. com. cn）

序　言

　　文斌的博士论文经一年多修改完善后即将付梓出版，我为此感到十分欣慰。特别是博士毕业当年，他又顺利申请到国家社会科学基金项目，作为地处西北地区高校的青年教师，实属不易。正所谓"一分付出，一分收获"，这是对他多年辛勤耕耘的最好回报。文斌在攻读博士学位期间，根据其从教专业房地产开发与管理，结合我承担的国家自然科学基金项目，确定了博士论文的选题方向——城市居住空间分异研究。这一选题放在当今来看，尽管不算新颖，但仍具相当大的挑战性。考虑到专业背景，起初也担心过他能否很好地理解和驾驭，怎样获取丰富而有效的数据，如何定量测度其居住空间的分异程度，并全面刻画由此带来的社会和空间效应，据此从城市规划的视角提出应对策略或建议。经过不懈努力，我认为他还是比较出色地完成了预设目标与核心内容，并得到了外审和答辩专家的一致好评。不过，作为一篇多学科交叉性质的学术成果，不足之处一定还有不少，在这里我就不多做评述，恳请学界同仁多提宝贵意见。

　　城市是多种社会与经济活动集聚而成的地理空间实体，各种活动在城市地域内部具有不同的组合格局，从而形成不同的城市空间结构。而城市居住空间因同时具有物质空间和社会空间的双重属性，成为城市空间结构最直观的体现。物质层面上，主要表现为不同类型居住区在建筑质量、环境、配套设施等方面的差异；社会层面上，则主要表现为占据不同类型和区位的居住区内社会群体在经济收入、文化程度、价值观念等方面的差异。因此，城市居住空间的演变、分异及其效应长期以来受到地理学、经济学、社会学等不同学科的广泛关注。

　　自 19 世纪 70 年代恩格斯对曼彻斯特城市居住空间模式研究以来，西方国家城市居住空间研究一直相当盛行，并在理论和方法上形成了不同学派。

（1）芝加哥学派借用生态学的基本概念和原理，重点对城市居住空间结构进行了开创性研究。主要采用阶层、生命周期和种族三个指标来描述社会群体在城市的空间分布，提出了著名的同心圆、扇形、多核心三大空间结构模式。其后许多学者又从不同视角或运用不同方法对三种模式进行验证，进一步发展了该学派。

（2）新古典主义学派运用空间经济学理论和严密的逻辑推理，以地价为基础，从效用最大化出发重点探讨居民最佳的住宅区位选择和合理的土地开发模式，构建了住宅区位选择和交通费用之间的均衡模型，揭示了不同社会阶层的居住空间分布，以及居住隔离形成的内在机理。

（3）行为学派以行为理论为基础，把家庭看作独立的决策单位，重点对居民在住宅区位选择过程中的行为进行分析。基于居民对外部环境的感知，在"地点效用"和"行动空间"概念的基础上构建迁居行为模型，综合分析区位、成本、住宅特征和环境状况等因素对迁居决策的影响。

（4）新马克思主义学派运用历史唯物主义的观点，重点就资本主义社会政治关系对城市居住空间产生的影响进行了深入分析，认为住房供给与资本主义生产方式相联系，住房市场是社会阶级冲突的场所，居住空间分异是各种社会力量斗争的结果，住宅已成为社会资源重新分配的一种重要工具。

（5）制度学派以韦伯社会学理论为基础，重点研究城市住房供给和分配的制度结构。其中，以研究美国城市为代表的区位冲突学派认为，城市居住空间结构是由不同利益集团和地方政府之间的冲突形成的；而以研究英国城市为代表的城市管理学派则依据居民获得住房的可能性，将城市居民划分为带有空间特征的"住房阶级"，结合住户属性和住宅特征研究城市的居住空间结构与空间分异。

20世纪80年代以来，伴随着我国城市化进程的加快与城市生活功能的回归，城市土地使用制度和住房分配制度的变革，城市居住空间逐步被纳入研究视野。相关研究主要集中在以下几个方面。

（1）城市居住空间结构研究。国内早期居住空间结构的研究常隐含于城市空间结构或城市社会空间结构的研究中，到20世纪90年代后成为独立的研究对象，成果多以定性描述为主，定量方法主要是借鉴西方，或运用生态因子分析法，或运用地理形态分析法划分居住区域类型，通过分析不同类型居住区域用地扩展和构成的数量变化,揭示城市居住空间的分布、演变阶段和结构特征。

(2)城市居住空间分异研究。我国作为典型的转型国家,经历了30多年的住房计划分配时代,其间城市居住空间多呈"单位制"分布状态。自1998年开始,随着城镇住房实物分配改为货币分配,收入差距拉大以及城市居民住宅选择的多元化,使得城市居住空间出现了快速分化态势,造成居住区的隔离与集聚、社会阶层分化、居住水平差距明显等现象,引起了全社会的广泛关注,城市居住空间的分异特征、动力机制、社会后果以及应对策略等方面成为研究热点。

(3)居住郊区化研究。一是通过人口普查资料、户籍人口统计资料或更为细致的居民问卷调查来分析人口由城市中心区向郊区的离心扩散;二是运用地理信息系统技术,从土地利用变化角度分析城市居住用地的空间外延扩张特点。在此基础上,分析我国居住郊区化的基本特征与发展趋势。

(4)城市居民住宅区位选择研究。一方面,从城市尺度出发,分析住房价格、交通、城市形态、环境等因素对居民住宅区位选择的制约;另一方面,从家庭角度入手,探讨收入、职业、年龄、文化程度、工作地点等对住房购买能力、支付意愿及空间偏好的影响,揭示居民住宅区位选择的边际成本和边际收益,把握其区位选择的内在机制,以及对居住空间结构的影响。与国外对家庭居住区位选择行为研究已经建立了成熟的数学模型相比,国内在该领域的研究较为薄弱,远未形成较为系统和成熟的具有中国特色的理论和研究框架,实证研究主要集中在北京、上海、广州、南京等东部发达地区。因此,以兰州为案例进行居住空间的演变、分异及其效应研究,很大程度上可以为西北内陆中心城市居住空间的科学规划、有序建设、持续发展提供决策依据,特别是在我国经济社会由高速度转向高质量发展的时代背景下,无疑具有重要的理论和现实意义。

文斌是从河西走廊农村走出来的"寒门"学子,尊重师长、吃苦耐劳、踏实好学,这是他身上最突出的品格,也是他今后在繁重的教学和科研工作中克服困难、不断进取的"利器"。希望他再接再厉,取得更大的成绩。论文正式出版之际,文斌再次征求意见并邀我作序,半推半就间便答应了，于我而言也是平生第一次。遂写下以上的话，算作一个序言吧！

张志斌

2024 年 6 月于西北师大新校区

前　言

　　城市是多种社会与经济活动集聚而成的地理空间实体，各种活动在城市地域内部具有不同的组合格局，从而形成不同的城市空间结构。而城市居住空间因同时具有物质空间和社会空间的双重属性，成为城市空间结构最直观的体现，长期以来受到地理学、经济学、社会学等学科的广泛关注。改革开放40多年特别是西部大开发20多年来，西北地区城市化进程明显加快，其中心城市的空间结构发生了很大变化，居住空间出现了较为明显的阶层分化、居住隔离、职住分离等现象。另外，加之其特殊的自然地理环境、深厚的多民族文化积淀和相对滞后的社会经济发展，为中心城市的居住空间打上了深刻的地域烙印。尤其是兰州"两山夹一河"的地貌特征，造就了国内最具典型的带状组团城市，与其互动形成的居住空间结构具有代表性；同时，作为国家"一五""二五""三线"时期重点建设的新兴工业城市，产业调整和结构转型步伐加快使其居住空间分异具有典型性。此外，同其他大城市一样，兰州也呈现出城市空间分异和社会结构分层相结合的特征，出现了居住分异、居住隔离、空间剥夺、贫困固化等问题。这些问题严重影响着城市空间资源的公平分配、经济社会的可持续发展，成为新时代高质量发展背景下政府必须面对和解决的问题。因此，对兰州城市居住空间分异及其效应进行研究，很大程度上可以为其居住空间的科学规划、有序建设、和谐发展提供决策依据。

　　鉴于此，本书以西北内陆中心城市居住空间为研究对象，构建了生态学视角下"分异表征—分异测度—分异机制—分异效应—分异调控"五个维度，宏观、中观、微观三大尺度的城市居住空间分异及其效应的分析框架，运用因子分析、聚类分析、空间分析等方法及GWR、PSR等模型，对居住空间分异的演化过程、特征与模式、影响机制、效应评价及调控引导等展开了系统研究，有以下几点结果发现。

（1）从居住空间分异演化过程来看，兰州城市居住空间的建设最早可追溯到秦始皇33年（公元前214年）在今东岗一带修筑的县城，其不仅便于军事防御，也方便居住生活。此后，朝代更替但居住空间主要在街区内建设，区内建筑排列有序。中华人民共和国成立之初，兰州建成区主要包括城关区，居住空间严重不足、房屋状况两极分化。随着第一版城市总体规划的实施，居住空间由原来的旧城区集中建设拓展为带状布局模式，奠定了城市居住空间发展的基本格局。改革开放以来，原有带状为主的城市布局逐渐转向多组团发展的模式，伴随着住房商品化政策的实施，原先的"单位配给制"被"市场资源配置制"逐渐替代。在房价的"过滤"和社会经济差异的"分选"作用下，不同职业背景、收入状况、价值取向的居民在住房选择上趋向于同类聚居、异类隔离，整个城市形成了居住分异的状态。

（2）从居住空间的分异特征与模式来看，兰州市主城区居住空间发展方向呈以东西方向扩展为主、南北方向跳跃为辅的空间分异趋势；居住密度等级呈现出一主多次圈层分布，居住小区数量不断增多且郊区化趋势明显；房价分异较大且中高房价小区占多数，不同房价等级居住圈呈"圈层+扇形"分布；高档居住区呈多核心聚集，中低档居住区呈边缘化分散；核心片区的碎片化程度不断加剧，居住空间呈单体均质整体异质的分异状况。就居住空间的分异模式而言，兰州市主城区宏观上形成了"一河两岸、五个组团"的带状多中心组团型的居住空间分异模式，微观上在组团内部形成了由5个房价等级居住圈组成的"圈层+扇形"的空间分异模式，以及由7种典型居住类型区组成的"圈层+扇形"的空间分异模式。

（3）从居住空间分异的影响机制来看，借助GWR模型定量分析发现，教育资源匹配、公共交通配套、社区环境状况、距市中心距离、邻里熟悉程度等显著影响居住空间的分异。运用相关理论定性分析得出，历史发展惯性、自然环境制约、房地产业推动、住房政策调控、城市规划引导及居民择居行为等是影响居住空间分异的6大主要方面，各因素相互联系、相互影响，并共同作用于城市居住空间，促成了兰州市主城区居住空间结构的演变与分异。

（4）从居住空间分异的效应评价来看，基于 PSR 模型的效应评价得出，兰州市主城区居住空间分异整体上处于亚健康状态。基于社会经济环境的效应评价得出，居住空间分异会形成提高社区服务的针对性等积极社会效应，也会造成社会心理落差、加剧社会隔离程度等消极社会效应。此外，虽然居住空间分异会产生提高土地利用价值和土地资源配置效率等积极经济效应，但是也会产生城市"灰色景观"地带，影响市容市貌等消极环境效应。基于微观社区调研的效应评价得出，居住空间的分异带来了不同居住类型区居住、交往、融合等方面的显著差异。

（5）从居住空间分异的调控引导来看，为解决居住分异带来的系列问题，借鉴城市规划的理念和原理，运用应对居住分异的理论与方法，从目标、原则、措施等方面入手，在结合居住空间分异的特征、模式、机制、效应等基础上，规划设计以"混合社区、群族融合"为理念的居住融合发展新模式，逐步实现由规划引导的物理空间混合到利益攸关的社会阶层融合的转型，提出了以宏观引导、中观协调、微观操作的目标、原则和措施等为内容的调控策略，为西北内陆中心城市兰州的居住空间健康、可持续发展提供理论支撑与决策参考。

笔者

2024 年 6 月

目　录

第1章 绪 论

1.1 选题背景与研究意义

1.1.1 选题背景

城市居住空间不仅是城市地域空间内具有居住功能建筑的空间组合，而且是人们居住活动所整合而成的社会空间系统，即一种由邻里单位有机整合而成的社会空间连续系统，同时兼具了物质空间和社会属性的特征[1]。改革开放以来，中国的工业化、城市化、信息化进程不断加快，使城市面临着规模逐步扩展、功能不断重组、结构优化重构等一系列挑战[2]。由此带来的社会阶层分化、居住空间分异等问题越来越受到政府、社会和学界的广泛关注[3]。

1.1.1.1 改革开放以来的城镇化快速发展引致了居住空间的演变与分异

改革开放以来，随着全球化、市场化和信息技术的发展，我国的城市化进入了快速发展的阶段。1978～2020 年，中国的城镇化率从 17.92% 提升到了 63.89%，年均提高 1.07%[4]。城镇化快速发展引发了城市空间的剧烈扩张、产业和人口的大规模外移、职住分离、社会空间极化、居住空间分异以及城市空间功能重组等[5]，特别是 20 世纪 90 年代中后期以来，中国的城市空间形态和空间结构发生了翻天覆地的变化，出现了国际学界称之为"城市居住空间分异"的现象[6]。深居西北内陆中心城市的兰州自然也不例外，其城市居住空间在不断演化分异。随着城市化进程的不断加快，居住空间将进一步扩张，其演化分异成为一种不可避免的现象[7]。作为具有物质空间和社会空间双重属性的城市居住空间,已经成为城市内部空间最直观的重要体现[8]。兰州城市空间的规划与布局制约着居住空间的发展,居住空间的演变与分异反过来又塑造着城市的内部空间。因此,如何通过合理的规划与布局,优化兰州城市空间结构,促进城市全面、协调、可持续发展,是当前城市发展面临的难题之一。

1.1.1.2 城市居住空间分异引发了社会群体隔离隔阂等一系列社会问题

1998 年的城镇住房制度改革,明确提出对高收入、中低收入、最低收入群体分别实行市场价的商品房、政府指导价的经济适用房、政府补助的廉租房等差异化的住房供应制度。这种制度上的差异化和住房上的商品化是直接导致中国城市居住空间分异的重要原因之一。随着我国住房制度、城市土地制度改革的深化和经济社会的发展,现代封闭小区在中国城市大量出现,并逐渐发展成为城市居住区的主导模式[9]。然而,封闭小区所引发的城市空间私有化、碎片化形成了社会阶层分化、居住隔离等现象[10],固化了社会群体的隔离隔阂,放大了社会阶层的矛盾和不平等状态等,导致了基础设施、公共产品等空间供给与资源分配上的不平等,对不同阶层互动和社会公平等产生了一定的负面影响,不利于城市社区的协调发展和整个社会的稳定和谐[11]。因此,在保持经济高质量增长的同时,兰州城市建设和发展如何兼顾公平和效率,实现社会公平和空间正义,避免出现富人区和穷人区对立居住的现象成为当前亟待研究的课题。

1.1.1.3 黄河流域生态保护和高质量发展战略提供了城市发展的新机遇

2019 年 9 月 18 日,习近平总书记在郑州主持召开了黄河流域生态保护和高质量发展座谈会并发表了重要讲话。在座谈会上,习近平提出一个重大国家战略——黄河流域生态保护和高质量发展[12]。由于自然条件、历史文化等原因,黄河流域经济社会发展相对滞后,是我国 20 世纪贫困人口相对集中的区域[13]。加强黄河治理保护,推动黄河流域高质量发展,对维护社会稳定促进民族团结具有重要意义[14]。近年来,我国经济发展的空间结构正在发生深刻变化[15],中心城市和城市群正在成为承载发展要素的主要空间形式[16]。兰州作为黄河穿城而过的省会城市和西北内陆的中心城市[17],一方面,其城市的生态保护和高质量发展是这一国家战略的题中之义[18]；另一方面，这一国家战略的深入实施可以为城市的高质量发展提供新的机遇。

1.1.1.4　新时代西部大开发新格局的形成开启了西部城市发展的新征程

西部大开发以来，西北地区的经济社会发展进程明显加快[19]，各类新区的开发建设进入了全面发展时期，已逐渐成为城市经济发展的增长极、创新体系的核心区和对外开放的新窗口，强烈影响着城市的空间重构和健康持续发展[20]。尤其是 2012 年兰州新区的批复，作为全国第五个、西北第一个国家级新区[21]，其被赋予了"西北地区重要的经济增长极、国家重要的产业基地、向西开放的重要战略平台和承接产业转移示范区"的战略使命[22]。2020 年 5 月，中共中央、国务院发布了《关于新时代推进西部大开发形成新格局的指导意见》，标志着西部大开发战略迈入第三个阶段[23]。新时代推进西部大开发形成新格局，就是要改善西部城乡基础设施条件，提供优质教育、医疗等公共资源[24]，提高就业、养老等公共服务水平，逐步缩小城乡发展差距[25]。这对于推动西部地区的高质量发展、全面建设社会主义现代化国家具有重要意义，也开启了兰州城市发展的新征程。

综上所述，选取兰州市作为案例城市，缘于兰州作为西北内陆的中心城市、黄河上游的省会城市、典型的河谷盆地型城市，兰州市的健康有序发展对整个西部、特别是西北地区具有十分重要的战略意义和影响力。

1.1.2　研究意义

1.1.2.1　理论意义

城市居住空间因同时具有物质空间和社会空间的双重属性，成为城市空间结构最直观的体现[26]，长期以来受到地理学、经济学、社会学等不同学科的关注[7]。相关研究主要集中在对居住空间的演变研究[8]、影响因素分析[27]，以及对居住空间分异的理论与实证[28]、分异静态格局[29]、动力机制的分析[30]等方面，而缺少对居住空间分异在经济、社会、环境等方面效应的评价研究；研究主要以广州[31]、北京[32]、上海[33]、长春[34]、天津[35]等大城市，南京[36]、西安[37]、合肥[38]等少数省会城市，以及乌鲁木齐[39]等少数民族城市为案例区，对西北内陆中心城市兰州的居住空间分异的研究相对薄弱。鉴于此，本书在吸收现有研究成果学术"营养"的基础上，对以往研究进行了延伸和拓展，构建包含"居住空间分异表征—居住空间分异测度—居住空间分异机制—居住空间分异效应—居住空间分异调控"的居住空间分异理论分析框架，在分析居住空间分异规律和影响机制的基础上，评价分异在经济、社会、环境等方面的效应，更有助于从影响机制入手，提出具有针对性和可操作性的调控引导策略，一方面能够弥补西北内陆中心城市居住空间研究的不足，另一方面可以在一定程度上丰富和完善城市地理学和社会地理学的相关研究内容。

1.1.2.2　实践意义

西北地区特殊的自然地理环境、深厚的多民族文化积淀和相对滞后的社会经济发展，为中心城市的居住空间打上了深刻的地域烙印[18]。兰州作为西北内陆中心城市，就其形态结构而言，"两山夹一河"的地貌特征，造就了国内最典型的带状组团城市，与其互动形成的居住空间结构具有代表性；就其经济结构而言，其为国家"一五""二五""三线"时期重点建设的新兴工业城市，也是20世纪90年代国家确定的商贸中心城市，目前正在大规模开发建设兰州新区，产业调整和结构转型步伐加快，其居住空间分异具有典型性；就其社会结构而言，兰州同其他大城市一样，社会分层现象明显，并呈现出城市空间分异和社会结构分层相结合的特征，出现了居住分异、居住隔离、空间剥夺、贫困固化等问题[40]。这些问题严重影响着城市空间资源的公平分配、经济社会的可持续发展，成为新时代高质量发展背景下政府必须面对和解决的问题。因此，对兰州城市居住空间分异及其效应进行研究，很大程度上可以为兰州城市居住空间的科学规划、有序建设、和谐发展提供决策依据。

1.2　研究目标与内容

1.2.1　研究目标

（1）逐步描刻不同发展时期城市居住空间分异演变过程并揭示其分异

规律。

（2）深入分析居住空间分异的特征与模式并探究居住空间分异的影响机制。

（3）系统评价居住空间分异的社会、经济、环境效应并提出调控引导策略。

1.2.2　研究内容

本书以西北内陆中心城市兰州市主城区居住空间为研究对象，从时间和空间维度入手，从城市、街区、家庭及个人等尺度对居住空间分异的演化过程、特征与模式、影响机制、效应评价及调控引导等展开研究。核心思想是居住空间不仅是物质空间，也是社会空间，居住空间分异现象是其外在表现形式，实质是不同社会群体的空间隔离。研究内容包括以下五个方面。

1.2.2.1　居住空间分异的演化过程

采用兰州市志、国民经济统计资料、人口普查资料及相关人口统计数据等，运用因子分析、聚类分析、空间分析等方法，以街道尺度划分居住类型区和居住人口类型区，刻画不同时期的城市居住空间结构的演变过程，进而从时间序列上纵向对比，揭示其分异的动态演变规律。

1.2.2.2　居住空间分异的特征与模式

利用居住用地的矢量数据、居住区兴趣点数据（point of interest, POI）、房价数据、问卷调查数据等，并运用标准差椭圆模型、核密度分析、SPSS 统计分析、分异指数、生态位指数等，分别从市级、区级、街区、家庭及个人等尺度分析居住区位、居住价格、居住类型等的分异程度和隔离状况，总结不同尺度的分异特征、归纳其分异模式。

1.2.2.3　居住空间分异的影响机制

从定量和定性两个方面分析居住空间分异的影响因素和影响机制。定量分析主要以问卷调查数据和网络数据为主，运用 GWR 模型探究居住空间分异的主要影响因素；定性分析主要从历史发展、自然环境、产业经济、政策制度、城市规划、家庭个人等视角揭示居住空间分异背后的驱动要素及作用机制。

1.2.2.4 居住空间分异的效应评价

结合问卷调查、深度访谈资料及 POI 数据等，从居住环境状况、居住群体社交、公共资源配置等方面选取评价指标，构建居住空间分异效应 PSR 模型、指标评价体系等，分别从压力状态响应、社会经济环境、居住交往融合等方面评价居住空间分异的效应。

1.2.2.5 居住空间分异的调控引导

建立居住空间分异调控引导的目标体系，确立其调控引导的基本原则，综合考虑引起居住空间分异的影响因素，并结合居住空间分异效应的评价结果，提出调控城市空间结构、优化城市功能布局等引导措施。

1.3　研究思路与方法

1.3.1　研究思路

本书综合运用地理学、社会学、经济学、管理学等相关学科的理论与方法，以西北内陆中心城市居住空间为研究对象，以居住空间分异为主线，构建生态学视角下"分异表征—分异测度—分异机制—分异效应—分异调控"五个维度，宏观、中观、微观三个尺度的城市居住空间分异及其效应的分析框架（见图 1-1）。本书认为城市居住空间分异需要综合考虑时间循环累积效应和空间尺度嵌套特征[41]：从时间层面来看，城市居住空间伴随着时间的流逝呈现出分异的累积效应，结合中医系统科学"治未病"的思想，指出提前预防是应对居住空间的分异风险最为有效的手段[42]；从空间层面来看，城市居住空间分异表现出不同尺度的嵌套特征，因此，需要从三大空间尺度入手，顺次分析居住空间分异的五个维度，即从城市、街区、社区层面的分异表征，描刻居住空间分异的演化过程[43]；从整体、局部、个体分异的情况测度，归纳居住空间分异的特征与模式[44]；从宏观、中观、微观视角的系统分析，探究居住空间分异的影响机制；从宏观、中观、微观尺度的要素考察，评价居住空间分异的各种效应；从宏观、中观、微观尺度的策略组合，提出居住空间分异的调控措施[45]；形成从"居住空间分异表征—居住空间分异测度—居住空间分异机制—居住空间分异效应—居住空间分异调控"层层递进、深入探析的研究思路与分析框架。

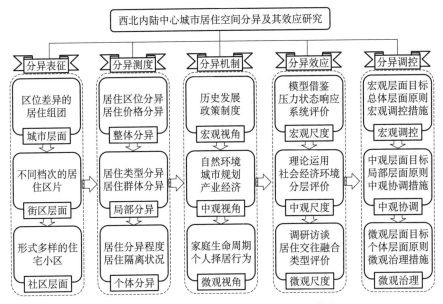

图 1-1 城市居住空间分异及其效应分析框架

1.3.2 研究方法

本书将文献研究、统计分析、地理信息系统、大数据、实地调研等方法结合起来，综合分析城市居住空间分异及其效应。定性研究擅于宏观状况的把握，而定量分析则利于微观细节的考察。主要方法如下。

1.3.2.1 文献研究法

在大量阅读国内外居住空间相关文献的基础上，运用文献研究法梳理研究进展及研究重点，做好研究内容的梳理及研究述评。

1.3.2.2 数理统计分析法

采用兰州市历次人口普查资料及相关统计数据等，借助 SPSS、STATA

等统计软件进行数据检验、相关性分析、因子分析和聚类分析,并划分居住区类型;运用分异指数、生态位指数、莫兰指数等测定居住空间分异程度,揭示居住空间分异的演变特征与演化规律。

1.3.2.3 GIS 空间分析法

借助 ArcGIS 等软件的地理分析工具对居住小区的数量、位置及道路、河流、学校等基础设施进行空间分析,提取相关空间分布信息并进行可视化表达,以形象地显示居住空间的分异特征及演变规律。

1.3.2.4 百度大数据分析方法

利用百度 POI 等大数据分析方法,解析兰州市主城区居住区位的分异状况、居住空间的密度等级、居住分异的冷热点区域等,刻画出不同等级的分异程度,进而分析兰州市主城区居住空间分异的特征与模式。

1.3.2.5 实地调研法

通过居住区实地考察、问卷调查、深度访谈等,取得大量第一手的调研数据资料,对各类数据进行多元统计分析,从家庭及个人尺度上,探究不同民族和社会群体居住空间的分选机制,以及城市居民住宅选择行为对居住空间分异的影响,明确城市居住空间分异的内在规律与演变机制。

1.3.3 技术路线

综合前面的研究思路与方法,从宏观问题着眼,从微观分析入手,借鉴国内外相关理论和实践总结,运用因子分析、聚类分析、空间分析等方法,从各大尺度描刻不同发展时期城市居住空间分异的演变过程并揭示其演化规律;借助标准差椭圆模型、核密度分析法、分异指数法等测度居住空间的分异状况,归纳总结居住空间分异的特征与模式;采用 GWR 模型等定量方法与定性分析相结合,探究居住空间分异的影响因素与作用机制;充分运用问卷调查数据和访谈资料,构建居住空间分异效应评价指标体系,评价居住分异在社会经济环境、居住交往融合等方面的效应;在此基础上,结合居住空间分异的规律、特征与模式,从影响要素入手,从效应评价结果出发,提出调控引导策略。研究技术路线见图 1 - 2。

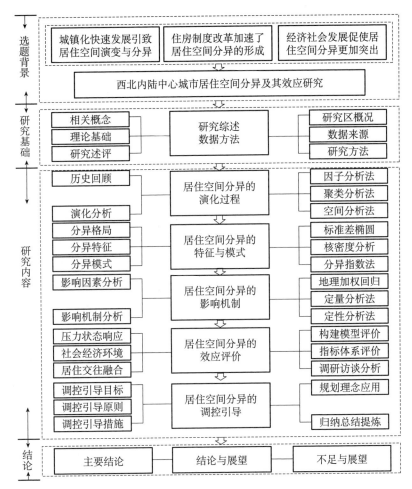

图 1-2 研究技术路线

1.4 拟解决的关键问题

（1）如何科学地刻画城市居住空间的分异过程并揭示其影响机制。

（2）如何评价居住空间分异的效应并提出优化居住空间的调控引导策略。

第 2 章　理论基础与研究综述

2.1　相关概念界定与辨析

出于研究和行文的需要，有必要先对本书所涉及的几个核心概念加以界定与辨析。

2.1.1　城市空间结构

国内外城市地理学[46]、城市规划学[47]、社会学等[48]的学者从各自不同的角度对城市空间结构进行了深入研究[49]。国外学者哈维（Harvey）、布朗（Bourne）和摩尔（Moore）等分别从不同视角对城市空间结构的概念、特征等做了解释和研究，指出城市空间结构的概念框架是多层面的，具有空间和非空间两种属性，表现为空间分布模式与格局的形式和空间作用模式的过程两个方面，还需要从时间层面理解其历史演化特征。国内城市地理学者武进[50]、胡俊[51]、虞蔚[52]、许学强、胡华颖[53]、顾朝林等[54]、冯建[55]等分别对城市空间结构做了阐释[56]，指出城市内部空间结构是城市内部功能分化和各种活动所造成土地利用的内在差异而构成的一种地域结构[57]。随着研究的深入，学者们对城市空间结构的理解转变为同时关注城市空间的物质和社会属性，进而强调城市空间结构由物质空间和社会空间两部分组成，不仅包括城市土地利用，还包括市场空间和社会空间等[58]。从城市地理空间角度可将城市空间划分为物质空间、经济空间和社会空间三大研究系列，作为城市主体的人以及人所从事的经济社会活动在空间上表现出的格局和差异成为城市内部空间结构研究的重点之一[59]。

综上所述，学者们对城市空间结构概念的理解虽未形成共识，但已逐步由强调城市物质空间转向物质空间和社会空间并重，理解其内涵实质不仅需要关注城市空间要素的分布形态，而且需要关注要素之间的相互作用及其形成机制。本书将城市空间结构定义为各种人类活动与功能组织在城市地域上的空间投影，包括土地利用结构、经济空间结构、人口空间结构、居住空间结构、社会空间结构及生活活动空间结构等。

2.1.2　城市社会空间

社会空间首先是由法国学者迪尔凯姆（Durkheim）在 19 世纪末提出的[60]。随着运用的广泛化，社会空间依学科的不同而具有各自的理解。社会学中的社会空间包括社会地位、宗教和种族的变化等[61]；地理学中的社会空间按空间等级依次为家庭邻里、社区和城市区域甚至国家[62]。广义的社会空间是由社会的生产、构筑、组织而构成的可视的地理空间，这些社会物质、关系和存在的总体构成社会空间；狭义的社会空间指特定社会集团生活场所占据的地理空间。许学强[63]在介绍国外社会空间定义的基础上，指出城市地理学所研究的社会空间通常包括邻里、社区和社会区三个层次。王均[64]、周尚意[65]等也对社会空间进行了界定，认为城市社会空间是由于不同的社会阶层或现象占据了不同的区位，进而将差异附加于物质空间而形成的。

综上所述，不同学科的学者对社会空间的定义各异。本书将城市社会空间定义为建构在物质空间基础上的不同社会群体在城市空间上的分布格局、相互作用及其形成机制，是社会分化在城市地域空间上的反映，主要包括邻里、社区和社会区三个层次。

2.1.3　城市居住空间

沙里宁（Saarinen）认为，"住房的含义应当是家园以及健康的环境，而不光是遮风避雨的墙壁和屋顶。"[66]这表明，住宅不仅具有居住功能，而且也是推动和约束社会关系的场所[67]。国内学者吴启焰[28]、柴彦威[68]、陈燕[69]等分别对居住空间进行了研究，认为城市居住空间是由邻里单位有机整合而成的社会空间连续系统，同时兼具物质空间和社会系统的特征[70]，可以从物质实体空间和居民住房选择与居住社区的功能空间两个方面对其进一步认识，它是物质要素和社会要素在城市地理空间和社会空间上的分布格局及组合关系[71]。

综上所述，综合各学者对居住空间的理解，本书将城市居住空间定义为人们日常行为、生活、居住活动所整合社会统一体而形成的社会—空间系统，是一个以社会成员为元素、社会活动为内容、社会关系为纽带的社会空间属性与物质形态空间的综合体。

2.1.4 城市居住空间分异

城市居住空间分异表现在各种居民群体由于自身条件差异而居住在不同的城市空间区域，即使在同一居住区内也存在空间分异，包括物质空间分异和社会空间分异[72]。吴启焰[28]等认为，居住空间分异以空间实体形式表征社会分异结果，甚至以社会极化的空间对应形式——居住隔离现象予以肯定，并且随着群体区域化过程推动空间居住群体的内在非均衡属性的发展[73]。在一个城市中，不同社会群体之间由于政治地位、经济收入、语言、种族、文化等社会差异，选择在城市不同的空间范围内聚居，形成相对封闭的不同社区[74]。社区之间如果缺乏交往，久而久之，就会逐渐产生一定的社会距离和心理距离，从而形成相互疏远、隔阂、离散、排斥甚至敌对的状态[75]。

综上所述，本书将城市居住空间分异界定为具有不同社会地位、经济状况、文化背景、生活方式、价值取向等的居民趋向于同类聚居、异类隔离，城市空间结构因此出现居住分化乃至隔离的过程和现象。

2.2 理论基础

有关居住空间分异的理论，国外已经形成了涉及生态学、社会学、经济学、地理学等多学科的理论体系[76]。总体上可以归纳为居住空间分异基础理论、居住空间分异机制理论以及居住空间分异应对理论三个方面，具体如下。

2.2.1　居住空间分异基础理论

2.2.1.1　居住空间分异的理论基础

吴启焰[28]认为，激进马克思主义流派的社会空间统一体理论应当是城市居住空间分异研究的理论基础。社会空间统一体概念是哈维（Harvey）在《城市与社会公正》一书中提出的，认为人与周围环境之间双向互动的连续过程就是社会空间统一体。城市地域内人类与他们生活的物质、社会环境的关系构成是研究城市社会地理的基础[77]。社会和空间存在辩证统一的相互作用和依存关系，空间在社会结构的发展中形成，社会发展影响着居住空间的演变[78]。换言之，居民在城市发展过程中重新演化出不同阶层的群体，各群体因为职业类型、文化背景、生活方式等差异而出现同类群体聚居倾向，不同群体居住隔离[79]。这种空间分异的格局体现了城市物质形态与社会空间的结构特征[80]。这为城市居住空间分异研究提供了线索。

2.2.1.2　居住空间分异模式理论

芝加哥学派把生态学原理引入城市社会研究，构建了城市空间结构的分化与分层的理论体系。该学派认为，城市生活的发展过程同生物适应环境的生态过程一样，需要经历竞争、冲突、适应、同化四个阶段，进而使人口形成一个个"自然区"，最终导致居住空间分异现象[81]。该理论的贡献在于，把城市居住空间的演变规律概括为同心圆、扇形和多核心三大经典结构模型。人类生态学理论构建的城市空间结构模型对城市居住空间分异模式的归纳具有借鉴意义。

2.2.1.3　居住空间分异的社会分层理论

社会分层理论是由德国社会学家韦伯（Weber）提出的，其主要贡献在于对社会阶级以及其他相关概念作了区分与定义。该理论的核心是划分社会层次结构的经济、社会、政治三重标准，强调社会分层通过城市社会流动来实现，是城市社会的正常现象[82]。后经社会分层理论的多个流派（多元社会分层、身份与声望分层、消费分层与中产阶级、新韦伯主义阶级等）的继承与发展，社会分层理论被广泛应用于社会学、城市地理学等相关学科的研究之中。社会分层理论可为研究居住空间分异的特征和规律等提供理论参考。

2.2.2 居住空间分异机制理论

有关居住空间分异机制的理论包括家庭生命周期理论、社会聚集理论、权衡理论、新马克思主义学派理论和制度学派的理论等[76]。

2.2.2.1 家庭生命周期理论

家庭生命周期理论认为，当居民处于成长、离家、结婚、生子和年老等不同的人生阶段时，对居住区位的需求也各不相同[76]。换言之，生命周期的循环造成家庭结构变化，并引起住房需求的变化。家庭型、事业型、消费型和社区型的家庭迁居表现出的区位导向不同，体现了不同生命阶段及类型的家庭与居住区位选择的关系。这为我们分析城市居住空间分异中的个人迁居行为提供了理论依据。

2.2.2.2 社会聚集理论

社会聚集理论认为，居民选择居住空间时会受到社会网络的影响。社会聚集表现在，通常人们会倾向于与同类型的人或相同需求的人居住在同一地区，高收入阶层会选择居住在环境较好的区域[83]。社会聚集理论的思想对居民的居住选择行为研究具有指导价值。

2.2.2.3 权衡理论

行为学派的权衡理论指出，居住空间分异是土地价格和级差地租造成的，居住空间分异是不同社会阶层由于居住区位选择的不同而导致的。其典型代表是表示城市土地使用空间分布模式的阿隆索（Alonso）竞租曲线[84]。该理论对城市建设实践中理顺空间结构关系具有现实意义，为更好地解释居住空间分异的机制提供分析依据。

2.2.2.4 新马克思主义学派理论

新马克思主义学派将马克思的地租理论和空间生产结合在一起，提出资本城市化的三个循环，指出城市物质环境的形成受到各种资本的影响，解释了空间是如何生产的[84]。这一理论以空间生产的全新视角，为研究居住空间分异的机制提供了理论参考。

2.2.2.5　制度学派的理论

制度学派主要关注城市社会—空间系统产生的机会不平等以及社会冲突等,其主要贡献在于对住房阶级和城市经理学说的讨论,指出"住房阶级"是城市社会空间系统本身产生的独特因素。典型代表为城市经理人理论和住房阶级理论[84]。该理论从政策制度的角度研究居住分异的影响机制,对本书具有借鉴意义。

2.2.3　居住空间分异应对理论

为了应对居住空间的分异,部分学者从城市规划等角度提出了光明城市、田园城市、新城市主义等相关理论。这对合理规划居住区空间布局和应对居住空间的分异与极化具有实际指导意义。

2.2.3.1　光明城市理论

为了解决城市人口大量聚集引发的城市中心拥挤问题,勒·柯布西耶(LeCorbusier)[85]提出了光明城市理论,其核心思想是用提高密度来解决城市的拥挤问题,将城市分为居住区、工业区、商业及行政区三个部分,在一定程度上解决了城市中心的拥挤问题。这为应对城市居住空间的拥挤问题提出了可行之策。

2.2.3.2　田园城市理论

为了限制城市的无条件扩张,社会学家霍华德(Howard)[86]提出了田园城市理论。其理论核心是城市由一系列同心圆组成,城市内部提供社会生活所需的场所,六条交通干道向外辐射,住宅之间有环形林荫道相隔,四周有永久性的农田环绕,有效控制了城市的无序扩张。这对合理布局城市居住空间具有借鉴意义。

2.2.3.3　新城市主义理论

20 世纪 90 年代初,新城市主义提出公共交通主导的单元和新传统主义的邻里单元,即通过把邻里作为基本单元,利用公共交通站点连接社区;同时,在邻里内部营造步行环境,来达到控制郊区化蔓延、增加邻里交往机会的目的[87]。这有效提高了土地的复合功能和人们的归属感,也为改善居住小区的邻里关系、促进居住融合等提供了理论依据。

2.3 研 究 综 述

2.3.1 国外研究综述

西方学者对居住空间的研究最早可追溯到 19 世纪 70 年代，早期相关研究常隐含于社会学、经济学、地理学等不同学科的著作当中[55]。有关城市居住空间的研究在理论和方法上形成了以下五大主要研究学派[56]。

（1）生态学派。城市居住空间的生态学研究最早可追溯到 20 世纪 20 年代的芝加哥学派。其成就为借用生态学的基本概念、原理等，采用阶层、种族等指标描述社会群体在城市的空间分布，并借鉴入侵和演替、生态隔离、竞争、优势等生态学观点把城市居住空间的变化看成一种生态竞争过程，提出了著名的同心圆、扇形、多核心三大空间结构模式。随着相关学科研究方法的不断更新及居住空间研究的深入，研究方法从定性描述转向了定量分析[88]。

（2）新古典经济学派。新古典经济学派从经济学视角出发，研究居民最佳的居住区位选择和合理的土地开发模式。其贡献在于运用空间经济学理论，以地价为基础，从宏观角度分析住宅的供需，构建了住宅区位和交通费用两者之间的均衡模型，得出居住价格和交通成本是影响居住空间分布的主要因素。其代表性成果为阿隆索（Alonaxo）、穆斯（Muth）、米尔斯（Mills）等提出的标准的住宅区位模型。后来，不少学者对新古典模型进行了修正[89]。随着计算机技术的发展，新古典经济学模型得到了不断的改进和广泛的应用。

（3）行为学派。行为学派以行为理论为基础，其贡献在于把家庭看作独立的决策单位，重点对居民在住宅区位选择过程中的行为进行分析，并提出了相关概念与模型。沃尔珀特（Wolpert）基于居民对外部环境的感知，提出了地点效用和行动空间两个概念。布朗和摩尔在地点效用和行动空间概念的基础上构建了迁居行为模型。迈克逊（Michelson）利用迁居模型对多伦多迁居住户的行为进行了实证研究。然而，行为学派在分析居民择居行为过程中过分强调居民的个人行为，忽视了社会团体对个体行为的影响[90]。后来，行为学派运用人文主义方法加强了社会约束与个人行为的关系研究。

（4）新马克思主义学派。新马克思主义学派的典型代表人物为考斯托（Castells）和哈维，其中，考斯托以法国的敦刻尔克为例，研究指出住房的区位是各种社会力量斗争的结果。哈维在马克思主义地租理论的基础上，提出了"阶级垄断地租"[91]。后来，哈维在此基础上提出了资本三级循环的研究框架，并以美国的金融资本与住房市场为例进行了实证分析[92]。20 世纪 80 年代，狄更斯（Dickens）和保尔（Ball）运用新马克思主义理论，先后以英国、瑞典的住房建设比较以及美国与欧洲国家的住房市场为例进行了实证研究，分析了资本主义社会的住宅占有形态、住房政策及其居住空间分异等问题[93]。

（5）制度学派。制度学派主要研究城市住房供给与分配的制度结构。因研究起源不同，可细分为区位冲突学派和城市管理学派。其中区位冲突学派以北美的政治学者为代表，认为城市居住空间结构是由不同利益集团、组织和地方政府之间的冲突形成的。瑞克斯（Rex）和摩尔作为城市管理学派的早期代表，提出了住房阶级的概念[94]。帕尔（Pahl）对其研究成果做了分析和总结，奠定了城市管理学说的研究基础[95]。

21 世纪以来，西方"新城市主义""精明增长""可持续社区"等新理念不断涌现[96]，城市居住空间研究进一步走向微观，重点探讨城市居住空间结构的社会背景、城市居住空间分异模式、城市居住空间的制度框架等。

2.3.2 国内研究综述

国内早期居住空间分异的研究隐含于社会空间或城市空间结构的研究中[97]，直到 20 世纪 90 年代后期，居住空间才成为独立的研究对象[98]。与西方相比，中国的社会空间研究起步较晚[99]。1986 年，虞蔚[52]的《城市社会空间的研究与规划》是我国第一篇公开发表的关于城市社会空间的研究文献[100]。在借鉴西方国家较为成熟的理论和研究方法的基础上，国内相关研究一开始便脱离纯粹的现象描述，步入计量与实证研究的时代[101]。然而，国内最早以居住分异为主题的研究是杜德斌等[102]于1996年在《经济地理》发表的论文《论住宅需求、居住选址与居住分异》[103]。明确以空间分异为主题的最早研究成果是中国学者顾朝林和比利时学者克斯特洛德（Christian Kesteloot）于1997年在《地理学报》发表的论文《北京社会极化与空间分异研究》。而差不多在同一时期，国外学者叶呵（Yeh）[104]和赛特（Sit）[105]等分别对广州的社会空间和北京的社会区进行了实证研究[106]，认为中国自20世纪90年代中后期开始出现了国际学界称之为"城市居住空间分异"的现象[107]。以上文献表明，中国的城市居住空间分异日益成为国际学者关注的学术问题[108]。有关城市居住空间分异的研究可以归纳为以下几个方面。

（1）居住空间分异的理论研究。国内居住空间分异的理论研究早期主要是引借、描述和评价西方的相关理论，直至居住空间的研究发展到中后期，才有新的思想注入相关的理论[109]。学者认识到忽略社会性因素的生态学派和建立在假设基础上的新古典学派理论难以全面分析我国城市居住空间分异问题[110]。因此，吴启焰等在系统总结国外城市社会地理学理论的基础上，指出激进马克思主义学派的社会空间统一体理论应是研究我国城市居住空间分异的理论基础。受此影响，学者们开始了探索我国城市居住空间分异形成机制及对策措施等方面的研究，促进了该研究领域的不断发展[111]。总体来讲，虽然国内学者对城市居住空间相关研究的理论凝练还略显薄弱[112]，但是学者们的探索为后续研究打下了基础。

（2）居住空间结构及其分异的特征与模式研究。早期国内学者对居住空间结构的研究主要是采用文献资料进行定性描述。随着计算机技术的兴起，研究方法由定性转为定量，借助软件工具的因子生态分析[113]、地理形态分析[114]等方法成为主流，从社会空间属性和景观形态定性划分居住区类型，揭示居住空间的分布、演变特征等[115]。随着数据资料的不断积累和充实，居住空间的研究也逐渐从静态转向动态[116]。如吴启焰、崔功豪、黄吉乔等利用序列数据分别对南京、上海等城市的居住空间结构特征与演变进行了实证研究；郑静、许学强、冯健利用人口普查数据，运用因子分析法对广州、北京的社会区与居住空间进行研究，揭示了社会区与居住空间分布的演变规律[117]；王兴中将西安社会收入空间结构归纳为圈层、同心圆和扇形结合的模式[118]；李志刚、吴缚龙等则从更加微观的居委会层面，概括了上海社会空间结构理想化模型[119]。上述研究对社会空间或居住空间的可视化抽象模式概括，为居住空间的演变分异与动力机制研究提供了有效途径。随着研究的深入，居住空间结构及其分异的特征与模式研究内容也转向了多元化。黄靖等[120]、李云[121]、王战和等[122]、王慧[23]等分别对外来人口居住空间隔离、郊区社会空间的结构与演变、开发区对城市社会空间结构演变的影响、开发区与社会空间极化分异等进行了实证分析。还有学者对居住空间存在问题、基础设施匹配情况等进行了实证研究。康琪雪探讨了我国城市居住空间结构存在的问题[123]，并分析了区位社会特性对城市居住空间结构的影响[124]；南颖等以城市居住小区为单元，研究了吉林城市空间结构和社会结构[125]；刘争光等以居住样点为研究对象，研究了兰州居住空间的分异情况[126]；张志斌、张应亚等揭示了兰州低收入人口的属性特征、空间分布及社会效应[127]；王新越运用 POI 大数据分析了青岛市居民休闲与居住空间结构及其匹配关系[128]；禤铃沂等利用五普、六普和 2015 年全国 1% 抽样调查数据，分析了我国特大城市流动人口的居住分异特征与演化模式[129]；高子轶等分析了西宁市居住空间与公共服务设施的空间协调性，为协调居住空间与公共服务设施的空间供需提供了新的视角[130]；李智轩等基于计划行为理论，研究了城市居住分异对居民健康活动的影响[131]。住宅价格是研究居住空间结构、模式与特征的另一个重要维度。部分学者利用住宅价格、住宅小区抽样调查等数据作为研究居住空间的多源数据。黄怡[10]、杨上广[132]、孙斌栋等[101]利用住房租赁价格等相关数据对上海的居住空间结构、居住空间隔离模式、居住空间分异等进行了研究，一致认为上海市的居住空间整体呈现出同心圆、扇形和多中心三种模式的合成特征，具体表现为镶嵌状隔离与簇状隔离。无独有偶，学者们在对大连[133]、西安[134]、天津[35]、广州[8]等城市的研究中也发现了同心圆的居住空间结构模式。概括而言，上述研究丰富了我国居住空间分异的研究内容，但是实证研究的案例主要集中在东部发达城市或大城市，而对西北内陆中心城市的关注相对较少。

（3）居住空间分异的测度研究。与西方国家相比，中国的居住空间分异研究起步相对较晚[135]。直到 20 世纪 90 年代，随着住房制度改革、人口流动迁徙、职业分化加剧等，城市社会分层向居住空间分异转变[136]，居住隔离、社会分层、居住分异等现象越来越普遍[137]。学者们开始关注居住空间的分异现象，研究测度居住空间的分异程度[138]。相关研究可以概括为以下几个方面。第一，传统隔离指数的空间隔离计算。这类研究如孙斌栋[139]、李敏纳[140]、余军[141]等通过引入国外经典的社会空间隔离指标（D 指数[142]、区位商[143]、信息熵[144]，基尼系数[145]等）对社会空间分异进行实证研究。第二，因子生态分析法的社会区划分。主要是运用因子生态分析法划分社会区，阐述社会区在空间上的分布状况[146]、分异情况等[147]，但无法表明空间分异的程度。第三，多指标综合评估的空间隔离程度计算。这类研究如冯健等[44]、樊福才[148]对北京、黄河地区的居住空间分异测度时运用信息熵、绝对分异指数、相对分异指数、隔离指数和加权变异系数等对研究区的社会空间分异程度进行了评测。第四，计算机模拟的模型指数。这类研究如陶海燕等[149]、刘小平等[150]利用 Java-swarm、Multi-Agent System 等分别对广州市的居住区位决策进行模拟，实现了居住空间分异过程的模拟演化。除常规宏观尺度的定量研究外，李志刚[151]、吴缚龙等[152]通过居委会尺度的普查数据计算分异指数，实证研究微观空间下的社会空间分异程度。综上所述，国内学者大多是在借鉴国外相关理论方法的基础上，对相关模型、指标等进行修正和改进，适应中国国情的居住空间分异测度研究相对较少。

（4）居住空间分异的形成原因与机制研究。西方国家将居住空间分异的原因主要归结为社会经济状况、家庭生命周期、种族状况等，与此不同的是，我国城市居住空间分异有其自身独特的原因[153]。早期学者们主要通过引用西方研究成果的方式，从家庭类型、土地利用分化、政策制度、行为选择方式等探讨我国居住空间的形成原因[154]，将影响居住空间分异的原因主要总结为职业分化、收入差距、政策制度等[155]。典型研究如吴启焰[156]、刘长岐[157]、易成栋[158]、徐菊芬[159]、刘望保[160]、杨上广[161]、谢昀霏[162]等分别从住房市场空间分化、个体居住选择、户籍制度、土地制度、住房制度改革、开发商市场行为、社会公共政策等方面实证分析了居住空间分异的原因或机制。另外，部分学者从经济学角度对城市居住空间分异的原因做了定量研究。如杨瑛[163]、王洋[164]、张华[165]、宋伟轩[147]、赵梓渝[27]等采用特征价格分析法分别对西安、扬州、南京、长春等城市的住宅价格空间分异进行了研究，找出了引起住宅价格分异的原因和动力[166]。概括而言，上述相关城市居住空间分异原因与机制的研究，无疑为居住空间分异的机制研究提供了思路与方法。

（5）居住空间分异的社会效应与政策建议研究。关于居住空间分异社会效应与政策建议的研究是伴随我国居住空间分异产生的一系列社会问题而出现的，一般将其效应分为正面效应和负面效应。学者们认为，居住空间分异产生的消极后果会影响共同富裕社会发展目标的实现与和谐社会建设精神[167]。因此，需要从引起居住空间分异的机制出发，提出相应的对策建议[168]。有学者探讨交往型规划理念和实践[169]；也有学者借鉴混合居住的理念，对国内混合居住项目实施的可行性等进行了探讨[170]；提出通过住房政策[171]、规划调控等优化城市公共空间资源，实现对居住空间分异的控制[172]。除了宏观的政府政策层面以外，社会管理层面的建议，如鼓励倡导邻里复兴运动、提升社区网络服务、完善社区管理系统等[173]也是学者们讨论的焦点。也有学者指出，对居住空间分异的社会效应评价应该采取辩证的态度，当前重点考虑的是怎样才能避免居住空间分异的扩大，怎样才能融合本身有差异的群体[174]。概括而言，居住空间分异的效应分析主要侧重于社会效应方面，对经济、生态等效应的评价相对薄弱；此外，相关政策建议主要从理论上探讨如何控制居住空间分异，其有效性还有待检验。

2.3.3　国内外研究述评

放眼世界，国外有关居住空间的研究相对较早，自20世纪美国芝加哥学派的三大经典模型开始，形成了生态学派、新古典经济学派、行为学派、新马克思主义学派等理论与实践研究体系，经过近百年的发展已经相对成熟。研究方法上，西方学者主要采用深度访谈、扎根理论、现象学及民族志等定性研究方法及宏观层面的人口普查数据和微观层面的问卷调研等定量统计分析[175]，或运用二者结合的手段进行城市居住空间分异的定性与定量研究[176]。研究内容上，形成了从政治、经济、文化、宗教、种族等视角的研究体系,涵盖社会学、经济学、地理学、城市规划等学科领域[177]。在国内,早期中国城市居住空间的研究常常隐含于城市社会空间或空间结构的研究之中,始于 20 世纪 80 年代后期[52],直到 20 世纪 90 年代后期,居住空间才作为独立的研究对象成为城市地理学关注的热点问题[102]。21 世纪以来,我国城市居住空间分异的研究成果不断涌现,案例区域主要集中在上海[33,95,98,103,114,119,139,142,178-179]、北京[32,43-44,55,157,165,180-183]、广州[8,29,31,117,152,184]等一线城市,南京[20,36,138,153,175,185-186]、西安[23,76,96,134,163,187-191]、合肥[38,192-193]等个别省会城市,以及呼和浩特[194-195]、乌鲁木齐[9,39,196]等多民族聚居城市[197]。与西方相比,我国城市居住空间分异的研究虽然起步较晚但发展较快,经过 20 多年的发展,取得了丰硕的成果。然而,纵观城市居住空间分异的相关研究,还存在以下几个方面的不足。

(1)从理论研究来看,早期居住空间或社会空间的研究主要是借鉴西方的相关理论[198]。从以人类生态学理论为代表的生态学派到新古典经济学派、行为学派、新马克思主义学派和制度学派等的基础理论[199],从以家庭生命周期理论、社会空间统一体理论等为代表的居住空间分异机制理论到以田园城市理论、光明城市理论等为代表的居住空间分异应对理论[200],国内的相关研究借鉴了太多西方的研究理论[201]。然而,中国城市居住空间分异现象及其形成机制具有鲜明的中国特色,显然不同于西方国家。因此,如何立足中国实际采取有效的方法,构建具有中国特色的城市居住空间分异理论是学者们当前及未来要面对的机遇与挑战。

(2)从数据来源来看,学者们通常以人口普查资料作为研究社会空间和居住空间的主要数据来源[202],也有学者采用房地产相关数据(房价数据、居住小区数据等)、问卷调查数据等分析居住分异或社会隔离[203],然而,利用人口普查数据进行城市社会空间或居住空间的分析具有明显的"时滞性"缺陷[204]。此外,网络及大数据时代,如何运用互联网及大数据进行居住空间分异的相关研究,这将是一个值得探索的方向。

(3)从研究方法来看,1978 年以后中国城市社会空间研究开始之时,正值西方人文地理学复兴、城市社会学重建[205],西方的相关理论、方法,如芝加哥学派、空间分析技术、因子分析法、聚类分析法等不断被引入国内,对国内后来的研究产生了很大影响[206]。然而,无论是通过因子生态分析，还是住宅价格相关指数，均是在同一空间框架下对居住空间分异程度进行研究[207]，探索其他空间框架或在同一框架下不同尺度的居住空间分异的研究还有待丰富和拓展[208]。此外，如何运用多维指标更加精准地评价与测度居住空间分异，这将是下一步深入研究的问题。

（4）从研究区域来看，现阶段的居住空间或社会空间分异的案例区域主要集中在上海、北京、广州等一线城市，南京、西安、合肥等个别省会城市，以及呼和浩特、乌鲁木齐等多民族聚居城市，兰州的实证分析相对较少，仅有的研究主要从居住空间的物质形态分析了城市居住空间的分异，而对居住空间的社会属性与分异效应涉及较少。大城市的重要性毋庸置疑[209]，由于其发展程度和开放程度更高，与国际接轨的程度更深，对其研究既有利于理论的移植和验证，也有利于学术对话的开展[210]。但中小城市在数量上毕竟是中国城市的主流，而且理论是为现实服务的，要解决中国面临的独特问题，除了深深地扎根于中国的现实以外别无他法[211]。中小城市所面临的问题的独特性的探究或许可以为我们提供解决中国现实问题的药方，也可能为我们在理论上的创新提供契机。兰州作为西北内陆的中心城市、黄河上游的省会城市、典型的河谷盆地型城市[212]，其居住空间分异具有代表性和典型性。因此，对兰州城市居住空间分异及其效应的研究具有十分重要的理论意义和现实价值。

（5）从研究内容来看，国内学者从宏观的城市居住空间秩序形态演变和微观的城市居民住宅区位选择两种角度展开了研究[84]。相关研究已经取得了丰硕的成果，居住空间分异程度的研究虽然有所涉及，但定性较多，定量分析中使用传统分析指标和常用统计数据的实证分析多，而精准测度分异程度、多维度评价分异效应（尤其是从经济、社会、环境等多维度）的研究相对较少，实证案例也有待于进一步扩充[213]。另外，部分学者参照发达国家经验提出了混合居住的政策取向，但这种政策是否适合中国国情，能否真正落地等一系列问题亟须学者们结合居民调研和现实问题进行深入分析和研究。

综上所述，当前我国城市居住空间的研究虽然取得了长足进步，但仍然存在很多问题和不足。如何立足中国实际，构建具有中国特色的城市居住空间分异理论是学者们当前及未来要面对的机遇与挑战；如何运用互联网及大数据进行居住空间分异的相关研究，这将是一个值得探索的方向；如何运用多维指标更加精准地评价与测度居住空间分异，这将是下一步要深入研究的问题；在借鉴发达国家居住空间分异调控经验的同时，结合居民调研和现实问题提出适合中国国情的城市居住空间分异调控策略。这些不足与问题的存在不仅凸显了研究的必要性，也为本书的研究提供了思考的空间。

第 3 章 研究区概况与数据来源

3.1 研究区概况

3.1.1 自然地理特征

兰州市地处黄河上游、西北内陆，是中国陆域版图的几何中心，其地域范围在 102°36′~104°35′E，35°34′~37°00′N 之间，东南与定西市相连，西南与临夏回族自治州毗连，西与青海省接壤，北与白银市相连[214]。兰州市属于温带大陆性气候，四季气候变化明显，全市降水相对较少，且主要集中在 6~9 月，年平均降水量仅为 300 毫米[215]。兰州市地处黄土高原、内蒙古高原和青藏高原的交会地带，地貌类型属于陇西黄土高原丘陵沟壑区，主要由山地、台地、河谷地和坪地等构成。其中，山地占土地总面积的 65% 左右，半山地占 20% 左右，河川盆地约占 15%，地形高差大，总体东北高、西南低，海拔在 1400~3670 米，市区平均海拔为 1520 米，枕山带河，依山傍水，景致多样，物产丰盈[216]。兰州市位于我国地形第一阶梯向第二阶梯的过渡地带，其北仗祁连余脉，中拥河湟谷地，南享草原之益，既有承担生态保护和修复的重大责任，也有潜在生态优势转化为经济优势的条件[217]。黄河自西向东穿城而过，形成典型的“两山夹一川带状组团”的地形特点，城市空间发展受其限制，主要沿黄河两岸呈西北—东南向带状延伸；市区东西长约 35 千米，南北宽约 2~8 千米[218]。

3.1.2 经济社会特征

兰州市为甘肃省省会,位于中国西北地区、甘肃省中部,是西北内陆中心城市和"一带一路"上的重要节点城市,具有"秦陇锁钥、东西咽喉""座中六联、关通八方"的枢纽地位。向南连接21世纪海上丝绸之路和中南半岛,向北连接丝绸之路经济带,经该区域形成了连接"一带"和"一路"的完整环线。兰州市不仅是西北内陆地区最大的铁路、公路、航空等综合交通枢纽之一,具有承东启西的特殊位置,也是西部重要的区域商贸中心和现代物流基地,一直以来享有"黄河之都""瓜果名城"等美誉[219]。自西汉始元元年始置金城县,至今已有两千多年的建城史;近代以来,无论是抗战时期的大后方、20世纪50年代的支边、20世纪60年代的"三线建设",还是20世纪90年代的"西部大开发",都不同程度地吸引了大量外来人口[220]。行政区划上辖城关、七里河、西固、安宁、红古5区和榆中、皋兰、永登3县,土地面积13100平方千米,其中主城区(城关区、七里河区、西固区、安宁区)面积约213平方千米,涵盖汉族、回族、蒙古族等36个民族,(除回族外)少数民族人口占总人口约为3.6%。是名副其实的多民族聚居城市[221]。2020年生产总值2886.74亿元,其中第一产业57.43亿元,占比为1.99%;第二产业933.42亿元,占比为32.33%;第三产业1895.90亿元,占比为65.68%;人均GDP为66680元,房地产开发投资552.81亿元[222]。2020年,兰州市主城区共有50个街道,其中城关区25个街道、七里河区10个街道、西固区7个街道、安宁区8个街道(见图3-1)。

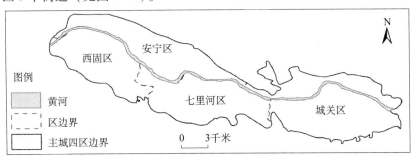

图3-1 研究区区位

3.1.3　人文科技特征

兰州市拥有以兰州大学、西北师范大学等为代表的高等院校 34 所，国家重点实验室 10 个，各类专业技术人员近 30 万人，综合科技实力和人才密度居全国大中城市前列[223]；拥有兰州白银国家自主创新示范区、兰白科技创新改革试验区、兰州新区和兰州高新区、兰州经济区、白银高新区三个国家级开发区等国家级平台，正在加快建设榆中生态创新城，能够为推动全省产业转型、动力转换和跨越发展提供有力支撑[224]。该区域形成了以石油化工、有色冶金、机械制造、能源电力、生物医药等为主的产业体系，新能源新材料和循环经济基地加快建设[225]，文化旅游资源、矿产资源、特色农产品和中药材资源丰富[226]。人口密度达到每平方米 125 人，高于周边地区平均水平。

3.1.4　人口变化特征[*]

兰州市第三次全国人口普查数据公报显示，1982 年全市常住人口为 2376325 人（见表 3 - 1），其中，主城区人口为 1182562 人、城关区 519266 人、七里河区 319531 人、西固区 244692 人、安宁区 99073 人，按人口分布多少依次为城关、七里河、西固、安宁。同第二次全国人口普查 1964 年 6 月 30 日 24 时的 1556299 人相比，18 年共增加 820026 人，增长 52.69%，年平均增长率为 2.38%。兰州市第四次全国人口普查主要数据公报显示，1990 年全市常住人口为 2516912 人，其中，主城区人口为 1389953 人、城关区 625231 人、七里河区 365860 人、西固区 273885 人、安宁区 124977 人。同第三次全国人口普查 1982 年 7 月 1 日零时的 2376325 人相比，8 年共增加 140587 人，增长 5.92%，年平均增长率为 0.74%。兰州市第五次全国人口普查主要数据公报显示，2000 年全市常住人口为 3142464 人，其中，主城区人口为 1947030 人、城关区 936888 人，七里河区 478426 人，西固区 336012 人，安宁区 195704 人。同第四次全国人口普

---

[*] 人口数据来自 1982 年、1990 年、2000 年、2010 年和 2020 年兰州市第三次、第四次、第五次、第六次和第七次全国人口普查主要数据公报及相关人口普查资料。

查 1990 年 7 月 1 日零时的 2516912 人相比，10 年共增加 625552 人，增长 24.85%，年平均增长率为 2.49%。兰州市第六次全国人口普查主要数据公报显示，2010 年全市常住人口为 3616163 人，其中，主城区人口为 2492325 人、城关区 1278745 人，七里河区 561020 人，西固区 364050 人，安宁区 288510 人。同第五次全国人口普查 2000 年 11 月 1 日零时的 3142464 人相比，10 年共增加 473699 人，增长 15.07%，年平均增长率为 1.51%。兰州市第七次全国人口普查主要数据公报显示，2020 年全市常住人口为 4359446 人，其中，主城区人口为 3042863 人、城关区 1484016 人，七里河区 712271 人，西固区 407010 人，安宁区 439566 人，按人口分布多少依次为城关、七里河、安宁、西固，安宁区人口首次超过西固区。同第六次全国人口普查 2010 年 11 月 1 日零时的 3616163 人相比，10 年共增加 743283 人，增长 20.55%，年平均增长率为 2.06%。从以上历次人口普查数据可以看出，到兰州市第七次全国人口普查时，主城四区的人口分布比重由之前的城关、七里河、西固、安宁，演变为城关、七里河、安宁、西固，安宁区人口首次超过西固区。

表 3 - 1　　　　　　　兰州市第 3 ~ 7 次全国人口普查主要数据

人口普查次序	兰州（人）	主城区（人）	城关（人）	占比（%）	七里河区（人）	占比（%）	西固区（人）	占比（%）	安宁区（人）	占比（%）
第 3 次	2376325	1182562	519266	43.91	319531	27.02	244692	20.69	99073	8.38
第 4 次	2516912	1389953	625231	44.98	365860	26.32	273885	19.70	124977	8.99
第 5 次	3142464	1947030	936888	48.12	478426	24.57	336012	17.26	195704	10.05
第 6 次	3616163	2492325	1278745	51.31	561020	22.51	364050	14.61	288510	11.58
第 7 次	4359446	3042863	1484016	48.77	712271	23.41	407010	13.38	439566	14.45

3.1.5　房地产发展特征

蚂蚁集团①房价数据显示，2010 年 1 月至 2019 年 12 月，兰州市房地产投资额从 2010 年的 266.41 亿元增加到 2019 年的 1257.85 亿元（见图 3 - 2），累积增长率从 2010 年的 30.5% 下降至 2019 年的 15.6%，表明兰州市房地

---

①　蚂蚁集团官网，https://www.antgroup.com/。

产投资额持续增加，但累积增长率有所放缓。

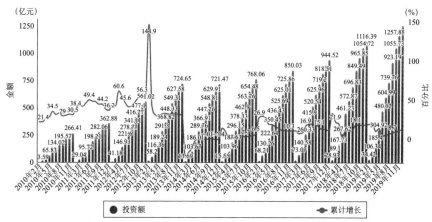

图 3 - 2 兰州市房地产投资额及累积增长

蚂蚁房价数据显示，2010 年 1 月至 2019 年 12 月，兰州市房地产新开工面积从 2010 年的 1395.98 万平方米增加到 2019 年的 3307.26 万平方米（见图 3 - 3），累积增长率从 2010 年的 16.8% 增长至 2019 年的 32.3%，表明兰州市房地产新开工面积持续增加，累积增长率波动增长。

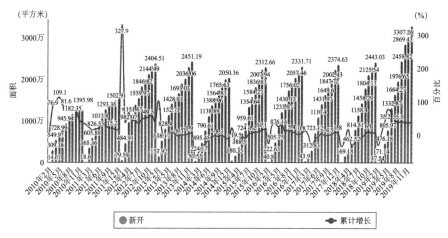

图 3 - 3 兰州市房地产新开工面积及累积增长

蚂蚁集团房价数据显示，2010 年 1 月至 2019 年 12 月，兰州市房地产施工面积从 2010 年的 2557.70 万平方米增加到 2019 年的 7473.29 万平方米（见图 3 - 4），累积增长率从 2010 年的 21.3% 波动至 2019 年的

19.3%，表明兰州市房地产施工面积持续增加，但累积增长率波动下降。

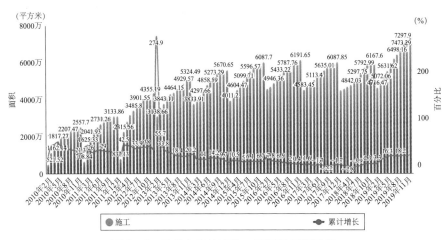

图 3 - 4　兰州市房地产施工面积及累积增长

蚂蚁集团房价数据显示，2010 年 1 月至 2019 年 12 月，兰州市房地产竣工面积从 2010 年的 598.66 万平方米增加到 2019 年的 674.14 万平方米（见图 3 - 5），累积增长率从 2010 年的 11.8% 波动下降至 2019 年的 -1.6%，表明兰州市房地产竣工面积持续降低，累积增长率波动下降为负值。

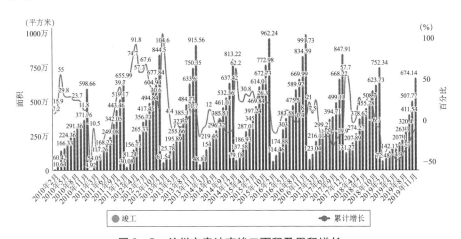

图 3 - 5　兰州市房地产竣工面积及累积增长

蚂蚁集国房价数据显示，2010 年 1 月至 2020 年 1 月，兰州市环比房价指数从 2010 年 1 月的 -0.4 波动上升到 2020 年 1 月的 0.4（见图 3 - 6），其中 2010 年 4 月出现最高值 3.3，2014 年 7 月出现最低值 - 0.8，但整体上房价呈波动上涨的趋势。

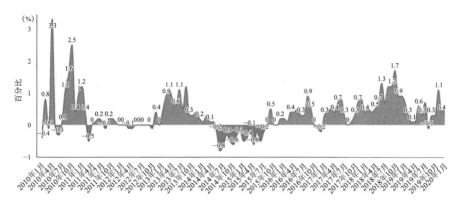

图 3 - 6 兰州市环比房价指数

蚂蚁集团房价数据显示，2010 年 1 月至 2020 年 1 月，兰州市同比房价指数从 2010 年 1 月的 4.3 波动上升到 2020 年 1 月的 4.7（见图 3 - 7），其中 2011 年 7 月出现最高值 12，2015 年 4 月出现最低值 - 5.1，但整体上房价呈波动上涨的趋势。

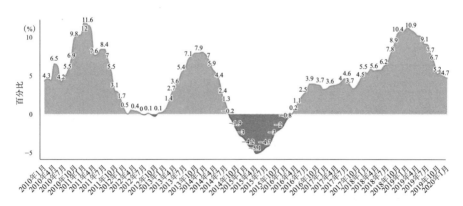

图 3 - 7 兰州市同比房价指数

蚂蚁集团房价数据显示，2010 年 1 月至 2020 年 1 月，兰州市定基房价指数从 2010 年 1 月的 0.0 波动上升到 2020 年 1 月的 26.3（见图 3 - 8），其中 2010 年 1 月至 2015 年 12 月呈现出偏正态分布的波动趋势，2016 年 1 月至 2020 年 1 月呈现出持续增长的趋势。

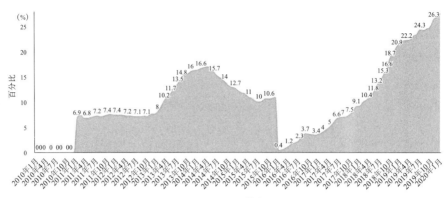

图 3-8 兰州市定基房价指数

3.2 数据来源及预处理

（1）统计数据主要来源于 1975～2021 年的《兰州统计年鉴》、各县（区）统计年鉴、《国民经济和社会发展统计公报》等，经过统一单位、统一研究单元及数据标准化处理等为分析具体问题提供数据支撑。

（2）人口数据来源于 1982 年、1990 年、2000 年、2010 年和 2020 年兰州市第三次、第四次、第五次、第六次和第七次全国人口普查主要数据公报及相关人口普查资料；主要从与居住空间相关的住房用途、住房条件、住房年代、住房设备、住房来源、住房费用 6 个层面选取相应的亚类指标，并从居住人口相关的人口一般构成、民族构成、家庭构成、年龄构成、学历构成、职业构成 6 个层面选取相应的亚类指标，来作为描刻居住空间演变与分异的主要数据源。

（3）分析底图主要依托《兰州市区交通图》，并通过 ArcGIS 10.2 软件提取主城区、街道及河流等空间要素边界得到，并将相关要素在此底图上进行可视化表达，以清晰地反映居住空间演变与分异的实况。

（4）房价数据主要来源于安居客、房天下、搜房网等网站，通过软件及数据筛选获得 2018～2020 年 3 个年份的房价数据，剔除重复的、有明显错误的、基本信息不全的数据条目等，将最终筛选得到的符合要求的数据作为本书的房价基础数据。

（5）POI 数据来源于高德地图 API，通过获取含有具体名称、详细地址、经纬坐标等属性信息的数据，包括兰州市行政办公、事业单位、餐饮、写字大厦等，获取时间为 2020 年 12 月，剔除基本信息不全的、有误的数据条目，将最终筛选得到的数据作为本书的 POI 基础数据。

（6）问卷调查数据来源于 2020 年 10 月至 2021 年 6 月对兰州主城四区的外业问卷（调查问卷见附录——《兰州市居住空间分异及其效应研究》调查问卷）调查及"问卷星"网络问卷调查，共收回问卷 3112 份，剔除填写不完整、错误问卷后，得到 2911 份问卷，总体有效率为 93.54%；访谈资料来源于问卷调查中对小区住户、物业及社区等相关部门和人员的访谈。

（7）兰州城市发展及相关资料来源于《兰州城市建设历史年鉴》、第一至第四版《兰州市城市总体规划》《兰州市志》《兰州统计年鉴》等。

（8）房地产相关数据来源于 2000～2020 年兰州市城乡建设统计年鉴、中国房价行情、数据中国、蚂蚁集团房价数据、房价 App 等，通过对数据进行对比分析，剔除差异较大的、不相关的数据，将预处理的数据作为本书的基础分析数据。

第4章 兰州市主城区居住空间分异的演化过程

在经济社会发生重大转型之时，城市居住空间生产作为在城市空间建设中占据了很大比例的一种空间生产类型，对城市的经济发展与社会演化起到了举足轻重的作用[227]。通常人们在创造城市空间的同时，同类社会群体出现聚居倾向，不同群体之间出现居住隔离。社会空间统一体理论为研究城市居住空间分异的演化过程提供了理论依据[228]。相关研究表明，城市居住空间的生产是城市空间中具有生产方式典型转变轨迹的类型，从计划经济体制到市场经济体制的发展具有鲜明的时代特性，随着居住空间生产模式的不断调适与变革，城市居住空间的形态演进还在相应地不断演化出新的特征与规律[229]。本章将通过对兰州市主城区改革开放前居住空间演变的历史回顾，以及对改革开放后居住空间结构演化的定量与定性分析，以居住区类型和社会区类型为抓手，分别描刻不同时期的城市居住空间结构的演变过程，并从时间序列上纵向对比，总结其演化的特征与模式，揭示其分异的动态演化规律。

4.1 改革开放前主城区居住空间演变历史回顾

4.1.1 主城区居住空间结构演变

兰州城市居住空间的建设最早可追溯到 2235 年前的秦朝[230]，公元前214 年，在今兰州市东岗镇一带筑榆中县城，不同于临时修筑的堡垒，县城功能较多，不仅便于军事防御，还便于居住生活[231]。西汉昭帝始元六年（公元前81年）设金城郡，城址在今西固区西固城一带，故兰州古称金城[232]。隋文帝开皇元年（581年），新置兰州，领金城1郡[233]。唐肃宗乾元元年（758年），改金城郡为兰州。此后，朝代更替，兰州城址不断迁移。明洪武十年（1377年），重筑兰州城[234]。建文元年（1399年）肃王府迁至兰州，在城东、西、南三面重修城郭。宣德年间（1426年）增筑方城西北至城东的外廓，奠定了今天兰州中心城区的范围[88]。康熙五年（1666年），陕甘分治，兰州成为甘肃省省会，城市居住空间建设得到了重视和加强①。乾隆三年（1738年）将甘肃政治中心由临洮迁至兰州，改称兰州府，始置皋兰县（今城关区）。城内路网格局初步形成，城市管理、军事政务、文化教育等部门配套齐全，居住区主要在街区内建设，街区内建筑排列有序[235]。然而，民国初期军阀混战，兰州城市建设陷入了衰落甚至停滞的境地。抗战全面爆发以后，兰州的军事地位不断提升，尤其是1941年7月兰州市的设立，使城市建设又有了新的希望。作为战时的大后方和甘肃的政治、经济、文化中心，兰州市为了容纳更多人口，对市区面积进行了外扩。1942年，兰州市工务局对市区的路网进行了设计，并开辟了内外交通[236]，即在城内开辟修建马路，旧城区边缘建设对外交通线路，奠定了兰州城市建设的基础（见图4－1）。除此以外，银行、学校、商场等基础设施的建设为城市居民的生活提供了便利条件，如在居住区增设中小学教育机构、建设九间楼、西北大厦等。同时，省政府在城关区、七里河区、安宁区的十里店等地集中修建了疏散房屋和贫民住宅。民国时期，普通民居主要以四合院为主，沿东西向的东大街—西大街（今张掖路）、中山街—南大街（今酒泉路）、学院街—府门街—县门街（今武都路）和南北向的北门街—马坊门街（今永昌路）等街巷分布。除此以外，还有私家园林20多座，多分布于城郭外东、南、西侧近郊区域[237]。这些普通民居及私家园林奠定了民国时期兰州居住空间分布格局的基础。

中华人民共和国成立后，百废待举、百业待兴。那时，兰州市是一座破败的城市，建成区主要包括城关区，面积仅16平方千米，总建筑面积

---

①　兰州市志编纂委员会．兰州市志［M］．兰州：兰州大学出版社，1997.

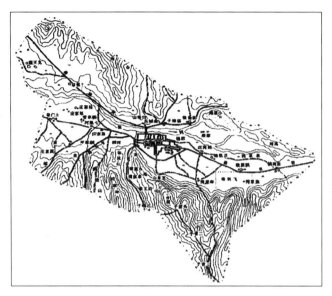

图 4-1　民国 31 年（1942 年）兰州市区域

256 万平方米，其中，住宅建筑面积 127.32 万平方米，占全市房屋总建筑面积的 49.34%，人口仅有 19.5 万人，人均居住面积 3.8 平方米[236]，居住空间严重不足，房屋状况两极分化严重。具体而言，军阀、官僚、商贾住所大都以钢混、砖木结构建筑为主，平民百姓房屋普遍以土木、泥坯结构居多，且院落狭小、设施简陋。1952 年，陇海铁路建成通车，兰新铁路开始建设，东岗路、西津路等东西向道路的拓建等，有力地助推了城市的发展。尤其值得一提的是，城市居住空间建设呈现出沿铁路、主要道路等线状发展的模式，但主要还是集中在城关组团和七里河组团。到 1960 年，建成区面积有所扩大，东岗区和盐场区并入了城关区，第八区至第九区成为七里河区，十里店、孔家崖和吊场乡、刘家堡乡、安宁堡和沙井驿街道等划为了安宁区，皋兰县西固区则划归为西固区。1954 年，城市居住空间主要分布在以南关什字为中心，益民路、中山路、中正路形成的城市道路骨架周边（见图 4-2），其他老旧道路、河岸两侧及小西湖、盐场堡、庙滩子、十里店等地也有零散分布[235]。随着第一版《兰州市城市总体规划（1954—1972 年）》的实施，城市建设用地由中华人民共和国成立前夕的 16 平方千米增加到了 1964 年的 126 平方千米，城市居住空间拓展为城关、盐场堡、七里河、西固、安宁 5 个沿黄组团分布的带状布局模式，奠定了城市居住空间发展的基本格局。特别指出的是，在萃英门的兰州大学、十里店的西北师范学院（西北师范大学）等周围逐渐形成了单位制的城市居住空间。此外，除旧城区内有"东花园""西花园"等豪华住所外，城外还有私家花园二十多处。以上区域在传承和发展的过程中被"凝固"下来，共同构成了中华人民共和国成立后的兰州城市居住空间格局[236]。统计数据显示，截至 1977 年，兰州市城区实有房屋建筑面积为（市房管部门管理）126.27 万平方米，私人 71.40 万平方米，年末住宅居住面积 55.36 万平方米（不包括私人），常住人口 15.19 万人，人均居住面积为 3.64 平方米①，人均居住空间相对狭小。

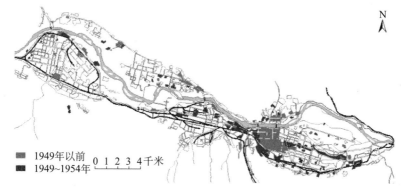

图 4 - 2　1949 ~ 1954 年兰州城市扩展示意图

资料来源：张志斌，张小平. 西北内陆城镇密集区发展演化与空间整合 [M]. 北京：科学出版社，2010.

4.1.2　主城区居住人口分布演变

《民国时期兰州市人口统计》②资料显示，1928 年兰州市有 17516 户，74675 人，户均人口为 4.26 人[237]。据《兰州市城关区志》，1945 年（民国 34 年）兰州市共划为八个区。人口主要集中在前三个区（见表 4 - 1），密度达到了 2 万多人/平方千米，主要分布在外城城墙内的区域[238]。

---

① 兰州市统计局. 1977 年兰州市统计年鉴，197 - 198.

② 甘肃省档案馆：《民国时期兰州市人口统计》，档案号：128 - 002 - 0016，1952 年 12 月。

表 4 - 1 1945 年兰州市城区分区人口统计表

名称	治所所在地	面积（平方千米）	人口（人）	人口密度（人/平方千米）
第一区	官升巷	1.20	23819	19849
第二区	官园前街	1.50	32151	21434
第三区	自力路	0.81	21245	26228
第四区	畅家巷	6.92	21192	3063
第五区	定西路	7.22	25864	3580
第六区	靖远路	30.12	14643	486
第七区	段家滩	69.59	15816	227
第八区	郑家庄	31.11	14601	469
合计		148.47	169331	1140

资料来源：《兰州市城关区志》。

这一时期，大部分人口主要分布在城关区、七里河区、十里店等地。特别是兰州市政府成立（1941 年）后，市区范围开始扩大，外城以外的农田和村庄逐步纳入城市范围[239]（见图 4 - 3）。体现了以地位等级为标准，对人口的"生态隔离"和"竞争优势"的过程，也反映了政治权力对城市居住空间格局的规制作用[240]。

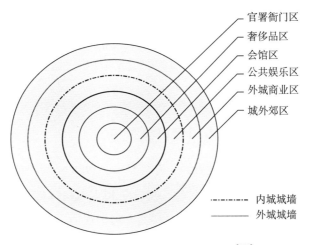

图 4 - 3 1941 年兰州人口分层结构[249]

中华人民共和国成立后，有赖于良好的自然环境和有利的政策条件，兰州市人口增长迅速。除较高的自然增长率外，迁入的人口也占了很大比例（据统计，1949～1952 年兰州市迁入人口为 72067 人①，远超过人口自然增长）。1953～1957 年，兰州市总人口由 82.23 万人增加到了 130.62 万人，5 年间增加了 48.39 万人②，而此阶段的出生人口仅有 5 万人，近 40 多万人来自人口迁入。到 1960 年末，全市人口达到了 128 万余人。这一时期人口迁移贯穿于经济建设和社会发展的全过程，尤其是"一五"时期和"大跃进"时期，大量人口迁入兰州，并主要分布于工业部门。如西固区的兰州炼油厂、兰州化学工业公司、兰州铝厂，七里河区的第一毛纺厂、兰州石油化工机械厂，城关区的东岗钢厂、兰州肥皂厂，以及安宁区的兰州机床厂等[237]。

随着 1962 年后国民经济的调整，特别是"三线建设"的开展，兰州市人口迅速增加。1964 年兰州市第二次全国人口普查主要数据公报显示，兰州市常住人口为 1556299 人，城关区 403130 人，占全市人口的 25.90%，七里河区 213739 人，占全市人口的 13.73%，西固区 155651 人，占全市人口的 10.00%，安宁区 57749 人，占全市人口的 3.71%。同第一次全国人口普查 1953 年 6 月 30 日 24 时的 863200 人相比，11 年共增加了 693099 人，增长率为 80.29%，年平均增长率为 6.69%。由以上数据可以看出，20 世纪 60 年代的人口主要集中分布于主城区的城关区和七里河区[216]。

进入 20 世纪 70 年代，1970 年市区人口达到 9031 万人。到改革开放前（1977 年）兰州市总人口为 2192948 人。其中市区人口为 1050114 人③，占全市人口的 47.89%；城关区 450570 人，占全市人口的 20.55%；七里河区 285485 人，占全市人口的 13.02%；西固区 226848 人，占全市人口的 10.34%；安宁区 87211 人，占全市人口的 3.98%。全市人口密度为 152 人/平方千米，市区人口密度为 944 人/平方千米。随着工业城市的持续建设和国民经济的不断增长，兰州市人口进入加速增长阶段，且不断向市区集聚，尤其在城关区的集聚最为显著。

---

① 兰州市档案馆：《兰州市 1950 年至 1952 年人口统计》，档案号：015 - 026 - 0017，1952 年 12 月。

② 兰州市档案馆：《1949 年至 1952 年兰州国民经济统计资料》，档案号：015 - 087 - 096，1952 年 12 月。

③ 兰州市统计局：《1977 年兰州市统计年鉴》，240 - 241。

4.2 改革开放以来主城区居住空间结构演化

4.2.1 主城区居住类型区演化分析

由于系统包含住房属性特征的相关统计数据最早为第五次人口普查数据资料，故本书以 2000 年为界，之前的居住类型区主要以历史资料为主进行定性描述，之后的居住类型区将会采用人口普查数据进行定量与定性相结合的综合研究。

改革开放后，在第二版《兰州市城市总体规划（1978—2000 年）》的引导下，城市居住空间获得新的发展机遇，将原有带状为主的城市布局逐渐转向多组团发展的模式，其空间拓展主要集中在城关区的东岗和雁滩等地、七里河区的马滩等地、安宁区的迎门滩等地以及西固区的东部等地区，形成了城关组团、盐场堡组团、七里河组团、安宁组团、西固组团五大居住组团[241]（见图 4-4）。然而，由于受到地形的限制，这一时期城市居住空间发展被局限于河谷盆地之内，可供开发建设的土地数量有限，城市居住空间的扩张受到了一定的限制。

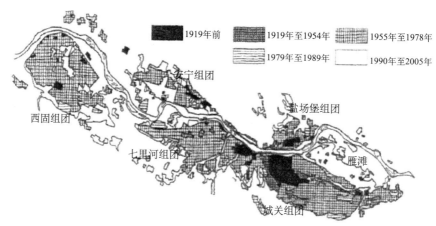

图 4-4 1949~2005 年兰州主城区空间扩展示意[250]

进入 21 世纪，在第三版《兰州市城市总体规划（2001—2010 年）》

的引导下，特别是随着西部大开发的深入实施，兰州城市建设进入了快速发展期。兰州市发展的视线逐渐由主城区移向周边，将带状与组团的发展模式进行融合与创新。伴随着城市规划的更新，居住空间结构进入进一步的优化发展阶段，中心城区利用城市更新改造实现了居住环境的提升，城区边缘则通过"东扩西移"的规划引导，实现了居住空间的进一步拓展。10 年间兰州市建成区居住用地面积净增加了约 10 平方千米，居住用地占比已经超过了工业用地占比，呈现出快速增长的态势，成为影响城市用地结构演变的主导力量[241]。

下面将运用人口普查资料中的住房等相关数据，进一步定量分析兰州市主城区的居住空间演化过程。

考虑到与居住空间的密切程度、指标能客观反映居住空间的实际情况和数据的可获得性等原则，选取了兰州市城关区、七里河区、西固区、安宁区 4 个区的 48 个街道、1 个镇和 1 个高新区，共 50 个研究单元，总面积约 213 平方千米。各研究单元的行政界线以兰州市 2010 年人口普查资料的行政界线为基准。城市居住空间演变和分异是城市发展过程中不可避免的现象，它与城市住房情况、居住人口属性这两个方面密切相关[8]。以兰州市 2000 年和 2010 年人口普查资料为主要数据来源。首先，从居住空间相关的住房用途、住房条件、住房年代、住房设备、住房来源、住房费用等 6 个层面选取相应的亚类指标（见表 4 - 2），并从居住人口相关的人口一般构成、民族构成、家庭构成、年龄构成、学历构成、职业构成等 6 个层面选取相应的亚类指标[242]（见表 4 - 3）；其次，采用因子生态分析法得到不同研究时期影响兰州市居住空间结构及人口分布的主因子，计算出各主因子在各街道的得分情况，进而采用聚类分析法划分不同的居住类型区和人口类型区，并将居住空间结构与居住人口类型进行综合分析[8]，描刻其演变过程。

表 4 - 2　兰州市 2000 年和 2010 年主城区居住空间结构分析指标

指标类型	2000 年兰州市居住空间结构		2010 年兰州市居住空间结构	
	指标亚类	指标数量（个）	指标亚类	指标数量（个）
住房用途	—	—	功能用途	3

指标类型	2000 年兰州市居住空间结构		2010 年兰州市居住空间结构	
	指标亚类	指标数量（个）	指标亚类	指标数量（个）
住房条件	住房面积	8	住房面积	10
	住房间数	10	住房间数	10
	建筑层数	4	建筑层数	5
	—	—	建筑结构	4
住房年代	建成时间	6	建成时间	7
住房设备	厨房设施	3	厨房设施	3
	—	—	炊事燃料	5
	洗澡设施	4	洗浴设施	4
	厕所设施	5	厕所设施	5
	—	—	入户水源	2
住房来源	来源类型	7	来源类型	8
住房费用	购建住房费用	9	—	—
	租赁住房费用	9	租房费用	8
合计		65	—	74

资料来源：兰州市 2000 年和 2010 年人口普查资料（简称"五普""六普"）。

表 4 - 3　兰州市 2000 年和 2010 年主城区居住人口类型分析指标

指标类型	2000 年兰州市居住人口结构		2010 年兰州市居住人口结构	
	指标亚类	指标数量（个）	指标亚类	指标数量（个）
人口一般构成	一般统计指标	3	一般统计指标	5
	人口流动属性	6	人口流动属性	6
人口民族构成	人口民族状况	7	人口民族状况	7
人口家庭构成	居民家庭结构	9	居民家庭结构	11
	家庭规模结构	14	家庭规模结构	8
	人均住房状况	3	人均住房状况	3
人口年龄构成	人口年龄结构	3	人口年龄结构	4
人口学历构成	人口文化程度	11	人口文化程度	9
人口职业构成	人口职业状况	7	人口职业状况	6
合计		63	—	59

资料来源：兰州市 2000 年和 2010 年人口普查资料（简称"五普""六普"）。

4.2.1.1　2000 年主城区居住类型区

运用因子生态分析法对研究区第五次人口普查资料中的城市住房情况，即所提取的 65 个指标变量在 50 个研究单元上进行因子分析。测算结果显示，65 个指标变量信息主要集中在 6 个特征值大于 2 的主因子上，见表 4 - 4。

表 4 - 4　　　　　　因子解释原有指标变量总方差的情况

主因子序号	初始特征值矩阵			提取平方和矩阵			正交旋转平方和矩阵		
	特征值	方差贡献率（%）	累计方差贡献率（%）	特征值	方差贡献率（%）	累计方差贡献率（%）	特征值	方差贡献率（%）	累计方差贡献率（%）
1	29.669	45.645	45.645	29.669	45.645	45.645	23.739	36.521	36.521
2	11.945	18.376	64.021	11.945	18.376	64.021	13.713	21.096	57.618
3	4.677	7.196	71.217	4.677	7.196	71.217	7.060	10.861	68.478
4	3.966	6.102	77.319	3.966	6.102	77.319	4.151	6.386	74.865
5	2.438	3.751	81.070	2.438	3.751	81.070	3.228	4.966	79.830
6	2.052	3.157	84.226	2.052	3.157	84.226	2.857	4.396	84.226

由表 4 - 4 可知，提取的 6 个主因子解释了原有变量总方差的 84.226%，表明变量信息丢失较少[243]，因子分析效果较理想[244]。由于此时 6 个因子的实际含义比较模糊，信息过于集中于第 1 个因子上，需要采用方差极大化法对因子的载荷矩阵实行正交旋转[245]，并经过 25 次迭代完成收敛过程[246]，以使因子具有命名解释性[247]。命名后的各主因子名称、反映的居住特征及得分情况见表 4 - 5。

表 4 - 5　　　　2000 年兰州市居住空间结构主因子及特征分析

序号	特征值	方差贡献率	主因子名称	高得分因子解释的居住特征	得分分布情况
1	23.739	36.521	公有住房	建设年代为 20 世纪 50 ~ 80 年代，住房面积与房间数在中等水平，以购买原公有住房为主，以多层为主，一般租赁费用高	主城区黄河以南片区得分较高，中心城区得分较低
2	13.713	21.096	单位分房	住房面积偏小，房间数较少，没有独立的卫生间和厨房，租赁价格较低，以低层住房为主	城区主干道街道得分较高，分区邻接街道得分较低
3	7.060	10.861	自建住房	房间数较多，一般有 6 ~ 10 间，住房总面积大，有独立的厨房和厕所，以砖木结构建筑为主，以自建住房为主	撤乡建镇街道得分较高，国营企业街道得分较低

序号	特征值	方差贡献率	主因子名称	高得分因子解释的居住特征	得分分布情况
4	4.151	6.386	房改房	楼层以多层为主，建设年代在20世纪50～60年代，住房中有统一提供自来水及供热，有厨房与卫生间	主城区核心区域街道得分较高，工厂区街道得分较低
5	3.228	4.966	1949年前后老房	住房建设年代在1949年以前，住房内部设施简陋、条件差，租赁费用较低	初始建成区街道得分较高，城乡接合街道得分较低
6	2.857	4.396	商品房	住房建设年代在20世纪90年代，建筑楼层高，人均住房面积较其他类型住房大，住房中有独立的厨房和卫生间，以购买商品房为主	初始建成区边缘街道得分较高，老旧国有企业周边街道得分较低

　　根据以上6个主因子在50个研究单元上的得分，采用系统聚类法[248]及平方欧式距离[249]计算类间距，根据聚类结果将50个研究单元划分为7个类型区，并根据各类型的住房属性特征进行居住类型区的命名[250]，见表4-6。

表4-6　　　　　　　　2000年兰州市主城区居住空间类型区

序号	居住类型区	空间分布区域	主要表现特征
1	1949年前后老房区	主要集中在以南关什字为中心的益民路、中正路、中山路等道路周边区域，另外，庙滩子、小西湖、十里店等片区和东花园、西花园及部分私家花园等	如当时的军阀、官僚、大地主、商贾等修建的钢混砖木结构的住宅、客栈等
2	改革前政府公房区	与初始建成区核心区域毗邻，或围绕初始建成区向外围扩展，主要围绕工业企业或新设立的工业区分布	改革前政府公有住房楼层较低、数量较多，随着时代发展，居住条件已经落伍
3	改革后单位分房区	主要分布在黄河以南片区，以盘旋路至西站、西固城为核心，沿东岗路、西津路、西固路呈带状分布	在20世纪60～80年代建设的国有企业周边分布，形成单位制的一厂一区模式
4	20世纪90年代房改房区	主要位于初始建成区核心区域外围，与政府机关、企事业单位紧邻	房改制度下的产物，住房费用低，公共设施相对较好，居住条件好

续表

序号	居住类型区	空间分布区域	主要表现特征
5	20 世纪 90 年代商品房区	分布于初始建成区外围，且在城关区、七里河区沿黄河两岸滨河路周边分布较为明显	20 世纪 90 年代后商品房沿黄河两岸分布，风景秀丽、河景宜人，居住条件相对较好
6	商品房与自建房混合区	位于南北两山与主城区接壤片区	受地价影响，一部分商品房主要分布在南北两山周边与原自建房相邻或混合
7	自建房区	主要分布于城中村、郊区、城区边缘、南北两山周边	一般人均住房面积相对较大，房屋间数多

4.2.1.2　2010 年主城区居住类型区

城市居住空间结构的演变研究需要至少两个时段的对比分析，才能反映其演变过程、格局特征等[8]。基于此，在 2000 年分析的基础上，对 2010 年城市住房情况的指标变量进行因子分析。测算结果显示，74 个指标变量信息主要集中在 6 个特征值大于 2 且累计方差贡献率达 85.841% 的主因子上（见表 4-7）。

表 4-7　　　　　　　因子解释原有指标变量总方差的情况

主因子序号	初始特征值矩阵			提取平方和矩阵			正交旋转平方和矩阵		
	特征值	方差贡献率（%）	累计方差贡献率（%）	特征值	方差贡献率（%）	累计方差贡献率（%）	特征值	方差贡献率（%）	累计方差贡献率（%）
1	40.260	54.405	54.405	40.260	54.405	54.405	28.800	38.919	38.919
2	9.578	12.944	67.349	9.578	12.944	67.349	15.058	20.349	59.268
3	5.336	7.211	74.560	5.336	7.211	74.560	8.422	11.381	70.649
4	3.596	4.859	79.419	3.596	4.859	79.419	4.314	5.830	76.479
5	2.658	3.592	83.011	2.658	3.592	83.011	3.762	5.084	81.563
6	2.094	2.830	85.841	2.094	2.830	85.841	3.166	4.278	85.841

旋转后的 6 个主因子可解释为：商品房、房改房、单位分房、自建住房、兼顾生产经营住房、1949 年前后老房（见表 4-8）。

表 4 – 8　　　　　　2010 年兰州市居住空间结构主因子及特征分析

序号	特征值	方差贡献率	主因子名称	高得分因子解释的居住特征	得分分布情况
1	28.800	38.919	商品房	住房建设年代在 20 世纪 70～90 年代，建筑楼层高，住房中有独立的厨房和卫生间，以购买商品房为主	初始建成区街道得分较高，国有企业周边街道得分较低
2	15.058	20.349	房改房	楼层以多层或小高层为主，以购买原公有住房为主，住房中有统一提供自来水及供热，有厨房与卫生间，居住条件相对较好，居住费用低	主城区核心区街道得分较高，工业区街道得分较低
3	8.422	11.381	单位分房	住房面积和房间数适中，以低层或多层住房为主，没有独立的卫生间和厨房，租赁价格低，居住费用低	城区主干街道得分较高，分区交界街道得分较低
4	4.314	5.830	自建住房	房间数多，住房总面积大，有独立的厨房和厕所，但居住设备差，以砖木结构建筑为主，以自建住房为主	撤乡建镇街道得分较高，工业企业街道得分较低
5	3.762	5.084	兼顾生产经营住房	住房除生活居住外，兼备了生产的功能，为 20 世纪 90 年代左右，住房设备条件一般，房租等费用处于中等水平	主城区黄河以南片区得分较高，中心城区得分较低
6	3.166	4.278	1949 年前后老房	住房建设年代集中在 1949 年以前，建筑结构以砖木结构为主，面积小且房间数较少，住房设施简陋	初始建成区街道得分较高，城乡接合部街道得分较高

　　根据 6 个主因子在 50 个研究单元上的得分，采用系统聚类方法划分出居住空间类型区，并根据各类型的住房属性特征进行居住类型区的命名，见表 4 – 9。

表 4 – 9　　　　　　2010 年兰州市主城区居住空间类型区

序号	居住类型区	空间分布区域	主要表现特征
1	1949 年前后老房区	主要集中在以南关什字为中心益民路、中正路等道路一带的周边区域，另外，庙滩子、小西湖、十里店等片区和东花园、西花园等	如当时的军阀、官僚、大地主、商贾等修建的钢混砖木结构的住宅、客栈等

序号	居住类型区	空间分布区域	主要表现特征
2	改革前政府公房区	与初始建成区核心区域毗邻，或围绕初始建成区向外围扩展，主要围绕工业企业或新设立的工业区分布	改革前政府公有住房楼层较低、数量较多，随着时代发展，居住条件已经落伍
3	改革后单位分房区	主要分布在黄河以南片区，以盘旋路至西站、西固城为核心，沿东岗路、西津路、西固路呈带状分布	在20世纪60~80年代建设的国有企业周边分布，形成单位制的一厂一区模式
4	20世纪90年代房改房区	主要位于初始建成区核心区域外围，与政府机关、国有企业、事业单位紧邻	是典型的房改制度的产物，职工以较低的价格取得原单位的公有房，公共设施相对较好
5	20世纪90年代商品房区	分布于初始建成区外围，且沿黄河两岸周边，城关区、七里河区较为明显，安宁区、西固区也有分布	20世纪90年代后商品房沿黄河两岸分布，住房层数为多层甚至高层
6	2000年后商品房区	一是对初始建成区内部的大力改建，如城关区西关十字到东方红广场一带，七里河的西站等区域；二是根据城市规划的新片区开发	代表时代发展的潮流，形成了典型的新式居住小区，楼层以高层为主，建筑面积相对较大，住房条件较好
7	保障房与自建房混合区	主要分布在各组团中心区边缘和外围片区、铁路沿线附近	受地价影响，城区边缘和铁路沿线的保障房与原自建住房相邻或混合
8	商品房与自建房混合区	主要分布于城中村、郊区、城区边缘、南北两山周边	住房间数多、面积大，居住条件随时代发展而显得比较落伍

4.2.1.3　2020年主城区居住类型区

由于截至2021年10月兰州市第七次全国人口普查数据详细资料（长表指标数据）暂未公布，故本书主要借鉴人口普查资料中的详细指标，结合兰州市实际情况制作调查问卷，并利用问卷调查作为补充数据来研究2020年兰州市主城区的居住类型区。2020年10月至2021年6月，我们通过现场问卷调查和网络问卷调查（见附录——《兰州市居住空间分异及其效应研究》调查问卷），共收回问卷3112份，剔除填写不完整、错误问卷后得到2911份问卷，问卷总体有效率为93.54%，效果较好。根据问卷统计结果，被调查对象性别相差不大，年龄以青年和中年为主，民族状况中汉族占大多数，但回族等少数民族也占有一定比例，政治面貌中群众占1/2以上、党员（包括预备）也占1/3以上，家庭结构偏向于三口、四口之家的小家庭，文化程度中各个学历阶段的居民均占一定比例，户口状况以本地户口为主，住房性质以购买商品房（包括购买二手房）和租赁其他住房为主，职业状况以国家机关、党群、企事业单位人员为主、商业服务业人员也占了相当比例，被调查对象中月收入在4001~6000元的占了1/3左右（31.05%）、无收入和低收入（收入在2000元以下）的占了11%左右、高收入（在10000元以上）的占了接近10%左右。为保证量表数据的可靠性及测量题项等设计的合理性，需要对问卷数据进行信度和效度分析。首先，使用Crobach α系数测量问卷数据的信度质量水平，克隆巴赫系数均高于0.7，表明数据信度质量水平较高、问卷设计合理可靠。其次，使用探索性因子分析对问卷数据进行效度分析，删除部分选项后KMO值为0.881，大于0.8，Bartlett检验 p 值为0.000，小于0.05，表明数据具有较高的效度。由以上样本统计结果可以看出，本次抽样的样本具有较强的科学性和代表性。类似地，利用因子生态分析法对2020年的城市住房情况指标变量进行分析。测算结果显示，58个指标变量信息主要集中在6个特征值大于2且累计方差贡献率达86.794%的主因子上（见表4-10）。

表4-10　　　　　　　　　因子解释原有指标变量总方差的情况

主因子序号	初始特征值矩阵			提取平方和矩阵			正交旋转平方和矩阵		
	特征值	方差贡献率（%）	累计方差贡献率（%）	特征值	方差贡献率（%）	累计方差贡献率（%）	特征值	方差贡献率（%）	累计方差贡献率（%）
1	18.139	31.275	31.275	18.139	31.275	31.275	14.757	25.444	25.444
2	11.839	20.411	51.686	11.839	20.411	51.686	10.501	18.105	43.549
3	8.696	14.993	66.680	8.696	14.993	66.680	9.399	16.205	59.754
4	5.788	9.980	76.660	5.788	9.980	76.660	6.994	12.059	71.813
5	3.172	5.469	82.129	3.172	5.469	82.129	4.438	7.652	79.465
6	2.706	4.665	86.794	2.706	4.665	86.794	4.251	7.329	86.794

　　旋转后的6个主因子可解释为：普通商品房、高档商品房、房改房、

单位分房、名校学区房、自建住房（见表 4 -11）。

表 4 -11　　　2020 年兰州市居住空间结构主因子及特征分析

序号	特征值	方差贡献率	主因子名称	高得分因子解释的居住特征	得分分布情况
1	14.757	25.444	普通商品房	住房建设年代在 20 世纪 90 年代，建筑楼层高，人均住房面积较其他类型住房大，住房中有独立的厨房和卫生间，以购买商品房为主	初始建成区边缘街道得分较高，老国有企业周边街道得分较低
2	10.501	18.105	高档商品房	住房建设年代在 2010 年以后，主要以小高层和高层为主，小区有门禁系统，一般为人车分流设计，小区内绿化园林景观较好，部分高档小区配有幼儿园、老年活动中心等配套设施，以购买商品房为主	初始建成区边缘街道得分较高，国有企业周边街道得分较低
3	9.399	16.205	房改房	楼层以多层或小高层为主，人均居住面积一般，以购买原公有住房为主，住房中有统一提供自来水及供热，有厨房与卫生间，居住条件相对较好，居住费用低	主城区核心区街道得分较高，工业区街道得分较低
4	6.994	12.059	单位分房	住房面积和房间数适中，以低层或多层住房为主，没有独立的卫生间和厨房，租赁价格低，居住费用低	城区主干街道得分较高，分区交界街道得分较低
5	4.438	7.652	名校学区房	一般位于名校（教学质量较好的中小学）周边，建筑年代通常在 2010 年之前，小区环境一般，但房价因学区特性普遍较高，均在 2 万元/平方米以上	一只船巷道周边得分较高，其余街道得分较低
6	4.251	7.329	自建住房	房间数多，住房总面积大，有独立的厨房和厕所，但居住设备差，以砖木结构建筑为主，以自建住房为主	撤乡建镇街道得分较高，工业企业街道得分较低

　　根据 6 个主因子在 50 个研究单元上的得分，采用系统聚类方法划分出居住空间类型区，并根据各类型的住房属性特征进行居住类型区的命名，见表 4 -12。

表 4 – 12   2020 年兰州市主城区居住空间类型区

序号	居住类型区	空间分布区域	主要表现特征
1	改革前政府公房区	与初始建成区核心区域毗邻，或围绕初始建成区向外围扩展，主要围绕工业企业或设立的工业区分布	改革前政府公有住房楼层较低、数量较多，随着时代发展，居住条件已经落伍
2	改革后单位分房区	主要分布在黄河以南片区，以盘旋路至西站、西固城为核心，沿东岗路、西津路、西固路呈带状分布	在 20 世纪 60 ~ 80 年代建设的国有企业周边分布，形成单位制的一厂一区模式
3	20 世纪 90 年代房改房区	主要位于初始建成区核心区域外围，与政府机关、国有企业、事业单位紧邻	是典型的房改制度的产物，职工以较低的价格取得原单位的公有房，公共设施相对较好
4	普通商品房区	一是对初始建成区内部的大力改建，如城关区西关十字到东方红广场一带、七里河的西站等区域；二是根据城市规划的新片区开发	代表时代发展的潮流，形成了典型的新式居住小区，楼层都以高层为主，建筑面积相对较大，住房设备及条件较好
5	高档商品房区	一是见缝插针似的于旧城区的城市改造或出城入园后置换的居住用地上建设的高档居住小区；二是在城区边缘削山造地形成的新的居住用地上建设的高档居住小区	以小高层、高层电梯住宅楼为主，小区内人车分流，园林景观较好，配套设施齐全，如银河国际居住小区
6	名校学区房	一般位于中小学名校周边，建筑年代通常在 2010 年之前，小区环境一般，但房价因学区特性均在 2 万元/平方米以上，普遍较高	小区建筑、环境一般，但由于受到名校学区的影响较大，故房价较高
7	保障房与自建房混合区	主要分布在各组团中心区边缘和外围片区、铁路沿线、高速公路物流园区附近	受地价影响，城区边缘、铁路沿线和高速公路物流园区的保障房与原自建住房相邻或混合
8	自建房区	主要分布于城中村、城郊边缘区	住房间数多、面积大，主要以出租房为主，居住条件随时代发展而显得比较落伍

根据《2010 年兰州市城乡建设统计年鉴》，兰州市实有住宅建筑面积为 5822.74 万平方米，人均住宅建筑面积为 29.23 平方米，城关区人均住

宅建筑面积为 20.44 平方米，七里河区人均住宅建筑面积为 16.30 平方米，西固区人均住宅建筑面积为 30.45 平方米，安宁区人均住宅建筑面积为31.23 平方米；拥有房地产开发企业为 611 家。根据《2020 年兰州市城乡建设统计年鉴》，兰州市人均住宅建筑面积为 34.31 平方米，城关区人均住宅建筑面积为 19.27 平方米，七里河区人均住宅建筑面积为 20.31 平方米，西固区人均住宅建筑面积为 20.58 平方米，安宁区人均住宅建筑面积为 36.42 平方米；拥有房地产开发企业为 798 家。以上统计数据表明，随着社会经济的发展，兰州市主城区住宅建筑面积不断增加，且人均住房面积也有所改善，但不同辖区内的人均住房面积增减不一致，这也反映出主城四区的宜居程度各异。

4.2.2　主城区居住社会区演化分析

改革开放以来，兰州市主城区人口逐年增加，但年均增长率各不相同。从历次人口普查资料（见表 4-13）可以看出兰州市主城区人口分布的大致变化情况。

表 4-13　　　　改革开放以来兰州市主城区历次人口普查数据　　　　单位：人

年份	兰州市	主城区	城关区	七里河区	西固区
1982	2376325	1182562	0519266	319531	244692
1990	2516912	1389953	0625231	365860	273885
2000	3142464	1947030	0936888	478426	336012
2010	3616163	2492325	1278745	561020	364050
2020	4359446	3042863	1484016	712271	407010

资料来源：兰州市第 3~7 次全国人口普查主要数据公报。

为了更好地揭示兰州市主城区居住社会区的演化特征，根据社会空间统一体理论，采用因子生态分析法，以兰州市主城区为研究对象，以第三次至第六次人口普查资料为主要数据来源，进行居住类型区划分和居住空间结构特征分析。

首先，按照人口学特征划分为人口基本状况、家庭结构状况、年龄结构状况、民族构成状况、住房基本状况、职业人口状况、人口文化程度、行业人口状况等 8 大类指标（见表 4-14），并与 1982 年、2000 年和 2010年的研究单元分别组成 44×45、44×53 和 44×50 的原始数据矩阵。其次，运用 SPSS 22.0 对原始数据矩阵进行 Kaiser – Meyer – Olkin 度量和 Bartlett 的球形度检验。经检验，1982 年的原始指标 KMO 度量值为 0.65，卡方值 Sig < 0.05，表明变量相互之间不是独立的，即存在显著的相关性，适宜做因子分析；2000 年数据的 KMO 度量值为 0.72，卡方值 Sig < 0.05，参数值均优于 1982 年数据，也适宜做因子分析；2010 年数据的 KMO 度量值为 0.74，卡方值 Sig < 0.05，参数值均优于 1982 年的数据，也适宜做因子分析[43]。再次，对原始数据矩阵做主成分分析并观察主因子碎石图，发现 1982 年主因子4、2000 年主因子6 和 2010 年主因子6 以后的特征值变化很小，故分别选取了 4 个、6 个和 6 个主因子，累积方差贡献率分别为 85.391%、91.252% 和 87.097%（见表 4 – 15）。最后，为了使因子含义更为清晰，选取斜交旋转法计算出旋转后的因子载荷矩阵，并据此判断各主因子所反映的变量信息，命名主因子。

表 4 – 14   **兰州市主城区城市社会空间结构分析指标**

指标类型	具体指标名称
A 人口基本状况	a1 人口密度（人/平方千米）；a2 外出半年以上人口（人）；a3 本省其他县区外来人口（人）；a4 本市其他县区外来人口（人）；a5 省外外来人口（人）
B 家庭结构状况	b1 家庭户数占总户数的比重（%）；b2 家庭户平均每户人数（人/户）；b3 单身老人户户数（户）；b4 只有一对老夫妇户户数（户）；b5 总抚养比（%）；b6 一人户户数（户）；b7 二人户户数（户）；b8 三人户户数（户）；b9 四人户户数（户）；b10 五人户户数（户）
C 年龄结构状况	c1 20 ~ 44 岁人口（人）；c2 45 ~ 59 岁人口（人）；c3 60 岁及以上人口（人）；c4 16 ~ 59 岁劳动年龄人口（人）
D 民族构成状况	d1 汉族人口（人）；d2 少数民族人口（人）；d3 回族人口（人）
E 住房基本状况	e1 人均住房建筑面积（人/平方米）；e2 户均住房间数（户/间）
F 职业人口状况	f1 国家机关、党群组织、企业、事业单位负责人员（人）；f2 专业技术人员（人）；f3 办事人员和有关人员（人）；f4 商业服务业人员（人）；f5 农、林、牧、渔、水利业生产人员（人）；f6 生产、运输设备操作人员及有关人员（人）
G 人口文化程度	g1 6 岁以上研究生学历人口（人）；g2 6 岁以上大学本科学历人口（人）；g3 6 岁以上大学专科学历人口（人）；g4 6 岁以上高中学历人口（人）；g5 6 岁以上初中学历人口（人）；g6 6 岁以上小学学历人口（人）；g7 6 岁以上大学毕业人口（人）；g8 6 岁以上文盲半文盲人口（人）
H 行业人口状况	h1 第一产业人口（人）；h2 第二产业人口（人）；h3 第三产业第 1 部门人口（人）；h4 第三产业第 2 部门人口（人）；h5 第三产业第 3 部门人口（人）；h6 第三产业第 4 部门人口（人）

注：依据国家统计局制定的《关于建立第三产业统计的报告》。

表 4 – 15　　　　　　　社会空间主因子特征值及方差贡献率

主因子序号	1982 年正交旋转矩阵			2000 年正交旋转矩阵			2010 年正交旋转矩阵		
	特征值	贡献率（%）	累计贡献率（%）	特征值	贡献率（%）	累计贡献率（%）	特征值	贡献率（%）	累计贡献率（%）
1	7.500	31.252	31.252	10.386	25.331	25.331	14.302	34.882	34.882
2	5.284	22.018	53.270	8.466	20.650	45.981	6.609	16.120	51.002
3	4.183	17.429	70.698	6.971	17.004	62.985	4.208	10.264	61.266
4	3.526	14.693	85.391	4.544	11.082	74.067	4.163	10.153	71.419
5	—	—	—	4.374	10.668	84.735	3.528	8.605	80.024
6				2.672	6.517	91.252	2.900	7.072	87.097

在计算出各研究单元的因子得分的基础上，采用分层聚类方法划分社会区类型，计算社会区类型在各主因子上得分的平方和均值、平均值，据此判断各类社会区的特征并命名。

4.2.2.1　1982 年主城区居住人口类型区

（1）社会空间结构主因子及空间分布。提取 4 个主因子，根据各主因子的载荷矩阵和所反映的变量信息将其依次命名为工业人口、商业服务与行政事业单位人口、农业人口、少数民族人口。各主因子反映的变量信息、分布范围等见表 4 – 16 所示，空间分布见图 4 – 5。

表 4 – 16　　　　　　主因子反映的变量信息、命名及分布范围

序号	方差贡献率（%）	反映的变量信息	因子命名	分布范围
1	31.252	h2；f6；g5；g6；d2；c4；g4；f4；f1；	工业人口	该因子得分较高的地区主要集中在西固区西固西路以南、七里河区龚家湾和土门墩、安宁区的三厂片区和城关区黄河以北及东岗一带（见图 4 – 5a）
2	22.018	h5；g7；h4；f2；h6；f3；a1	商业服务与行政事业单位人口	该因子得分较高的地区主要分布在城关区的旧城区，七里河区西津东路沿线、西固区的西固城一带（见图 4 – 5b）
3	17.429	h1；f5；g8；b2；b1	农业人口	该因子得分较高的地区分布广泛，安宁区刘家堡以西的连片区域，七里河区的彭家坪、晏家坪马滩、崔家大滩及秀川片区，城关区的雁滩、九州及徐家湾一带，西固区的西柳沟等边缘（见图 4 – 5c）
4	14.693	d3；d2；h3	少数民族人口	该因子得分较高的地区分布于七里河的柏树巷、上西园、下西园和城关的庙滩子、临夏路一带（见图 4 – 5d），范围较小

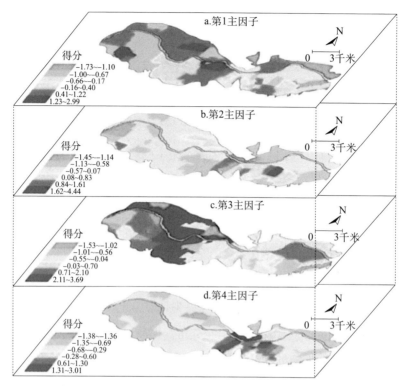

图 4 - 5 1982 年兰州市主城区主因子得分的空间分布

（2）社会区类型及分布。依据聚类结果，可将主城区划分为 4 类社会区（见表 4 - 17），结合各主因子所反映的变量信息依次命名为：工业人口密集区、少数民族人口聚居区、商业服务与行政事业单位人口密集区、农业人口聚居区。在此基础上，按聚类结果绘制空间分布图（见图 4 - 6）。

表 4 - 17   1982 年兰州市主城区社会区的特征判别

社会区类型	街区数	项目	主因子			
			第 1 主因子	第 2 主因子	第 3 主因子	第 4 主因子
I	10	平方和均值	**2.440**	0.520	0.152	0.491
		平均值	**1.430**	- 0.319	- 0.320	- 0.396
II	13	平方和均值	0.233	0.901	0.038	**2.145**
		平均值	- 0.001	0.437	- 0.042	**1.263**
III	12	平方和均值	0.914	**19.730**	0.004	1.848
		平均值	- 0.956	**4.442**	0.065	- 1.359
IV	10	平方和均值	1.064	0.241	**3.681**	0.511
		平均值	- 0.733	- 0.453	**1.452**	- 0.693

第一，工业人口密集区。在第1主因子上的平方和均值与平均值都高于其他因子，包括10个街区，具体为西固区的先锋路、福利路、西固城等街区，七里河区的龚家湾、西站、敦煌路街区，城关区的草场街、火车站街区，安宁区的西路街区。为全市石油化工、机械制造、有色冶金、精密仪器等工业企业密集分布的区域。

第二，少数民族人口聚居区。在第4主因子上的平方和均值与平均值都高于其他主因子，包括13个街区，具体为城关区的靖远路、临夏路、张掖路、白银路等街区和七里河区的西湖、西园等街区，为回族等较为集中的区域。

第三，商业服务与行政事业单位人口密集区。在第2主因子上的平方和均值与平均值都高于其他因子，主要包括12个街区，具体为城关区的鼓楼巷、广武门、渭源路、东岗西路等街区，七里河区的土门墩等街区，安宁区的十里店等街区，西固区的临洮街等街区。为兰州的老城区及1949年以后最早的建城区域，商业繁荣，人口密度大，党政机关和企事业单位分布相对集中。

第四，农业人口聚居区。在第3主因子上的平方和均值与平均值都高于其他因子，主要包括10个街区，具体为安宁区的沙井驿、安宁堡等街区，七里河区的彭家坪、华坪等街区，西固区的陈坪、西固街区，城关区的雁滩、拱星墩、青白石街区。该区域面积较大，位于城市建成区外围，为城市重要的蔬菜瓜果供应基地。

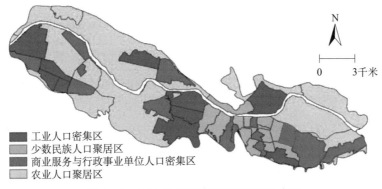

图4-6　1982年兰州市主城区城市社会区

4.2.2.2　2000 年主城区居住人口类型区

（1）社会空间结构主因子及空间分布。提取 6 个主因子，根据各主因子的载荷矩阵和所反映的变量信息将其依次命名为商业服务人口、工业人口与老年人口、机关干部和专业技术人员、高学历人口、农业人口、少数民族人口。各主因子反映的变量信息、分布范围等见表 4 - 18，空间分布见图 4 - 7。

表 4 - 18　　　　　主因子反映的变量信息、命名及分布范围

序号	方差贡献率（％）	反映的变量信息	因子命名	分布范围
1	25.331	a5；a3；b6；h3；f4；g6；g5；a4；b9；h6；b10；e1	商业服务人口	该因子以城关雁滩、东部为中心，呈现圈层分布，主要包括雁滩乡片区、拱星墩片区（见图 4 - 7a）
2	20.650	h2；f6；c2；b4；b8；g4；c3；d1；b7；b3	工业人口与老年人口	该因子得分较高的地区主要分布于西固区西固西路以南、排洪沟以北一带，七里河区土门墩周边，安宁费家营片区（见图 4 - 7b）
3	17.004	h4；f1；f2；f3；a1；e1；a2；g3	机关干部和专业技术人员	该因子得分较高的地区主要分布于城关区旧城区及周边，七里河区西津东路沿线，西固区的西固城、山丹街一带（见图 4 - 7c）
4	11.082	g2；g1；h5	高学历人口	该因子得分较高地区主要分布于安宁区培黎以西费家营以东，七里河区兰工坪、龚家湾一带，城关区五里铺一带（见图 4 - 7d）
5	10.668	h1；f5；b1；b2；e2；b5	农业人口	该因子得分较高的地区主要分布于安宁区的沙井驿片区周边，七里河的晏家坪、崔家大滩片区，城关区的南面滩以及西固区的西柳沟一带（见图 4 - 7e）
6	6.517	d1；d3	少数民族人口	该因子得分较高的地区主要分布于七里河区的上西园、下西园和城关的靖远路、临夏路一带（见图 4 - 7f）

（2）社会区类型及分布。依据聚类结果，可将主城区划分为 6 类社会区（见表 4 - 19），结合各主因子所反映的变量信息依次命名为：商业服务与流动人口混居区、工业人口与流动人口混居区、知识分子与高级职业人

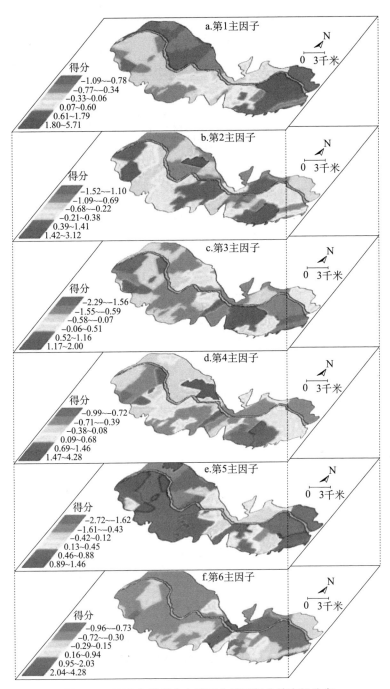

图 4-7　2000 年兰州市主城区主因子得分的空间分布

员混居区、干部职员与技术人员集聚区、少数民族人口密集区、农业人口密集区。按聚类结果绘制空间分布图见图4-8。

表4-19　　　　　　　2000年兰州市主城区社会区的特征判别

社会区类型	街区数	项目	主因子					
			第1主因子	第2主因子	第3主因子	第4主因子	第5主因子	第6主因子
I	6	平方和均值	4.844	0.729	1.338	0.451	0.799	0.689
		平均值	1.240	0.158	-0.394	0.125	0.252	0.118
II	11	平方和均值	0.198	1.079	0.761	0.254	0.811	0.172
		平均值	-0.309	0.353	-0.549	-0.156	0.137	-0.382
III	4	平方和均值	0.298	1.143	1.477	7.396	0.097	0.947
		平均值	-0.221	0.238	0.962	2.206	-0.078	0.379
IV	21	平方和均值	0.337	1.142	1.548	0.374	0.453	0.313
		平均值	-0.087	-0.132	0.558	-0.427	0.462	-0.186
V	2	平方和均值	0.076	0.630	0.129	0.348	0.012	6.394
		平均值	-0.299	0.026	-0.781	-0.588	0.013	4.042
VI	9	平方和均值	0.396	0.325	0.371	0.118	2.999	0.157
		平均值	-0.449	-0.465	-0.444	-1.453	-0.162	-0.373

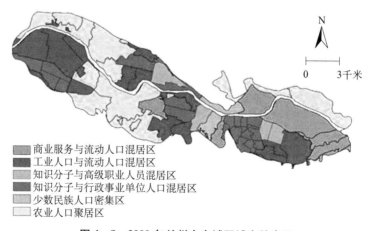

商业服务与流动人口混居区
工业人口与流动人口混居区
知识分子与高级职业人员混居区
知识分子与行政事业单位人口混居区
少数民族人口密集区
农业人口聚居区

图4-8　2000年兰州市主城区城市社会区

第一，商业服务与流动人口混居区。在第1主因子上的平方和均值与平均值都高于其他主因子，主要包括6个街区，具体为城关区的东岗、盐场路、雁滩街区，七里河的华坪、土门墩、伏龙坪街区。随着流动人口的不断集聚融合而成，已成为最为活跃的一类社会区。

第二，工业人口与流动人口混居区。在第 2 主因子上的平方和均值与平均值都高于其他主因子，主要包括 11 个街区，具体为城关区的火车站、团结新村、拱星墩街区，七里河区的龚家湾街区、晏家坪、建兰路街区，西固区的西固乡、西柳沟、陈官营、安宁区的吊场、孔家崖街区。主要位于大型国有企业外围且吸引了大量的外来人口。

第三，知识分子与高级职业人员混居区。在第 4 主因子上的平均值与平方和均值都高于其他主因子，主要包括 4 个街区，具体为城关区的渭源路，东岗西路街区，七里河区的西湖街区，安宁区的培黎街区，为高校集中区集中了大量高学历人口。

第四，知识分子与行政事业单位人口混居区。在第 3 主因子上的平均值与平方和均值都高于其他主因子，主要包括 21 个街区，具体为城关区的渭源路、张掖路、酒泉路、铁路西村、铁路东村、广武门、东岗西路等街区，七里河区的敦煌路、西湖、西站街区，安宁区的培黎、西路街区。

第五，少数民族人口密集区。在第 6 主因子上的平方和均值与平均值都高于其他主因子，主要包括 2 个街区，该类社会区少数民族人口占区域人口比例较高，主要包括七里河区的西园街区。

第六，农业人口聚居区。在第 5 主因子上的平方和均值与平均值都高于其他主因子，主要包括 9 个街区，具体为安宁区的沙井驿、刘家堡、安宁堡街区，西固区的陈坪、崔家崖街区，七里河区的彭家坪街区，城关区的青白石街区。随着工业化、城镇化进程的加快，该类社会区范围明显缩小且转移到远郊区域。

4.2.2.3　2010 年主城区居住人口类型区

（1）社会空间结构主因子及空间分布。提取 6 个主因子，根据各主因子的载荷矩阵和所反映的变量信息将其依次命名为流动人口、工业人口、商业服务与行政事业单位人口、农业人口、高学历人口、少数民族人口。各主因子反映的变量信息、分布范围等见表 4 - 20，空间分布见图 4 - 9。

表4-20　　　　　　主因子反映的变量信息、命名及分布范围

序号	方差贡献率（%）	反映的变量信息	因子命名	分布范围
1	34.882	a4；a3；a2；b6；f4；a5；g5；h3；b9；h4；b7；c1；g6；d1；h6；f6；b10；g3；f2；f3	流动人口	该因子除雁滩组团得分较高外，其余均不显著，但分布范围广，主要包括东岗片区、盐场片区、龚家湾片区等（见图4-9a）
2	16.120	b4；c3；h2；b3；b8；c2；g4	工业人口	该因子得分较高的地区主要分布于西固区西固西路以南、排洪沟以北一带，七里河土门墩周边，安宁费家营片区（见图4-9b）
3	10.264	f1；a1；h5	商业服务与行政事业单位人口	该因子得分较高的地区主要分布于城关区旧城区及周边，七里河区西津东路沿线，西固区的西固城、山丹街一带（见图4-9c）
4	10.153	h1；f5；b2；e2	农业人口	该因子得分较高的地区零星分散分布于安宁区的沙井驿片区周边，七里河区的晏家坪、崔家大滩片区，城关区的南面滩以及西固区的西柳沟一带（见图4-9d）
5	8.605	g1；g2；e1；b1；b5	高学历人口	该因子得分较高的地区主要分布于安宁区培黎以西费家营以东片区，七里河区兰工坪、龚家湾、城关区五里铺一带（见图4-9e）
6	7.072	d1；d3	少数民族人口	该因子得分较高的地区主要分布于七里河区的上西园、下西园和城关区的靖远路、临夏路一带（见图4-9f）

　　（2）社会区类型及分布。依据聚类结果，将主城区划分为6类社会区（见表4-21），结合各主因子所反映的变量信息依次命名为：商业服务人员与流动人口混居区、工业人口与流动人口混居区、工业人口与知识分子混居区、少数民族人口密集区、知识分子与行政事业单位人口混居区、农业人口聚居区。按聚类结果绘制空间分布图，见图4-10。

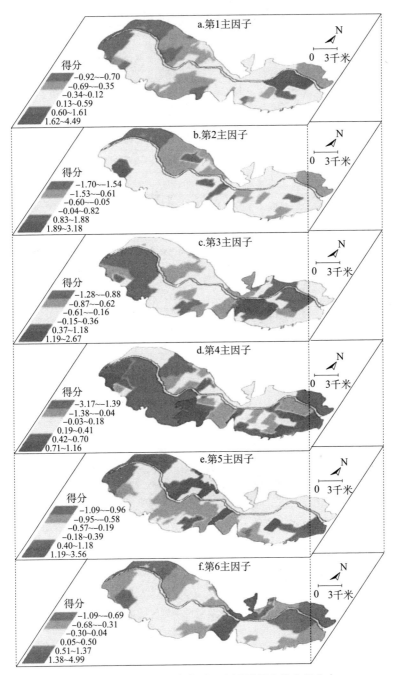

图 4－9　2010 年兰州市主城区主因子得分的空间分布

表4-21   2010年兰州市主城区社会区的特征判别

社会区类型	街区数	项目	主因子					
			第1主因子	第2主因子	第3主因子	第4主因子	第5主因子	第6主因子
I	28	平方和均值	3.490	0.351	0.059	0.107	0.172	0.104
		平均值	0.167	-0.550	1.812	0.180	-0.310	0.156
II	6	平方和均值	0.815	17.997	0.404	0.253	0.057	0.192
		平均值	4.234	-0.112	-0.462	-0.005	0.222	-0.893
III	6	平方和均值	0.186	0.393	0.258	0.157	2.163	0.305
		平均值	0.319	0.999	0.197	-0.218	-0.598	-0.223
IV	1	平方和均值	0.621	0.179	0.573	0.416	0.506	0.759
		平均值	0.051	-0.546	-0.658	-0.320	-0.253	0.513
V	5	平方和均值	0.543	0.007	18.531	0.042	0.377	0.066
		平均值	0.256	0.077	-0.733	-0.068	4.239	-0.608
VI	4	平方和均值	1.944	1.418	0.181	7.622	0.150	0.493
		平均值	0.813	-0.383	0.390	2.693	0.056	0.447

图4-10   2010年兰州市主城区城市社会区

第一，商业服务人员与流动人口混居区。在第1主因子上的平方和均值与第3主因子上的平均值都高于其他主因子，主要包括28个街区，具体为城关区的张掖路、广武门、酒泉路、白银路等街区，七里河区的西站、敦煌路、建兰路等街区，安宁区的十里店、孔家崖、银滩路、刘家堡等街区，西固区的西固城、先锋路、福利路、临洮街等街区。主要是在老城区及 1949 年以后最早的建城区域基础上，随着流动人口的不断集聚融合而成，已成为分布范围最大的一类社会区。

第二，工业人口与流动人口混居区。在第 2 主因子上的平方和均值与第 1 主因子上的平均值都高于其他主因子，主要包括 6 个街区，具体为城关区的雁北、高新区、焦家湾、东岗、盐场路街区，七里河区的土门墩和晏家坪街区。主要位于大型国有企业外围且吸引了大量的外来人口。

第三，工业人口与知识分子混居区。在第 2 主因子上的平均值与第 5 主因子上的平方和均值都高于其他主因子，主要包括 6 个街区，具体为西固区的四季青、西柳沟街区，七里河区的秀川、龚家湾街区，安宁区的安宁堡等街区。为中小企业、新建高校和职业技术学院集中分布的区域，集中了相当规模的高学历人口。

第四，少数民族人口密集区。在第 6 主因子上的平方和均值与平均值都高于其他主因子，该类社会区少数民族占区域人口比例较高，主要包括七里河区的西园街区。另外，城关区的临夏路、靖远路、白银路等街区仍然分布有大量的少数民族人口，不过其集聚程度明显下降，考虑到少数民族的特殊性，仍然将其划分为一类社会区。

第五，知识分子与行政事业单位人口混居区。在第 5 主因子上的平均值与第 3 主因子上的平方和均值都高于其他主因子，主要包括 5 个街区，具体为城关区的渭源路、东岗西路街区，七里河区的西湖街区，安宁区的培黎、西路街区。以上街区为国家机关、行政事业单位、科研院所密集分布的区域，高学历人口占总人口的六成以上。

第六，农业人口聚居区。在第 4 主因子上的平方和均值与平均值都高于其他主因子，主要包括 4 个街区，具体为安宁区的沙井驿街区，西固区的陈坪街区，七里河区的彭家坪街区，城关区的青白石街区。随着工业化、城镇化进程的加快，该类社会区范围明显缩小且转移到远郊区域。

4.2.2.4　2020 年主城区居住人口类型区

（1）社会空间结构主因子及空间分布。提取 6 个主因子，根据各主因子的载荷矩阵和所反映的变量信息将其依次命名为流动人口、商业服务人口、工业人口、行政事业单位人口、高学历人口、少数民族人口。各主因子反映的变量信息、分布范围见表 4 - 22，空间分布见图 4 - 11。

表 4 - 22　　　　　主因子反映的变量信息、命名及分布范围

序号	方差贡献率（％）	反映的变量信息	因子命名	分布范围
1	23.714	a3；a2；b6；a5；g5；h3；h4；b7；c1；g6；d1；f6；b10；g3；f3；f2	流动人口	该因子除雁滩组团得分较高外，其余均不显著，但分布范围广，主要包括东岗片区、盐场片区、龚家湾片区等（见图 4 - 11a）
2	9.224	f4；h5；b9；h6	商业服务人口	该因子得分较高的地区主要分布于城关区的旧城区周边，七里河区西津东路沿线，西固区的西固城、山丹街等一带（见图 4 - 11b）
3	7.633	b4；c3；h2；b3；b8；c2；g4	工业人口	该因子得分较高的地区主要分布于西固的西固西路以南、排洪沟以北一带，七里河土门墩及周边，安宁区费家营（见图 4 - 11c）
4	4.267	f1；a1；h1；f5；b2；e2	行政事业单位人口	该因子得分较高的地区零星分散分布于安宁区的西路、培黎街区周边，七里河区的西站、敦煌路片区，城关区的渭源路以及西固区的先锋路一带（见图 4 - 11d）
5	3.663	g1；g2；e1；b1；b5	高学历人口	该因子得分较高的地区分布于安宁区培黎以西费家营以东片区，七里河区兰工坪、龚家湾一带、城关区五里铺一带（见图 4 - 11e）
6	2.030	d1；d3	少数民族人口	该因子得分较高的地区主要分布于七里河区的上西园、下西园和城关区的靖远路、临夏路一带（见图 4 - 11f）

（2）社会区类型及分布。依据聚类结果，可将主城区划分为 6 类社会区（见表 4 - 23），结合各主因子所反映的变量信息依次命名为：商业服务人员与流动人口混居区、流动人口与工业人口混居区、工业人口与知识分子混居区、少数民族人口密集区、知识分子与行政事业单位人口混居区、商业服务人员与少数民族人口混居区。在此基础上，按聚类结果绘制空间分布图，见图 4 - 12。

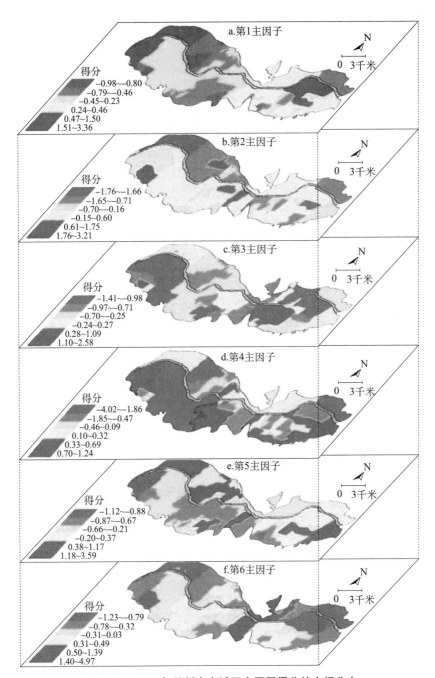

图 4-11 2020 年兰州市主城区主因子得分的空间分布

表 4 - 23 2020 年兰州市主城区社会区的特征判别

社会区 类型	街区数	项目	主因子					
			第1主 因子	第2主 因子	第3主 因子	第4主 因子	第5主 因子	第6主 因子
I	29	平方和均值	5.342	0.463	0.062	0.098	0.096	0.112
		平均值	0.253	4.634	0.126	0.012	0.213	0.264
II	5	平方和均值	8.679	0.815	0.312	0.325	0.143	0.187
		平均值	0.263	0.231	5.324	-0.015	0.132	-0.786
III	5	平方和均值	0.243	0.298	5.253	0.176	0.312	0.413
		平均值	0.254	-0.635	0.214	-0.216	2.134	0.344
IV	2	平方和均值	0.573	0.245	0.386	0.523	0.486	1.546
		平均值	0.124	0.432	0.352	-0.517	-0.234	2.648
V	5	平方和均值	0.623	0.146	0.231	9.652	0.243	0.132
		平均值	0.321	0.102	0.624	-0.156	5.021	0.423
VI	4	平方和均值	2.124	8.524	0.243	2.213	0.012	0.524
		平均值	0.986	-0.458	0.560	0.356	0.142	4.031

图例
■ 商业服务人员与流动人口混居区
▨ 流动人口与工业人口混居区
■ 工业人口与知识分子混居区
□ 少数民族人口密集区
▦ 知识分子与行政事业单位人口混居区
□ 商业服务人员与少数民族人口混居区

图 4 - 12 2020 年兰州市主城区城市社会区

第一，商业服务人员与流动人口混居区。在第 1 主因子上的平方和均值与第 2 主因子上的平均值都高于其他主因子，主要包括 29 个街区，具体为城关区的张掖路、广武门、酒泉路、白银路等街区，七里河区的西站、敦煌路、建兰路等街区，安宁区的十里店、孔家崖、培黎、银滩路、刘家堡等街区，西固区的西固城、先锋路、福利路、临洮街等街区。主要是在老城区及最早的建城区域基础上，随着流动人口的不断集聚融合而成，已成为分布范围最大的一类社会区。

第二，流动人口与工业人口混居区。在第 1 主因子上的平方和均值与第 3 主因子上的平均值都高于其他主因子，主要包括 5 个街区，具体为城关区的高新区、雁北、东岗、焦家湾街区，七里河的土门墩街区。主要位于大型国有企业外围且吸引了大量的外来人口。

第三，工业人口与知识分子混居区。在第 2 主因子上的平均值与第 5 主因子上的平方和均值都高于其他主因子，主要包括 5 个街区，具体为西固区的四季青、西柳沟街区，七里河区的龚家湾、秀川街区，安宁区的安宁堡街区。这是中小企业、新建高校和职业技术学院集中分布的区域，集中了相当规模的高学历人口。

第四，少数民族人口密集区。在第 6 主因子上的平方和均值与平均值都高于其他主因子，该类社会区少数民族人口占区域人口比例较高，主要包括七里河区的西湖和西园 2 个街区。另外，城关区的临夏路、靖远路、白银路等街区仍然分布有大量的少数民族人口，不过其集聚程度明显下降，考虑到少数民族的特殊性，仍然将其划分为一类社会区。

第五，知识分子与行政事业单位人口混居区。在第 5 主因子上的平均值与第 3 主因子上的平方和均值都高于其他主因子，主要包括 5 个街区，具体为城关区的渭源路、东岗西路街区，七里河区的西湖街区，安宁区的培黎、西路街区。以上街区为国家机关、行政事业单位、科研院所密集分布的区域，高学历人口占总人口的六成以上。

第六，商业服务人员与少数民族人口混居区。在第 2 主因子上的平方和均值与第 6 个主因子的平均值都高于其他主因子，主要包括 4 个街区，具体为城关区的青白石街区、七里河区的彭家坪街区、安宁区的沙井驿街区、西固区的陈坪街区。随着城镇化进程的加快，部分非农业人口开始从事商业服务活动，特别是少数民族餐饮成了一道亮丽的风景线。

4.3 居住空间结构的演变特征与规律

4.3.1 居住空间结构的演变特征

4.3.1.1 城市居住用地规模与住宅建筑面积持续增加

中华人民共和国成立之初，兰州市建成区面积仅 16 平方千米，总建筑面积 256 万平方米，其中住宅建筑面积 127.32 万平方米，占全市房屋总建筑面积的 49.34%，人口仅有 19.5 万人，人均居住面积 3.8 平方米[236]。随着第一版《兰州市城市总体规划（1954—1972 年)》的实施，城市建设用地由新中国成立前夕的 16 平方千米增加到了 1964 年的 126 平方千米，城市居住空间由原来的旧城区集中建设，拓展为城关、盐场堡、七里河、西固、安宁五个沿黄河组团分布的带状布局模式[88]。1977 年末，住宅居住面积为 55.36 万平方米（不包括私人)，人均居住面积为 3.64 平方米，居住空间相对狭小。改革开放后，随着第二版《兰州市城市总体规划（1978—2000 年)》的实施，城市居住用地面积不断增加，由 1990 年的 29.1 平方千米增加到了 2000 年的 33.6 平方千米，10 年间增加了 4.5 平方千米，年均增长 0.45 平方千米。第三版《兰州市城市总体规划（2001—2010 年)》实施期间，城市居住用地面积扩展迅速，由 2000 年的 33.6 平方千米增加到 2010 年的 43.6 平方千米，10 年间增加了 10 平方千米，年均增长 1 平方千米，实有住宅建筑面积为 5822.74 万平方米，人均住宅建筑面积为 29.23 平方米。第四版《兰州市城市总体规划（2011—2020 年)》实施期间，城市居住用地面积扩展最为迅速，人均住宅建筑面积为 34.31 平方米。综上所述，随着社会经济的发展，兰州市主城区居住用地规模不断扩展，住宅建筑面积持续增加，人均住房面积逐步增大，居住条件日益改善。

4.3.1.2 居住空间类型区不断增多且居住小区日渐多样化

中华人民共和国之初，居住空间严重不足，房屋状况两极分化严重。

军阀、官僚、商贾住所大都以钢混、砖木结构建筑为主，平民百姓房屋普遍以土木、泥坯结构居多，且院落狭小、设施简陋。除旧城区内有"东花园""西花园"等豪华住所外，城外还有私家花园 20 多处，大多围绕在兰州城的西、南、东郭郊外。改革开放后，虽然大部分居住类型以私人住宅为主，但是由市房管部门管理的房屋逐渐增多。特别是 1998 年住房制度改革后，以居民自由择居为标志的商品房成为住房类型的新秀。2000 年兰州市主城区居住空间结构可划归为 7 种类型区，分别为 1949 年前后老房区、改革前政府公房区、改革后单位分房区、20 世纪 90 年代房改房区、20 世纪 90 年代商品房区、商品房与自建房混合区、自建房区；到 2010 年演变为 8 种类型区，除包含 2000 年的部分类型区外，新增了 2000 年后商品房区，原单一的自建房区演变为保障房与自建房混合区；到 2020 年演变为 8 种类型区，名校学区房是 2010 年后出现的新型居住区类型，此外，原商品房类型中分化出一种高档商品房，反映了居住区类型日渐多样。

4.3.1.3　居住人口类型区日益多样且人口构成日渐多元化

中华人民共和国成立之初，兰州市同国内大多数城市一样百废待举、百业待兴。直到"一五"时期和"三线建设"时期，有大量人口迁入，工业队伍逐渐壮大起来。1982 年兰州市主城区社会区类型主要有 4 种，分别为工业人口密集区、少数民族人口聚居区、商业服务与行政事业单位人口密集区、农业人口聚居区。21 世纪初期，居住人口类型区演化为 6 种，分别为商业服务与流动人口混居区、工业人口与流动人口混居区、知识分子与高级职业人员混居区、干部职员与技术人员集聚区、少数民族人口密集区、农业人口密集区。到 2020 年，居住人口类型区演变为 6 种，分别为商业服务人员与流动人口混居区、流动人口与工业人口混居区、工业人口与知识分子混居区、少数民族人口密集区、知识分子与行政事业单位人口混居区、商业服务人员与少数民族人口混居区。这反映出，计划经济时期的社会区类型相对较少、社会构成较为单一，改革开放以来，随着市场经济的建立，人口流动性增大、精英阶层崛起，使得社会区类型不断增多，社会构成日渐多元化。

4.3.1.4　居住空间扩展与城市拓展同步，管理随社会转型而转型

随着市场经济的建立，房地产业的发展，城市规划、住房政策等推动

远郊区居住空间融合发展，城市地方政府和房地产开发商为了各自的利益而形成"空间增长合作体"，促进了城市居住空间的扩展和演化[1]。当前城市居住空间演变所处的最大背景就是中国正处在"社会转型期"，在城市住房领域最直接的表现就是，住房供给制度由"单位制"向"市场化"转变。与此同时，城市内逐渐出现各类人群依职业类型、收入状况、价值取向等特性，同类聚居的居住分化现象——居住空间分异。这在居住区的管理上最为明显，即随着各类单位将所承担的社会职能交还给社会，社区成为承担这些职能的不二选择，中国城市社会管理体制正在逐渐经历由"单位型管理"向"社区型管理"的转化。

4.3.1.5 居住郊区化趋势明显，区域之间的居住分异程度不断加深

通过不同时期居住空间演变的纵向对比可以得出，与 2000 年相比，2010 年和 2020 年新增的居住区大多位于主城区边缘。如 2010 年兰州市主城区新增加的保障房、保障房与自建房混合区、商品房与自建房混合区等大都分布于城区边缘或铁路沿线；2010 年后，在政府声势浩大的"削山造地"和"削山造城"的集中新建运动中，房地产开发商借助市场需求旺盛和地方政府造城的契机，在九州开发区、青白石片区等兴建了大量的商品房。2020 年兰州市主城区新增加的保障房与自建房混合区、高档商品房区等部分分布于城区边缘或削山造地开发的区域，如银河国际居住小区等高档商品房小区。尤其是近几年来，兰州碧桂园、恒大文旅城、兰州中央公园、保利领秀山、万科城、华远三千里等远郊居住小区吸引着大量市区人口入住落户。可以说，居住郊区化趋势明显，区域之间的居住分异程度不断加深。

4.3.1.6 居住空间演化既体现了住房类型更替更反映了社会阶层分化

计划经济时期主要依靠行政手段来进行城市功能的空间配置，形成了界限清晰的同质性居住空间（单位大院）和社会区。改革开放以后，市场经济环境下随着所有制结构的变化及产业结构的调整，社会阶层构成中流动人口群体最为活跃，工业人口队伍依然重要，商业服务人口逐渐成为阶层主导力量，高学历人口的作用日益凸显，少数民族超强的凝聚力依然可见，农业人口的影响力在不断下降。根据社会分层理论，以上各类人口阶

层相互作用、相辅相成、共同影响着居住空间的演化和社会空间结构的转型。总之，基于职业分化和收入差异的社会阶层分化使得原有的居住空间结构不断被重构，名校学区房、高档商品房等新型居住区类型应运而生；单一的同质性社会空间结构逐渐解体，异质性混居社会区成为城市社会空间转型的主流趋势。

4.3.2　居住空间结构的演变模式

综合以上对兰州市主城区居住空间结构演变特征的分析，可以得出研究时段内兰州市居住空间结构演变有以下两大类四小种模式。

4.3.2.1　总体上演变为带状组团下的跳跃式发展模式

兰州市主城区一方面受到自身"两山夹一河"的自然地形特征及历次城市总体规划的影响，另一方面受到国家"一五"计划和"三线建设"政策方针的影响，在城市发展过程中形成了东西向带状扩展的清晰烙印[88]。随着国家第一个五年计划的逐步落实和第一版城市规划的实施，兰州市城市居住空间开启了从原来的旧城区集中建设演变为由西向东沿黄河布局的"带状组团式"的布局先河。第二版城市规划在第一版的基础上，重视了生活居住空间，更加突出了多组团的发展模式，形成由城关区、盐场堡、七里河区、安宁区、西固区五个组团沿黄河带状组团布局的模式[126]。第三版城市规划则把兰州市引向条带与组团融合创新的模式。在兰州市工业化和城市化过程中，工业化主导并推动了城市化，引领着城市建设用地的发展方向、速度及结构，从而形成了一方面居住用地主要围绕工业用地布局，另一方面居住小区随着单位落地定居的空间布局，并最终形成了围绕生产布局住宅，以满足生产生活的相对独立的城市组团。由于在前两版规划期间主要以老城区边缘或新设立的工业区为先导来布局工业用地，因此，在兰州四区内"飞地"现象较为明显[126]。概括而言，在城市规划引导及城市实践发展过程中，兰州市居住空间演变成了东西条带状组团下的跳跃式发展模式。

4.3.2.2　居住空间结构演变形成类似的四种发展模式

（1）中心区稳定发展模式。由于自然地形限制以及历史沿革影响，兰州市旧城区中心居住空间发展稳步推进，居住空间结构已经形成了稳定的模式。这表现在 2000～2010 年兰州市中心区的居住空间结构基本稳定（见图 4-13）。例如，1949 年前老房区、改革前政府公房区、改革后单位分房区、房改房区、20 世纪 90 年代的商品房区五个居住类型区依旧为两个研究时点的重叠区域，虽然在部分地区有旧城改造，拆除了部分老房、旧房，新建了许多商品房，但是整体规模相对较小，对整个居住类型区的结构改变不大。这使得兰州市中心区域的居住空间结构呈现出稳定发展的模式。

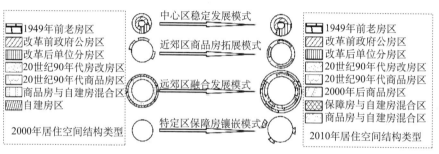

图 4-13　兰州市主城区居住空间结构演变模式

（2）近郊区商品房拓展模式。城市规划的引导及城市用地的扩展直接导致了城市居住用地向近郊区不断拓展（见图 4-13）。这种拓展具体表现在近郊区居住空间由商品房不断取代原有的自建房、集体（单位）旧房，从而形成连片的商品房区。另外，20 世纪 90 年代商品房、2000 年后商品房向近郊的拓展不仅缘于城市交通条件的改善、市场经济的发展，更是因为房价上涨、地价抬高而促使开发商转向近郊买地开发商品房[8]。这与计划经济时期的住房与生产配套的住房空间布局有着本质的区别。这种商品房区一般会跨越街道这一级行政界限；另外，这种商品房区除居住功能以外，往往会承担商业、服务业等生活及社会服务功能。类似房地产的开发是近郊区商品房模式拓展的动力。

（3）远郊区融合发展模式。居住空间结构中单一的自建房圈层被商品房和自建房混合的圈层所取代，这是居住空间结构中远郊区融合发展模式最直接的体现（见图 4-13）。这种居住空间的演变主要有以下两种原因。其一是近年来兰州市房地产市场迅速发展、房价飙升引致地价飞涨，一方面市区中心无充足的土地供应，另一方面市区中心地价过高[88]。这使得开发商把目光投向了地价较低的城区边缘，甚至南北两山脚下。这就打破了远郊区自建房圈层。其二是受地形限制及社会经济的发展，大量外来人口聚集在租金相对低廉的城市边缘，带动了周边配套住房的建设。总之，至少这两种原因导致了原来单一的自建房区被打破，演变为商品房和自建房混合区，形成远郊区融合发展模式。

（4）特定区保障房镶嵌模式。2005 年 6 月，兰州市人民政府首次出台了经济适用房政策，即颁布了《兰州市经济适用住房管理办法》，调整了经济适用住房的供应对象，完善了保障房的保障范围[241]，住房保障政策的出台推动了兰州保障性住房的建设。2000 ~ 2020 年，兰州市保障性住房累计竣工面积达 1875089 平方米，占竣工住宅面积的 15.47%，保障房建设以经济适用房为主[88]。考虑到建设成本及区位条件，保障房项目往往分布在各组团中心区边缘和外围，即以扇形的形式镶嵌在各组团原有的圈层式居住空间的结构中（见图 4 - 13）。这种分布模式是政府基于保障性住房对居住空间的影响主要集中在中心区外围和边缘的特定区域的考虑，是对城市居住空间结构的行政力量调整。

4.3.3 居住空间结构的演变规律

通过对历次人口普查数据计算所得的兰州市主城区居住类型区和人口类型区的对比，结合居住空间结构的演变特征与模式分析，可以得出居住空间结构的演变规律。

（1）居住空间结构的演变具有历史沿革性。通过对比各个研究时点的影响主因子及居住类型区、人口类型区，不难发现，兰州市 2020 年的居住空间结构包含了 2010 年的大部分类型，2010 年的居住空间结构也包含了 2000 年的大部分类型。同时，发现计划经济时期的福利性住房制度使兰州市在城市发展中的大量公房得以保留，并持续影响着居住空间结构的演变。

（2）居住空间结构的演变受制于自然环境。兰州是典型的河谷盆地型城市，其独特的"两山夹一河"的地貌形态深刻制约着城市居住空间的演变。这种深刻的制约作用表现在：一方面，地形条件决定了城市居住空间的扩张方向与形态，致使兰州市主城区居住空间结构形态呈现出东西向狭长的条带状；另一方面，主城区所在的河谷盆地内适宜建设的土地面积仅为 200 多平方千米，城市建设用地紧张，居住空间横向扩展严重不足，表明其居住空间结构的演变受制于自然地形[264]。

（3）居住空间结构的演变见证了房地产业的发展。从 20 世纪 90 年代初开始，房地产业在兰州市逐步兴起，带动了居住用地的扩展。1990～2000 年，居住用地增长缓慢，面积由 29.1 平方千米增长到 33.6 平方千米，10 年间增长了 4.5 平方千米，年均增长 0.45 平方千米。2001～2010 年，居住用地快速增长，面积由 33.6 平方千米增长到 43.6 平方千米，10 年间增长了 10 平方千米，年均增长 1 平方千米。在城区边缘的城郊地带，单一的自建房区逐步被新兴的商品房区所置换，房地产业的发展直接推动着兰州市居住空间结构的演变。

（4）居住空间结构的演变记录了政策因素和行政力量的调控。相比 2000 年，兰州市 2010 年和 2020 年的居住空间结构中出现了商品房、保障房与自建房混合区，并以扇形的形式镶嵌在圈层式的居住空间结构之中。这种以政府政策和行政力量来增加保障住房供给的行为，改变了特定地区的居住空间结构，同时也有效地调控了居住分化。

（5）居住空间结构的演变是城市规划及城市发展引导的结果。从"带状组团式"城市空间布局的先河，到多组团发展的模式，再到带状与组团发展模式的融合与创新，城市规划及城市发展引导着居住空间结构的演变，可以说，居住空间结构的演变是城市规划及城市发展共同引导的结果。

（6）居住空间结构的演变是居民择居行为在空间上的直观体现。1998 年住房制度改革后，城镇居民个人住房选择自由化已然成为影响城市居住分异的主要力量[264]。少数民族形成了"近寺而居"或"围寺而居"的居住特点[329]，居民择居过程一方面是居住环境与个体属性相匹配的过程，另一方面也是经济水平与居住区位重构的过程[330]。城市居住空间的重构与分异就是居民择居行为在空间上最直观的体现[331]。根据社会分层理论，城市不同阶层的居民在住房选择上趋向于同类聚居，形成一种居住分化甚至相互隔离的状况，从而影响整个城市的居住格局。

4.4　本章小结

　　本章通过对兰州市主城区改革开放前居住空间演变的历史回顾和改革开放后居住空间结构演化的定量与定性分析，并基于居住区类型和社会区类型分别刻画了不同时期城市居住空间结构的演变与分异过程，主要有以下研究发现。

　　（1）改革开放前主城区居住空间演变历史回顾。兰州城市居住空间的建设最早可追溯到秦朝，公元前 214 年，在今兰州东岗镇一带修筑榆中县城[230]，不仅便于军事防御，而且便于居住生活[231]。西汉昭帝始元六年（公元前 81 年）设金城郡，"金城"由此得名。此后，朝代更替，但居住空间主要在街区内建设，区内建筑排列有序。民国时期，除以四合院为主的普通民居外，还有私家园林 20 多座。中华人民共和国成立之初，兰州建成区主要包括城关区，人均居住面积 3.8 平方米[236]，居住空间严重不足，房屋状况两极分化严重。随着第一版《兰州市城市总体规划（1954—1972年）》的实施，城市居住空间由原来的旧城区集中建设，拓展为城关、盐场堡、七里河、西固、安宁五个沿黄河组团分布的带状布局模式，奠定了城市居住空间发展的基本格局。与此同时，人口主要分布在城关、七里河及安宁区的十里店等地，从主城区最中心向外依次为官署衙门区、奢侈品区、会馆区、公共娱乐区、外城商业区、城外郊区等，体现了以地位等级为标准，对人口的"生态隔离"和"竞争优势"的过程，也反映了政治权力对城市居住空间格局的规制作用。尤其是"一五"时期、"大跃进"及"三线建设"时期，大量人口迁入兰州，并主要分布于工业部门。

　　（2）改革开放以来主城区居住空间结构演化。改革开放后，在第二版《兰州市城市总体规划（1978—2000 年）》的引导下，原有带状为主的城市布局逐渐转向多组团发展模式，其空间拓展主要集中在城关区的东岗和雁滩、七里河区的马滩、安宁的迎门滩以及西固区的东部等地区。进入21 世纪，在第三版《兰州市城市总体规划（2001—2010 年）》的引导下，中心城区利用城市更新改造实现了居住环境的提升，城区边缘通过"东扩西移"的规划引导实现了居住空间的进一步拓展。值得一提的是，在第四版《兰州市城市总体规划（2011—2020 年)》的引导下，居住空间向着集中新建与分散改造相结合的方式发展。在近年来的房地产开发过程中主要以商业住宅和普通商品住宅为主，虽然在提高住房商品化率的同时满足了不同阶层的居住需求，但是也加剧了城市居住空间的分异。其分异演化过程反映出，计划经济时期的社会区类型相对较少、社会构成较为单一，改革开放以来，随着市场经济的建立，人口流动性增大、精英阶层崛起，使得社会区类型不断增多，社会构成日趋复杂。伴随着住房商品化政策的实施，原先的"单位配给制"被"市场资源配置制"逐渐替代，在房价的"过滤"和社会经济差异的"分选"机制作用下，不同职业背景、收入状况、价值取向的居民在住房选择上趋向于同类聚居、异类隔离，整个城市形成了居住分异甚至隔离的状态。

（3）居住空间结构的演变特征与规律。在居住空间结构的演化过程中，兰州市主城区居住空间呈现出以下特征：城市居住用地规模与住宅建筑面积持续增加，居住空间类型区不断增多且居住小区日渐多样化，居住人口类型区日益多样且人口构成日渐多元化，居住空间扩展与城市拓展同步、管理随社会转型而转型，居住郊区化趋势明显、区域之间的居住分异程度不断加深，居住空间演化既体现了住房类型更替，更反映了社会阶层分化。其演变模式可总结为：总体上演变为带状组团下的跳跃式发展模式，居住空间结构演变形成类似的四种发展模式（中心区稳定发展模式、近郊区商品房拓展模式、远郊区融合发展模式、特定区保障房镶嵌模式）。其演变特征和模式揭示出居住空间结构的演变具有历史沿革性、受制于自然环境、见证了房地产业的发展、记录了政策因素和行政力量的调控、是城市规划及城市发展引导的结果，也是居民择居行为在空间上的直观体现等规律。

第5章　兰州市主城区居住空间分异
特征与模式

在经济社会发展过程中有了社会分层现象，必然会产生居住空间的分异[252]。作为典型的河谷盆地型城市，兰州城市发展不仅受到地形条件的制约，受建设用地不足、交通不畅等问题的影响[126]，特别是近年来随着经济社会的快速发展、城市用地空间的持续拓展等[253]，兰州市居住空间变化明显加快，并呈现出居住空间结构分异的现象。为了解兰州主城区居住空间分异的特征与模式，本章首先根据社会空间统一体理论系统分析城市居住空间的分异格局，其次根据社会分层理论及经典的城市空间模式理论总结兰州市主城区居住空间分异特征、归纳其分异模式。下面将从市级、区级、街道等尺度分析兰州市居住空间在居住区位、居住价格、居住类型等方面的分布格局及分异程度，总结其分异特征、并归纳其分异的模式。

5.1　主城区居住空间分异格局

5.1.1　市级尺度的居住区位分异情况

5.1.1.1　居住空间分布中心及发展方向

居住区的分布中心及发展方向通常是反映居住空间演变特征的重要体现[76]，常用标准差椭圆模型来分析与刻画[254]。标准差椭圆分析法是一种定量描述研究对象时空分布特征与演变过程的研究方法[255]，其椭圆中心表示地理要素空间分布相对位置的核心（见式 5 - 1），方位角表示地理要素分布的主要发展方向（见式 5 - 2），长轴标准差（见式 5 - 3）与短轴标准差（见式 5 - 4）分别表示地理要素在主要方向与次要方向上的离散程度，具体如下。

$$重心：(\bar{X}, \bar{Y}) = \left(\dfrac{\sum\limits_{i=1}^{n} w_i x_i}{\sum\limits_{i=1}^{n} w_i}, \dfrac{\sum\limits_{i=1}^{n} w_i y_i}{\sum\limits_{i=1}^{n} w_i} \right) \tag{5-1}$$

$$方位角：\tan\theta = \left(\left(\sum\limits_{i=1}^{n} w_i^2 \tilde{x}_i^2 \right) + \sqrt{\sum\limits_{i=1}^{n} w_i^2 \tilde{x}_i^2 - \sum\limits_{i=1}^{n} w_i^2 \tilde{y}_i^2 - 4\sum\limits_{i=1}^{n} w_i^2 \tilde{x}_i^2 \tilde{y}_i^2} \right) \bigg/$$
$$2\sum\limits_{i=1}^{n} w_i^2 \tilde{x}_i \tilde{y}_i \tag{5-2}$$

$$长轴标准差：\sigma_x = \sqrt{\dfrac{\sum\limits_{i=1}^{n} (w_i x_i \cos\theta - w_i y_i \sin\theta)^2}{\sum\limits_{i=1}^{n} w_i^2}} \tag{5-3}$$

$$短轴标准差：\sigma_y = \sqrt{\dfrac{\sum\limits_{i=1}^{n} (w_i x_i \sin\theta - w_i y_i \cos\theta)^2}{\sum\limits_{i=1}^{n} w_i^2}} \tag{5-4}$$

其中，$\bar{X}$ 与 $\bar{Y}$ 为重心坐标，x_i 与 y_i 为中心坐标，θ 为椭圆方位角，w_i 为研究单元的权重，σ_x 与 σ_y 分别为沿 x 轴和 y 轴的标准差，$\tilde{x}_i$ 与 $\tilde{y}_i$ 为各研究单元中心坐标到重心的坐标偏差。

借助 ArcGIS 软件中的标准差椭圆分析工具，用椭圆中心和旋转方向分别反映居住空间的分布核心及发展方向，运用 2020 年的居住小区 POI 数据绘制兰州市主城区居住空间分布标准差椭圆分布图（见图 5 - 1）。

由图 5 - 1 可知，标准差椭圆覆盖的小区主要集中于城关核心组团、七里河—安宁核心组团，西固区核心组团覆盖较少。经统计，标准差椭圆覆盖小区数为 1026 个，占全部小区数的 65.38%，其长轴方向居住区分布数量最多，主要从城关区的东岗东路与范家湾路交会处到西固区的西固西路与环行东路交会处；短轴方向居住区分布数量较少，主要从佛慈大街到兰工坪路，说明兰州主城区的东西方向居住区数量最多，而南北方向居住区数量较少。

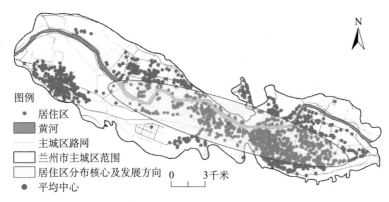

图 5 - 1　2020 年兰州市主城区居住空间标准差椭圆分布

5.1.1.2　居住空间密度等级

核密度估计法（见式 5 - 5）属于非参数检验方法之一，在概率论中用来估计未知的密度函数[255]。借助 ArcGIS 软件中的核密度分析功能，运用 2020 年的居住小区 POI 数据绘制兰州市主城区居住空间密度分析图（见图 5 - 2）。利用核密度分析反映居住小区在空间上的集聚情况，以居住小区在研究区空间上聚集形成的居住密度等级核心圈来反映居住空间的分异情况[256]。

$$f(s) = \sum_{i=1}^{n} \frac{1}{h^2} k\left(\frac{s - c_i}{h}\right) \tag{5 - 5}$$

其中，$f(s)$ 为 s 处的核密度函数，k 为空间权重函数，h 为宽带，n 为与位置 s 的距离小于或等于 h 的要素点数[257]。

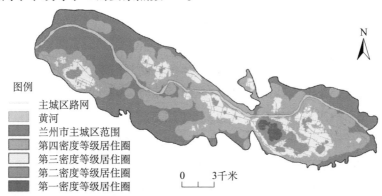

图 5 - 2　2020 年兰州市主城区居住空间密度分析

由图 5 - 2 可知,根据 ArcGIS 核密度分析功能中的自然断点法[258],可以将兰州市主城区的居住空间划分为以下四个等级。

(1) 第一密度等级居住圈。第一密度等级居住圈内的居住小区分布密度最高,主要分布在城关区,位于兰州市城关区的核心居住片区,西至西关什字、东至东方红广场、北至南滨河路、南至金轮广场一带的居住片区(包括西关什字居住圈、南关什字居住圈、省委大教梁居住圈、东方红广场居住圈、金轮广场居住圈等)。这一居住圈处于兰州市主城区的商业繁华地段,交通条件便利、设施配套齐全、行政单位集聚、居住人口密集。

(2) 第二密度等级居住圈。第二密度等级居住圈居住小区分布密度相对较高,在主城四区均有分布。城关区有五处,分别是西关什字—东方红广场居住片区外围周边、盘旋路—兰州大学居住片区、兰州铁路局—五泉下广场居住片区、二热什字—鱼池口居住片区、南昌路—雁滩路居住片区;七里河区有三处,分别是文化宫—小西湖居住片区、小西湖立交桥—七里河桥居住片区、西站什字—西站北广场居住片区;安宁区有三处,分别是十里店—培黎广场居住片区、安宁区政府—费家营什字居住片区、桃林路—众邦大道居住片区;西固区有两处,分别是福利路—西固城居住片区、兰石化—兰炼居住片区。这一居住圈除城关区的处于全市原老城区的周边外,其余三区的居住圈均处于原城市发展的起源地,交通条件相对便利、设施配套基本齐全、居住人口相对密集。

(3) 第三密度等级居住圈。第三密度等级居住圈居住小区分布密度相对较低,在主城四区均有分布。城关区有八处,分别是西关什字—东方红广场居住片区最外围的周边、盘旋路—兰州大学居住片区周边、兰州铁路局—五泉下广场居住片区周边、二热什字—鱼池口居住片区周边、南昌路—雁滩路居住片区周边、雁儿湾—东岗片区及周边、草场街—佛慈大街片区及周边、九州大道—北环路交叉片区及周边;七里河区有五处,分别是文化宫—小西湖居住片区周边、小西湖立交桥—七里河桥居住片区周边、西站什字—西站北广场居住片区周边、金港城—马滩居住片区及周边、龚家湾—彭家坪居住片区及周边;安宁区有三处,分别是十里店—培黎广场居住片区周边、安宁区政府—费家营什字居住片区周边、桃林路—众邦大道居住片区周边;西固区有三处,分别是福利路—西固城居住片区周边、兰石化—兰炼居住片区周边、四季青—西柳沟片区及周边。这一居住圈主要处于第二居住圈的周边，交通条件相对便利、设施配套一般、居住人口密度较低。

（4）第四密度等级居住圈。第四密度等级居住圈居住小区分布密度最低，在主城四区均有分布。城关区有三大部分，分别是雁东路—雷坛河（东西）至排洪南路—雁北路（南北）范围外的居住片区、盐九片区除第三等级居住圈外的居住片区、青白石银河国际居住片区；七里河区有四处，分别是马滩片区、彭家坪片区、崔家大滩片区、第三密度等级居住圈周边区域（尤其在原兰石厂搬迁后置换的兰石豪布斯卡商品房建设用地片区）；安宁区有两处，分别是第三居住圈周边、沙井驿居住片区；西固区为整个一大片区域，主要围绕第三居住圈向周边拓展。这一居住圈主要处于"出城入园"腾退的工业用地上，交通条件正在改善、配套设施等也正在逐步完善。

5.1.1.3　居住区位分布变化趋势

利用居住小区 POI 数据，根据各小区的建造年代（POI 数据中各小区的建造年代属性值），以每 10 年为主要时间刻度，借助于 ArcGIS 软件对不同时期的居住空间规模进行制图（见图 5 - 3 至图 5 - 6），并通过对比 1990 年、2000 年、2010 年和 2020 年（现状）兰州市主城区居住空间内居住小区的数量变化及分布情况，揭示其居住区位分布的变化趋势。

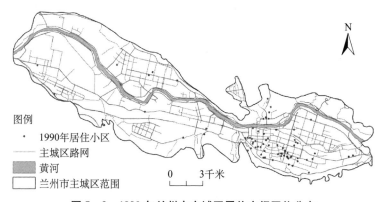

图 5 - 3　1990 年兰州市主城区居住空间区位分布

由图 5 - 3 可知，1990 年兰州市主城区居住空间内居住小区（建造年代为 1990 年及之前的小区）的数量相对较少，且主要集中分布于主城四区的城关区，七里河区、安宁区、西固区分布较少且较为分散。

就城关区而言，1990 年的居住小区主要分布于西关什字至盘旋路一带，比较典型的小区有甘肃省政府家属院、甘肃省人大家属院（五福巷）、甘肃省卫生厅家属院、甘肃省工商局家属院（平凉路）、兰州卷烟厂家属院、五泉电信局家属院、兰州大学家属院、中国科学院兰州分院科苑二区家属院等政府部门及国有企业、事业单位的家属院。另外，在东岗、雁滩、盐九片区等地也有零星分布，如东岗的东岗交警大队家属院、兰泰住宅小区等，雁滩的第五干部休养所、财政厅家属院等，盐九片区的甘肃电力变压器厂家属院、阀门厂的宁苑小区、大沙坪公交公司家属院等。

就七里河区而言，1990 年的居住小区主要分布在西站周边，比较典型的小区有甘肃省供电局送变电家属楼、兰州机车厂等国有企事业单位家属院。

就安宁区而言，1990 年的居住小区主要分布在十里店和培黎周边，比较典型的小区有计量局家属院、煤炭公司家属院、铝厂家属院、西北师范大学家属院等国有企业、事业单位家属院。

就西固区而言，1990 年的居住小区主要分布在福利路和西固城周边，比较典型的小区有桃园小区（福利区）、兰峰小区等国有企业、事业单位家属院。

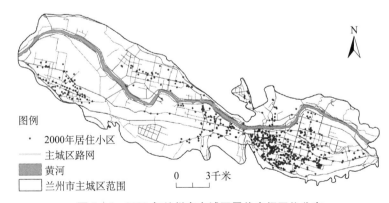

图 5-4　2000 年兰州市主城区居住空间区位分布

由图 5-4 可知，相较于 1990 年，2000 年兰州市主城区居住空间内居住小区（建造年代在 1991～2000 年的小区）的数量明显增加，且主要集中分布于主城四区的城关区，其次是七里河区、西固区，安宁区分布较少且较为分散。

就城关区而言，2000 年的居住小区呈西关—南关高密度分布，其次是盘旋路—东部市场相对高密度分布，另外是东岗、雁滩、盐九片区等低密度分布。西关—南关一带除国有企业、事业单位的家属院外，商品房不断出现，如中广都市丽景、亚太名苑、华玺花苑、福泉佳苑、五泉花园、金运大厦等商品房小区。盘旋路—东部市场一带除科研院所、事业单位等家属院外，因东部市场的兴起而出现了不少商品房小区，如兰新太平洋、金惠小区、润祥花园等。东岗周边除甘肃省劳动厅家属院、二勘院住宅区、七四三七家属院、兰泰住宅小区等单位家属院小区外，还有东岗世纪新村、飞天家园等商品房小区。雁滩一带比较典型的小区有天庆花园、华富小区（滩尖子）、雁滩安居小区、雁滩家园、鸿运润园等。盐九片区的典型小区有九州风雷厂家属院、长盛小区、九州城、金利花园等。

就七里河区而言，2000 年的居住小区主要分布在西站、敦煌路、建兰路、西湖、龚家湾片区及周边，除粮食局家属院（吴家园）、兰石家属院、省电力科学研究院家属院、兰州一毛厂家属院等国有企业、事业单位家属院外，还有裕华家园、田园小区、嘉星小区、金港花园等商品房小区。

就安宁区而言，2000 年的居住小区主要分布在十里店、培黎、孔家崖、西路、银滩路等片区及周边，除工商局家属院（十里店南街）、安宁公安分局家属院、齿轮厂家属院、兰州车辆厂家属院、安宁七建家属院、甘肃省社会科学院家属院等政府部门、国有企事业单位家属院外，还有蓝星花园、康宁家园、安宁庭院、实创现代城等商品房小区。

就西固区而言，2000 年的居住小区主要分布在福利路、西固城、临洮街、先锋路等片区及周边，除兰炼东苑小区、西固热电小区、兰州石化东苑小区、兰州平板玻璃厂家属院、兰铝二区、西固区工商银行家属院、兰化家属院、农资局家属院等国有企事业单位家属院外，还有南街花园小区、怡安小区、中鹏佳园、芳兴雅园、西固人家等商品房小区。

由图 5-5 可知，相较于 1990 年和 2000 年，2010 年兰州市主城区居住空间内居住小区（建造年代在 2001～2010 年的小区）的数量快速增加，

在主城四区的城关区、七里河区、西固区、安宁区均呈现出不同程度的
分布。

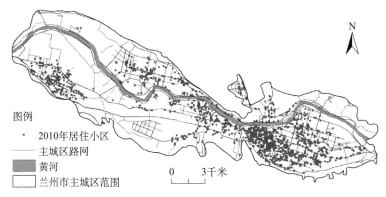

图例

· 2010年居住小区
—— 主城区路网
■ 黄河
□ 兰州市主城区范围

0   3千米

图5–5   2010年兰州市主城区居住空间区位分布

就城关区而言，2010年的居住小区呈现出城关核心片区见缝插针式的
无规则分布，东岗、雁滩片区大量分布，盐九片区大规模分布，如西关周
边的中环广场、中广大厦、城投金色都汇，南关什字周边的仁恒晶城、澳
兰名门、中盐大厦等中高档商品房小区。东岗片区像伊真东城丽珠、亚太
城市月光、凯地华丽家族、东瓯逸景、时代伟业、酒钢雁儿湾住宅小区等
商品房小区大量开发建设。雁滩片区像鑫亿城、基业豪庭、天庆格林小
镇、良志嘉年华、海弘外滩银谷、中广宜景湾尚城、聚金雅园、兴隆滨河
苑、新科时代、康乐花园等一大批商品房拔地而起。盐九片区像九州城
（B区）、九州合作新村一区、万泉天润、天昱凤凰城、紫雅花园、宇泰嘉
园、龙居苑小区、九州江南明珠、九州中心花园、长江花园、海亮和园、
瑞祥嘉苑、天源九号、恒大绿洲、金城家园、北辰花园、碧桂园等商品房
住宅小区大批量开发建设。

就七里河区而言，2010年的居住小区除主要在西站、敦煌路、建兰
路、西湖、龚家湾片区及周边分布外，其他区域也有零散分布。除政府部
门、事业单位、国有企业家属院外，像格兰绿都、仁恒美林郡、建兰丽
苑、金河苑、西脉家园、裕华家园、倚能城市之光、家和蓝岸丽舍、恒大
名都、时代海德堡庄园等商品房小区陆续出现。

就安宁区而言，2010年的居住小区除主要在十里店、培黎、孔家

崖、西路、银滩路等片区及周边分布外，其余街道也有零星分布，像十里店和培黎周边的新厦水岸天成、远达锦绣半岛、惠宝幸福佳苑、中和教育世家、金泽嘉园、康宁家园、瑞南紫郡、金河丽园、安澜祥园、安宁馨苑等商品房小区。费家营—营门滩周边的像众邦金水湾2号院、兰亭雅居、亚泉湾、乾昌水榭华庭、中和山水新城等商品房小区。海关—农科院周边的阳光怡园、中海凯旋门御园、雁京罗马花园、银滩雅苑、中集幸福里、丰宁德尚、中海河山郡、中国铁建梧桐苑、海亮滨河壹号等商品房小区。

就西固区而言，2010年的居住小区除主要在福利路、西固城、临洮街、先锋路等片区及周边分布外，其余街道也零星分布，除兰州石化悦欣小区、桃园小区（福利区）、西固热电一区、兰石化小桥洞家属院、北站研究院家属院等国有企业、事业单位家属院外，像明生广场、银泰逸翠园、中天嘉苑、西固花园、盛福小区、宏利西固新城、金色家园等商品房小区大量崛起。

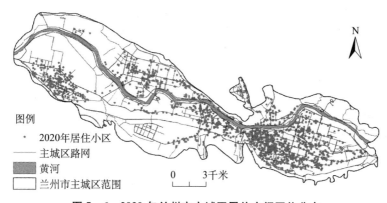

图例
· 2020年居住小区
—— 主城区路网
▨ 黄河
▢ 兰州市主城区范围

0 3千米

图5-6 2020年兰州市主城区居住空间区位分布

由图5-6可知，相较于1990年、2000年、2010年，2020年兰州市主城区居住空间内居住小区（建造年代在2011～2020年的小区）的数量快速增加，在主城四区的城关区、七里河区、西固区、安宁区的核心区域呈现出见缝插针式的分布，在四区的边缘地带和"出城入园"企业所在地均呈现出大量商品房小区、经济适用房小区的开发建设。

就城关区而言，2020年的居住小区在城关核心片区分布较少且主要见缝插针式地分布在部分区域，在东方红广场、盘旋路、东部、东岗、雁滩、盐九等片区分布相对较多。如东方红广场周边的环球中心、广武嘉苑等高档商品房小区，盘旋路周边的良志嘉年华（二期）、一只船煤炭局小区、万盛名仕佳园等中高档商品房小区，东部市场周边的兰州银行职工家属院、万国港、南河庭院等住宅小区，东岗周边的轨道城市曙光、华鼎中央都会、万科璞悦臻园、金融府、华润置地二十四城等高档商品房小区在"出城入园""腾笼换鸟"政策的用地置换条件下拔地而起。雁滩片区像辰北花园、雁滩家园 2 期 D 区、尚东嘉苑等高档商品房小区不断建成。盐九片区像天昱凤凰城 3 期、北城蘭庭、恒大绿洲二号院、九州城龙江郡、四和恒景苑、海盛花园、上层观邸、银河国际居住区等商品房居住小区。

就七里河区而言，2020 年的居住小区在西站、敦煌路、建兰路等繁华片区分布相对较少，且主要以搬迁置换的城市建设用地新建住房为主，小西湖、龚家湾、秀川等片区及周边分布相对较多。西站、敦煌路、建兰路等繁华片区主要以兰石豪布斯卡瀚园、西脉家园、泰和家园、河畔映巷、文博家园等高档住宅小区为主。小西湖片区有盛源华府、梅园小区，龚家湾片区有华润誉澜山、恒大绿茵小镇、中央首府，秀川片区有华润未来城、长城嘉峪苑、保利大都汇、万达城、温商金豪庭、恒大帝景、恒大翡翠华庭、金茂外滩等商品房住宅小区大量分布。

就安宁区而言，2020 年的居住小区在十里店、培黎等原安宁核心片区分布相对较少，在西路、银滩路等片区及周边分布相对较多。十里店和培黎周边的永成利都 2 期、伊真中央御园、荣光崴廉公馆，西路片区的万科璞悦澜岸、鸿庆苑、中辰玛雅银座，银滩路片区的兰州吾悦广场吾悦首府、大圣花园、中海兰庭、西港星汇国际，刘家堡片区的中海广场、安宁碧桂园、立达青年郡、幸福家园（安宁）、保利金香槟、富力 CBD，孔家崖片区的文鑫时代星空、嘉盛宁和园等商品房小区。

就西固区而言，2020 年的居住小区在福利路、西固城、临洮街、先锋路等片区均有分布，像福利路片区的兰高金都城、中天嘉苑、文化小区、银泰逸翠园、保利堂悦，西固城片区的中鹏温馨花园、海亮熙岸华府、万科星光都会、合水嘉园、中鹏玥园，陈坪片区的天庆国际新城 4 期、百郦湾、保利理想城、绿地全球贸易港等商品房小区相继落成。

通过对比 1990 年、2000 年、2010 年和 2020 年（现状）兰州市主城区居住空间内居住小区的数量变化及分布情况可以发现，1990 年居住小区有 74 个，到 2000 年居住小区增加至 632 个，10 年间增加了 558 个居住小区，增加幅度为 754.05%，是 1990 年居住小区的 7.54 倍，增加的小区主要位于主城四区的老城区周边；到 2010 年居住小区增加至 1385 个，10 年间增加了 753 个居住小区，增加幅度为 119.15%，是 2000 年居住小区的 1.19 倍，增加的小区主要分布在主城四区的老城区周边及外围区域；到 2020 年居住小区增加至 1568 个，10 年间增加了 183 个居住小区，增加幅度为 13.21%，是 2010 年居住小区的 0.13 倍，增加的小区主要分布在主城四区的老城区的外围区域，原中心区域有见缝插针式的零星分布。总体来看，近 30 年来，兰州市主城四区的居住空间中居住小区的数量不断增长，尤其是郊区居住小区数量增长迅速，整体居住空间的区位分布呈现出由四区老城片区—老城片区周边不断扩展—老城片区周边扩展为主与边缘扩展为辅—老城片区见缝插针为辅与边缘跳跃扩展为主的居住区位演变分异规律。

5.1.2　区级尺度的居住价格分异情况

住宅价格是住房区位、住房条件、居住环境、房屋特性的集中体现[259]，可作为衡量居住空间分异的相对可靠的指标与有效工具[260]。本节通过分析居住空间价格总体特征、居住价格密度等级等，揭示兰州市主城区居住空间的价格分异情况。

5.1.2.1　居住空间价格总体特征

将收集到的 2020 年居住小区的住房均价数据通过 SPSS 软件进行统计分析（见图 5-7），总结居住空间价格的总体分布特征，揭示兰州市主城区居住空间价格的分异规律。2020 年兰州市主城区居住空间内的住房均价为 13139 元/平方米，最高居住小区的住房均价为 30308 元/平方米，最低居住小区的住房均价为 5869 元/平方米，峰度值大于零，说明整个兰州市主城区的住房价格呈正态分布；偏度值大于零，说明整个兰州市主城区的住房价格中高房价住宅小区呈不断增长的态势。

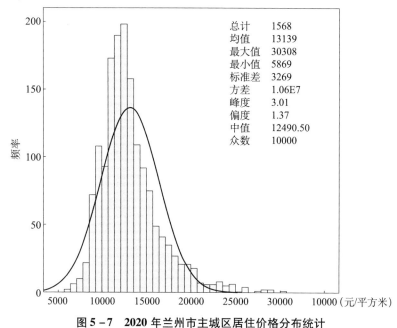

图 5 - 7　2020 年兰州市主城区居住价格分布统计

进一步对不同价格区间的住宅小区数量占比进行分析（见图 5 - 8），以揭示居住空间价格总体分异特征。

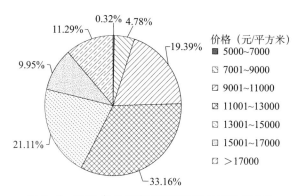

图 5 - 8　2010 年兰州市主城区不同住宅价格占比

由图 5 - 8 可以看出，根据兰州市主城区不同居住小区的住宅价格，可将其划分为七个不同价格等级，即 5000 ~ 7000 元/平方米、7001 ~ 9000 元/平方米、9001 ~ 11000 元/平方米、11001 ~ 13000 元/平方米、13001 ~ 15000 元/平方米、15001 ~ 17000 元/平方米、> 17000 元/平方米。从不同的占比来看，11001～13000 元/平方米占比最多，达 33.16%，13001～15000 元/平方米占比也相对较多，达 21.11%，5000～7000 元/平方米占比最少，只有 0.32%，反映出兰州市主城区住宅小区的价格分异较大，高价商品房小区占比相对较多，低价住宅占比最少，住宅价格分异特征比较明显。

5.1.2.2　居住空间价格等级

为了更直观地了解居住空间价格等级状况，进一步将得到的房价数据利用 Kringing 插值法对价格属性进行空间局部插值（见图 5 - 9），进而从房价等级分布视角分析居住空间的分异情况。

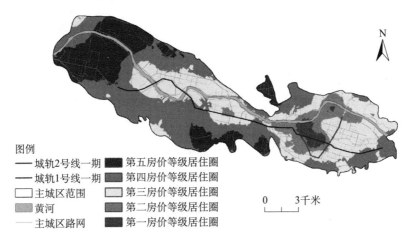

图例
—— 城轨2号线一期　　■ 第五房价等级居住圈
—— 城轨1号线一期　　■ 第四房价等级居住圈
□ 主城区范围　　　　□ 第三房价等级居住圈
▨ 黄河　　　　　　　■ 第二房价等级居住圈
……… 主城区路网　　　 ■ 第一房价等级居住圈

0　　3千米

图 5 - 9　2020 年兰州市主城区住宅价格空间插值分布

由图 5 - 9 可知，根据住宅的价格属性，利用 Kringing 插值法进行空间插值后，再采用自然断点法将 2020 年兰州市主城区住宅价格空间分为五个等级的居住圈，各等级居住圈的价格及范围如下。

（1）第一房价等级居住圈。第一房价等级居住圈即高等价位居住圈，价格分布区间集中在 17000 元/平方米以上，占全部样本数据的 11.30%。主要分布在城关区（见图 5 - 9），集中于以水车园小学和一只船小学为两端的哑铃状区域的学区房，还有部分是以靠近黄河的鸿运润园的别墅区为主。从价格 DEM 图（见图 5 - 10）可以看出，虽然高房价区域整体分布较少，但其房价却远远高于周边的区域。这也反映出兰州市主城区学区房在房价空间分异中呈现出极化的增长趋势。

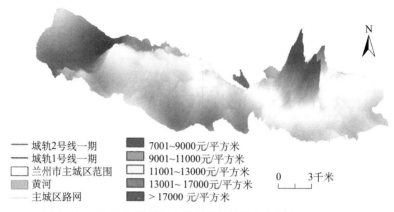

图 5-10   2020 年兰州市主城区住宅价格空间插值 DEM 分布

（2）第二房价等级居住圈。第二房价等级居住圈即较高等价位居住圈，价格分布区间在 13001～17000 元/平方米，占全部样本数据的 31.06%。主要分布在城关区和七里河区（见图 5-9），在城关区主要以除第一房价等级居住圈外的老城区及黄河两岸为主；在七里河区主要以西站什字为中心集中分布。从价格 DEM 图（见图 5-10）可以看出，相对于高房价区，较高房价区的整体分布较广，其房价略高于除第一房价等级居住圈外的周边区域。这反映出，越来越多的高收入阶层偏好于基础设施完善、交通便利、购物方便的城市中心购房居住。

（3）第三房价等级居住圈。第三房价等级居住圈即中等价位居住圈，价格分布区间在 11001～13000 元/平方米，占全部样本数据的 33.16%。在城关、七里河、安宁、西固四区均有分布（见图 5-9），在城关区主要以除第一、第二房价等级居住圈外的城市轨道交通沿线及黄河两岸为主，特别是以雁滩、东岗等居住片区为主；在七里河区主要以除西站什字外的黄河与城市轨道交通围合的区域范围为主；在安宁区主要以北环路和北滨河路围合成的范围为主；在西固区主要以西固老城区和陈坪、四季青街道沿黄河的区域为主。从价格 DEM 图（见图 5-10）可以看出，相对于高房价、较高房价区域，中等房价区在城关主要呈圈层分布，在七里河、安宁、西固区主要呈带状分布。反映出占全部样本 1/3 的中等价位住房支撑了社会中等阶层居民的住房需求。

（4）第四房价等级居住圈。第四房价等级居住圈即较低等价位居住圈，价格分布区间在 9001 ～ 11000 元/平方米，占全部样本数据的 19.39% 。在城关、七里河、安宁、西固四区均有分布（见图 5 - 9），在城关区主要以除第二、第三房价等级居住圈外的城区边缘区域为主，特别是以东岗立交桥、焦家湾、五泉山、盐场等居住片区为主；在七里河区主要以除第一、第二、第三房价等级居住圈外的两坪居住片区为主；在安宁区主要以除第三房价等级居住圈外的刘家堡、安宁堡居住片区为主；在西固区主要以除第三房价等级居住圈外的陈坪、四季青等南部居住片区为主。从价格 DEM 图（见图 5 - 10）可以看出，较低等价位居住圈主要在主城四区呈圈层分布。这反映出，分布于城市边缘的较低等价位的住宅为城市中的中低收入阶层居民提供了住房保障。

（5）第五房价等级居住圈。第五房价等级居住圈即低等价位居住圈，价格分布区间在 5000 ~ 9000 元/平方米，占全部样本数据的 5.10% 。在城关、七里河、安宁、西固四区均有分布（见图 5 - 9），在城关区主要以九洲居住片区为主；在七里河区主要以除第四房价等级居住圈外的两坪居住片区南部为主；在安宁区主要以除第四房价等级居住圈外的安宁堡居住片区为主；在西固区主要以除第四房价等级居住圈外的四季青西部、西柳沟等居住片区为主。从价格 DEM 图（见图 5 - 10）可以看出，低等价位居住圈主要在主城四区最边缘分布。这反映出城市边缘、近郊的低等价位住宅一般为城市中的外来人口和低收入居民提供了经济实惠的住房保障。

5.1.3　街区尺度的居住类型分异情况

5.1.3.1　主城区居住类型划分

社会群体对住宅选择和占有的差异是群体分化与住宅分异在城市空间上的直接投影[260]，这为以住宅类型视角窥探城市居住空间分异提供了理论依据和逻辑基础[261]。随着住房商品化的全面推行和住房保障制度的逐步健全，住房类型日渐丰富，除计划经济时期的单位制住房外，市场经济时期又出现了普通商品房、高档商品房（公寓）、别墅、经济适用房、名校学区房等新的居住房屋类型。下面将结合房价、区位与建筑属性，细分城市居住区类型，以便更加准确地揭示居住空间分异的特征与模式。

运用兰州市主城区住宅小区调研资料数据，将住宅小区划分为 7 种典型类型，分别为名校学区房区、高档居住区、中高档居住区、中档居住区、中低档居住区、低档居住区、小产权房区（见表 5 - 1）。

表 5 - 1　　　　　　兰州市主城区居住类型划分及基本特征

序号	类型名称	房价特征	区位特征	房屋属性	所占比例（%）
1	名校学区房区	> 17000 元/平方米	主要位于中小学名校划片区的范围之内	名校高价学区房	11.29
2	高档居住区	15001 ~ 17000 元/平方米	主要位于邻近商务中心、滨河景观带等区位条件较好的区域	别墅、高档商品房	9.95
3	中高档居住区	13001 ~ 15000 元/平方米	主要位于主干道附近、交通条件便利、基础设施完善	商住住宅、小高层、高层住宅	21.11
4	中档居住区	11001 ~ 13000 元/平方米	主要位于老城区周边，以 2000 年的老旧住宅小区为主	普通商品住宅、多层、小高层	33.16
5	中低档居住区	9001 ~ 11000 元/平方米	主要位于原老城区核心区域，以 1990 年的老旧小区为主	单位制住房、1990 年的老旧小区住宅	19.39
6	低档居住区	7001 ~9000 元/平方米	主要位于城市边缘，交通相对不便、基础设施落后，老旧小区集中	城市边缘商品房、老旧小区住宅	4.78
7	小产权房区	5000 ~7000 元/平方米	主要以城市发展过程中的城中村、拆迁改造的棚户区为主	经济适用房、限价商品房、城中村	0.32

5.1.3.2　主城区不同类型居住空间分布情况

（1）名校学区房区。该类型居住区主要以全市排名前列的中小学学区划片范围内的居住小区为主，且主要分布在城关区。如水车园小学、一只船小学、树人中学、东方中学、天庆中学、科技外语中学、兰州十一中、兰州三十三中、兰州三十五中等中学的学区划片范围之内，房价在 17000 元/平方米以上，尤其以水车园和一只船小学片区范围内的房价最具代表性，基本在 20000 ~ 30000 元/平方米。以天成金色堤岸小区最为典型，属于水车园小学和三十五中双学区房，房价在 30000 元/平方米以上。除此之外，像以上提及的中学划片范围内的住宅小区也是家长热衷抢购的区域。根据调研访谈，该类型区域内的居住人群主要以年轻夫妇和中小学适龄学生为主，部分家庭有老人帮忙接送照顾孩子。居住区内居住人群的更替具有明显的家庭生命周期的规律性，即大部分家庭一旦孩子考上大学，就将手中的房产出售，并选择居住环境相对较好的小区生活。与此同时，此类居住区内经常出现"即挂即卖出"和"一房难求"的现象。

（2）高档居住区。该类型居住区主要以别墅、高档商品房为主，多分布在邻近商务中心、滨河景观带等区位条件较好的区域，且主要分布在城关区和七里河区，房价在15001~17000元/平方米，如城关区的鸿运润园、果岭山等别墅小区，兰亭福地、中广宜景湾尚城、元森北新时代等高档商品房小区；七里河区的兰石豪布斯卡、时代海德堡庄园、仁恒美林郡等高档商品房小区。因其人文环境或自然环境较好、基础设施完善、占有大量优质公共资源、交通条件便利等，使得地价相对较高。小区内人车分流、设施齐全，有幼儿园、花园喷泉、儿童娱乐设施、老年人活动中心等配套设施，并配有大型综合超市和一定数量的地下停车场，物业费用较高，属于物业管理严格的封闭式智能化居住社区，具有"入则宁静、出则繁华"的特点。居住人群主要以权力阶层、财富精英、文化名人等拥有社会声望或经济地位的人士为主。

（3）中高档居住区。该类型居住区主要以商住住宅、2010年的小高层、高层住宅、公寓等为主，主要分布在城关区、七里河区、安宁区和西固区，如城关区的西关什字、南关什字，七里河区的西站什字、小西湖等片区，安宁区的培黎广场、十里店等片区，以及西固区的西柳沟等片区。该类型居住区房价一般在13001~15000元/平方米，如城关区的西关周边的中环广场、中广大厦、城投金色都汇，南关什字周边的中盐大厦、仁恒晶城、澳兰名门等中高档商品房小区，以及华鼎中央都会、轨道城市曙光等高级公寓；七里河区的格兰绿都、建兰丽苑、金河苑、西脉家园、倚能城市之光等中高档商品房小区，以及银滩花园等公寓；安宁的众邦金水湾2号院、兰亭雅居、新厦水岸天成、远达锦绣半岛、中和教育世家、瑞南紫郡等中高档商品房小区，以及中海广场、康桥国际等公寓。相关数据显示，目前，兰州规划及在售公寓面积达120万平方米，其中七里河区体量最大，约有 58.9 万平方米，西客站南北广场分布最为密集，城关区约有 32.3 万平方米，安宁区约有 26.1 万平方米，西固区约有 3.4 万平方米；西固区的盛福小区、宏利西固新城、金色家园等中高档商品房小区。该类型居住区主要在主干道及商贸、商场周边，交通便利、社区配套设施相对齐全，物业管理费用相对较高。居住人群主要以企业中层管理者、知识分子、金融证券从业者等为主，职业构成复杂，属于中高收入群体。

（4）中档居住区。该类型居住区主要以普通商品住宅、2000 年的多层、小高层为主，在主城四区均有分布，如在城关区和七里河区的交界地带，在原老城区的东西两侧，七里河区的西站附近，安宁区的费家营什字等周边，西固区的福利路、临洮街等周边。该类型居住区房价一般在 11001～13000 元/平方米。如城关区的中广都市丽景、金运大厦、亚太名苑、五泉花园等商品房小区，七里河区的裕华家园、田园小区、嘉星小区、金港花园等商品房小区，安宁区的安宁庭院、科教城西苑、实创现代城等商品房小区，西固区的怡安小区、中鹏佳园、芳兴雅园、西固人家等商品房小区。该类型居住区数量较多，分布范围较广，以见缝插针式分布于城市老旧小区周边。中档居住区的小区内一般绿化面积较小，停车位以地上停车为主且车位紧张，小区物业管理水平一般，封闭性和私密性相对较差，居住人群主要以普通公务员、高校教师、企业员工、自由职业者等为主，属于中等偏上收入群体。

（5）中低档居住区。该类型居住区主要以单位制住房、1990 年的老旧小区住宅为主，其主要分布在原老城区核心区域，与政府机关、企事业单位紧邻，在主城四区大量分布。该类型居住区房价一般在 9001～11000 元/平方米。如城关区的甘肃省政府家属院、甘肃省人大家属院、甘肃省卫生厅家属院、甘肃省工商局家属院、五泉电信局家属院、兰州大学家属院、中国科学院兰州分院科苑二区家属院等政府部门及国有企业、事业单位的家属院；七里河区的甘肃省供电局送变电家属楼、兰州机车厂等国有企事业单位家属院；安宁的计量局家属院、煤炭公司家属院、西北师范大学家属院等国有企业、事业单位家属院；西固区的桃园小区、兰峰小区等国有企业、事业单位家属院。该类型居住区离市中心及行政机关、学校、医院等距离适中，一是在旧城区内部的大力改建中见缝插针式地分布，二是在经济、技术开发区周边满足企业员工居住需求的新建[18]。中低档居住区的小区内一般面积较小，绿化水平较低，缺乏公共活动的聚集场所，居民停车以小区内道路边缘和居民楼的散水台为主，小区物业管理水平较差，居住人群主要以原国有企事业单位的普通退休职工、下岗职工及其家属为主，也有部分外来流动人口租房居住，属于中等收入群体的居住区。

（6）低档居住区。该类型居住区主要以单位公房、老旧小区住宅、城市边缘商品房为主，其主要分布在西固区及城关区、七里河区和安宁区的城区边缘，交通相对不便、老旧小区集中、基础设施落后，与原国有企业、老旧厂房紧邻，属于"一五"时期和"三线"建设时期为工业企业生产而配套建设的单位公房。在调研中我们发现，各单位的居住区布局基本是一个单位一个居住区，即"一厂一区"的模式，往往陈旧、单调、失修。该类型居住区房价一般在7001~9000元/平方米，如西固区的兰炼、兰化等单位修建的大型联合居住区，形成了集中连片的居住区。随着时代的变迁和建筑技术的进步，相比于近年来的框架结构的居住区，这些单位制居住区显得功能老化、设施陈旧，成了全市相对老旧的居住小区。类似于这样的居住类型区，还有城关区的兰州减速机厂家属院、二热煤炭公司家属院、甘肃省水文局家属院、草科院家属院、兰州大学第一医院家属院、兰驼小区、张掖路街道的益通小区、兰东小区、火车站街道的兰铁春园小区等国有企业或事业单位家属院小区；七里河区的兰州轴承厂家属院、兰州机车厂家属院、兰石家属院、兰州一毛厂家属院等原国有企业家属院小区；安宁区的兰州铝厂家属院、车辆厂家属院、齿轮厂家属院、万里厂家属院、长风机器厂家属院等原国有企业家属院小区。另外，还有2000年左右在城市边缘开发的一些商品房，由于远离市区、交通条件差，故价格低廉，供外来人口和周边居民居住。低档居住区的建筑基本以砖混结构为主，建筑面积和使用面积较小、小区年久失修、设施单调陈旧，绿化水平差、物业管理差，居住人群主要以原国有企事业单位的普通退休老职工及其家属为主，也有部分外来流动人口租房居住，属于低收入群体。

（7）小产权房区。该类型居住区主要以经济适用房、棚改房、限价商品房、城中村为主，其在主城四区的城市边缘均有分布，经济适用房在城关区分布较少，其次是安宁区，七里河区和西固区相对较多。该类型居住区房价一般在 5000～7000 元/平方米，如城关区铁路西村街道的居安小区、东岗街道的东岗世纪新村小区、黄河沿小区，拱星墩街道的飞天家园 A 区、金城天华小区、鹏博金城珑园小区等；七里河区的西湖街道的梅园小区、北海水印泉山小区等；安宁区银滩路街道的银滩路怡元小区、安宁堡街道的长风西区等；西固区西固城街道的怡安小区、八街坊小区等。棚改区如城关区白银路街道的甘肃日报社居住区，雁北路街道的庙滩子居住区，拱星墩街道的徐家湾棚户区、八栋楼棚户区、东岗街道的店子街村棚户区、兰泰苹果园棚户区等棚改区，七里河区土门墩街道的兰通棚户区、西湖街道的原兰州钢板弹簧厂棚户区，安宁区培黎街道的培黎棚户区、刘家堡街道的刘家堡棚户区、孔家崖街道的孔家崖棚户区，西固区的兰石化街区棚户区、兰储家园棚户区等。另外还有城中村小区，如城关区的滩尖子、大雁滩、张苏滩、小雁滩、均家滩、北面滩、宋家滩、刘家滩、南面滩、骆驼滩、高滩等城中村住宅区，七里河区土门墩街道的马滩城中村，晏家坪街道晏家坪村城中村住宅区，安宁区孔家崖街道的王家庄村、水挂庄村城中村，十里店街道的和平村、保安堡村等城中村，银滩路街道的葛家巷道村、乱庄村、宝兴庄村等城中村，刘家堡街道的刘家堡村、崔家庄村等城中村住宅区，西固区陈坪街道的东湾村深沟堡城中村、陈官营村等城中村住宅区。小产权房区的建筑有开发商和当时社区居委会合作开发的框架结构没有取得不动产登记证的房屋和以砖混结构或框架结构自建的低层建筑为主，建筑面积和使用面积较小、设施单调陈旧，绿化水平差、物业管理差，这类居住区的居住人群主要以当地"农转非"的居民为主，也有大量外来流动人口租房居住。

5.1.4 主城区居住空间分异程度

国外对居住空间分异的早期研究起始于 20 世纪 50 年代，主要是运用相关指标分析种族隔离和阶层隔离等[295]。直到 20 世纪 90 年代末期，随着住房制度改革的深入，单位制居住区开始被逐渐瓦解，社会经济地位主导的市场竞争型城市居住空间不断兴起，居住空间分异指数和模型陆续成为定量研究的大势所趋[262]。孙斌栋、李敏纳、余军等运用社会空间隔离中均匀度指标，李志伟、宋伟轩、冯健等分别使用因子分析、社会区分析、绝对和相对分异指数等对社会空间分异进行了测评[263]。城市居住空间作为一个兼具空间性和社会性双重属性的概念，对其进行深入细致的刻画研究具有重要理论意义和实践价值，尤其对近年来居住空间呈现的居住分异、居住隔离等现象的定量分析成为研究热点和前沿趋势[264]。基于此，除采用传统的因子分析、聚类分析等方法外，本节引入分异指数、生态位指数、空间自相关等方法，揭示居住空间的分异情况，并为居住空间分异特征与模式的总结提供参考。

5.1.4.1　基于住宅价格的分异程度

（1）模型方法。鉴于第 4 章在分析居住空间分异演化过程中已经使用了因子分析、聚类分析等方法，为了避免重复以及考虑到数据的可获取性和兰州市的实际情况，本节选取住宅价格为基础的分异指数（见式 5 - 6）测度居住空间的分异程度。

$$D = \frac{1}{2} \sum_{i=1}^{n} |X_i - Y_i| \times 100\% \qquad (5-6)$$

其中，D 表示分异指数，X_i 表示区域 i 内某一要素的百分比，Y_i 表示区域 i 内所有其他要素的百分比；通常 D 值介于 0 ~ 100，D 值越大则分异程度越大；反之，D 值越小则分异程度越小。当 D 值为 100 时，表明区域内绝对的居住空间分异；当 D 值为 0 时，表明区域内绝对的居住融合，不存在居住空间分异。

（2）结果与分析。住宅价格不仅是住宅区位、配套设施、交通条件、居住环境等因素的综合反映，更是购买者经济水平和财富状况的集中体现[265]。因此，对兰州市主城区的住宅价格进行分异程度测算，既可以反映城市整体居住空间的分异状况，也可以揭示城市社会阶层的集散程度。

在借鉴相关研究的基础上[273-274]，结合前面对主城区不同居住小区住宅价格的统计及不同房价区间的住宅比例情况（见表 5 - 2），可以看出，11001 ~ 13000 元/平方米占比最多，达 33.16%；13001 ~ 15000 元/平方米占比也相对较多，达 21.11%；5000 ~ 7000 元/平方米占比最少。这反映出兰州市主城区住宅的价格分异较大，高价商品房小区占比相对较多，低价住宅占比最少，住宅价格分异特征比较明显。

表 5 – 2   兰州市主城区不同房价区间的住宅比例情况

序号	房价区间	所占比例（%）
1	>17000 元/平方米	11.29
2	15001 ~ 17000 元/平方米	9.95
3	13001 ~ 15000 元/平方米	21.11
4	11001 ~ 13000 元/平方米	33.16
5	9001 ~ 11000 元/平方米	19.39
6	7001 ~ 9000 元/平方米	4.78
7	5000 ~ 7000 元/平方米	0.32

为了进一步刻画兰州市主城区的居住分异情况，运用居住空间分异指数公式 [见式（5 – 6）] 计算得出兰州市主城区居住空间分异指数（见图 5 – 11）。

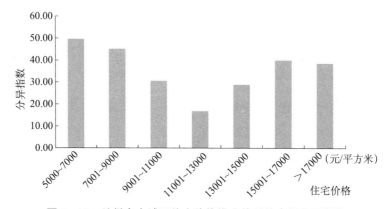

图 5 – 11   兰州市主城区住宅价格维度的居住空间分异指数

由图 5 – 11 可知，兰州市主城区居住空间存在着明显的空间分异，首先是 5000 ~ 7000 元/平方米价位的住宅分异指数最大，达 49.68%，是兰州市主城区居住空间分异程度最高的类别；其次是 7001 ~ 9000 元/平方米、15001 ~ 17000 元/平方米这两个价位的住宅，其分异指数分别为 45.22% 和 40.05%；再次是 9001 ~ 11000 元/平方米、>17000 元/平方米这两个档次的住宅，其分异指数分别为 30.61% 和 38.71%；最后是 11001 ~ 13000 元/平方米、13001 ~ 15000 元/平方米这两个价位的住宅，其分异指数分别为 16.83% 和 28.89%，而 11001 ~ 13000 元/平方米这个价位的住宅，其分异指数最低，为 16.83%。以上结果表明，兰州市主城区居住空间分异较为明显，且社会结构中低收入和高收入阶层分布相对比较分散，而中高收入阶层聚居现象比较明显，呈现显著的"U"型分布趋势。

5.1.4.2　基于生态位理论的分异程度

（1）理论分析。近年来，随着生态位概念的不断拓展[266]，生态位理论已被社会学[267]、城市规划学[268]等学科引用，出现了城市生态位[269]、居住生态位[270]等概念，且其理论内涵正在不断拓展。扩展生态位理论将城市生态位定义为城市现状对人类各种经济生活活动的适宜程度[271]，反映了城市的性质[272]、功能[273]、地位[274]、作用[275]及其人口[276]、资源[277]、环境[278]的优劣势[279]。借鉴上述研究成果，本书将城市居住生态位定义为城市街道、社区等提供给人们的或可被居民利用的各种因子及其关系的总和。其不仅有空间概念，而且有时间概念，既包含客观自然因子也包含主观居民属性因子[280]。无论是自然还是社会中的生物单元都具有态和势两方面的属性，居住生态位也不例外[281]。居住态指居民的社会生存能力，是居民接受教育、社会影响、家庭熏陶等因素综合作用积累的结果[282]，本书主要以家庭收入、户主学历等居民社会属性因子来衡量。居住势指某地域范围在上级地域范围内所占地位和所起作用[283]，本书将主要以自然环境、生活环境、交通条件、区位条件等区位因子来衡量。

（2）研究方法。城市居住空间生态位的高低是客观、科学、有效地了解城市居住空间分异现象的主要依据[284]。在借鉴相关文献的基础之上，建立和发展了城市系统居住空间生态位的指标体系和评价模型。

$$EN_i = \frac{S_i + Z_i P_i}{\sum_{j=1}^{n} (S_j + Z_j P_j)} \tag{5-7}$$

其中，i 和 j 为街道的数量，EN_i 为居住小区 i 的生态位宽度[285]，S_i 和 S_j 分别为街道 i 和 j 的居住势，P_i 和 P_j 分别为街道 i 和 j 的居住态，Z_i 和 Z_j 为量纲转化系数，$S_j + Z_j P_j$ 为绝对生态位[286]。为了便于计算，一般会将 Z_i 和 Z_j 设为1，则原式得到简化[287]。

$$S_i = L_i + N_i + C_i + D_i \tag{5-8}$$

其中，S_i 为街道 i 的居住势，L_i、N_i 分别为街道 i 的生活环境和自然环境，

C_i、D_i 分别为街道 i 的交通环境和区位环境[288]。

$$L_i = F_i/F' \times k_1 \qquad (5-9)$$

$$N_i = (R_i/R' + G_i/G') \times k_2 \qquad (5-10)$$

$$C_i = (U_i/U' + B_i/B') \times k_3 \qquad (5-11)$$

$$D_i = H_i/H' \times k_4 \qquad (5-12)$$

其中，F_i、F' 分别为 i 街道内标准化后的商业休闲娱乐、医院医疗机构、学校教育机构、工业企事业单位的数量和各单位的平均数量；R_i、R' 分别为 i 街道中心点距黄河的距离和平均距离；G_i、G' 分别为 i 街道内标准化后绿地公园面积和平均面积；U_i、U' 分别为 i 街道内标准化后的道路长度和道路平均长度；B_i、B' 分别为 i 街道内标准化公交站点数和站点平均数；H_i、H' 分别为 i 街道中心点距市中心距离和平均距离[289]。k_1、k_2、k_3、k_4 分别为生活环境、自然环境、交通条件和区位条件的权重[290]。

$$P_i = I_i + A_i \qquad (5-13)$$

其中，P_i 为街道 i 的居住态；I_i 为街道 i 的居民家庭收入，A_i 为街道 i 的居民社会属性，常用户主学历来衡量[291]。

$$I_i = Q_i/Q' \times k_5 \qquad (5-14)$$

$$A_i = E_i/E' \times k_6 \qquad (5-15)$$

其中，Q_i 为街道 i 的家庭平均收入，E_i 为街道 i 的平均户主学历，Q' 为家庭平均月收入，E' 为户主平均学历，k_5、k_6 分别表示家庭月收入、户主学历的权重[292]。

本书主要采用层次分析法确定各指标的权重，即 k_1、k_2、k_3、k_4 分别为 0.21、0.11、0.27、0.41，$CR = 0.0508 < 0.1$，假定收入与学历同等重要，则 k_5、k_6 分别为 0.50、0.50。

（3）评价结果与分析。借助以上模型，运用兰州市主城区休闲娱乐、医疗机构、教育机构、企事业单位等的 POI 数据，并在主城区道路矢量数据中计算路网、距市中心的距离等，提取问卷调研数据中的家庭收入、居民学历等信息，计算兰州市主城区居住空间生态位的相关指数（见表 5-3）。

表 5 - 3　　　　兰州市主城区居住空间生态位相关指数

主城区	序号	街道	L_i	N_i	C_i	D_i	S_i	I_i	A_i	P_i	EN_i
城关区	1	酒泉路街道	0.30	0.13	0.54	0.49	1.45	0.45	0.58	1.03	0.0248
	2	张掖路街道	0.33	0.14	0.55	0.39	1.40	0.54	0.57	1.11	0.0251
	3	雁南街道	0.29	0.09	0.25	0.47	1.11	0.51	0.53	1.04	0.0215
	4	临夏路街道	0.33	0.13	0.48	0.38	1.31	0.45	0.54	0.99	0.0231
	5	雁北街道	0.23	0.08	0.20	0.46	0.98	0.53	0.40	0.93	0.0191
	6	五泉街道	0.26	0.12	0.22	0.43	1.03	0.47	0.54	1.01	0.0204
	7	白银路街道	0.28	0.14	0.35	0.45	1.22	0.41	0.72	1.14	0.0236
	8	皋兰路街道	0.29	0.13	0.45	0.46	1.34	0.46	0.48	0.95	0.0228
	9	广武门街道	0.30	0.15	0.54	0.49	1.48	0.45	0.60	1.05	0.0253
	10	伏龙坪街道	0.09	0.02	0.07	0.27	0.45	0.49	0.20	0.70	0.0114
	11	靖远路街道	0.26	0.11	0.23	0.41	1.08	0.49	0.41	0.90	0.0191
	12	草场街道	0.23	0.11	0.31	0.45	1.10	0.51	0.35	0.86	0.0196
	13	火车站街道	0.23	0.09	0.23	0.38	0.93	0.48	0.38	0.86	0.0180
	14	拱星墩街道	0.28	0.12	0.21	0.47	1.09	0.47	0.57	1.04	0.0213
	15	东岗街道	0.21	0.09	0.20	0.49	0.98	0.49	0.29	0.78	0.0176
	16	团结新村街道	0.28	0.14	0.24	0.43	1.09	0.48	0.39	0.87	0.0196
	17	东岗西路街道	0.30	0.16	0.35	0.46	1.38	0.45	0.56	1.69	0.0226
	18	铁路东村街道	0.24	0.15	0.33	0.44	1.16	0.45	0.54	1.00	0.0216
	19	铁路西村街道	0.25	0.15	0.25	0.50	1.15	0.46	0.42	0.88	0.0203
	20	渭源路街道	0.29	0.21	0.42	0.44	1.38	0.44	0.82	1.69	0.0264
	21	盐场路街道	0.15	0.07	0.20	0.43	0.84	0.57	0.50	1.07	0.0191
	22	嘉峪关路街道	0.31	0.11	0.18	0.45	1.06	0.47	0.54	1.01	0.0207
	23	焦家湾街道	0.25	0.15	0.34	0.35	1.09	0.49	0.42	0.91	0.0200
	24	青白石街道	0.02	0.03	0.07	0.22	0.33	0.66	0.21	0.87	0.0121
	25	高新区街道	0.16	0.04	0.09	0.41	0.71	0.53	0.51	1.24	0.0175
七里河区	26	西园街道	0.27	0.09	0.29	0.48	1.12	0.48	0.44	0.92	0.0205
	27	西湖街道	0.24	0.17	0.37	0.42	1.19	0.62	0.92	1.54	0.0273
	28	建兰路街道	0.22	0.16	0.32	0.37	1.07	0.46	0.48	0.94	0.0201
	29	敦煌路街道	0.18	0.12	0.31	0.38	0.99	0.48	0.43	0.91	0.0190
	30	西站街道	0.20	0.10	0.32	0.48	1.10	0.47	0.43	0.90	0.0200
	31	晏家坪街道	0.14	0.07	0.22	0.45	0.88	0.56	0.14	0.70	0.0158
	32	龚家湾街道	0.15	0.13	0.26	0.35	0.90	0.62	0.53	1.16	0.0205
	33	土门墩街道	0.21	0.06	0.24	0.48	0.99	0.52	0.33	0.85	0.0184
	34	秀川街道	0.14	0.06	0.18	0.35	0.72	0.52	0.38	0.86	0.0159
	35	彭家坪街道	0.22	0.04	0.15	0.32	0.73	0.52	0.36	0.88	0.0162

续表

主城区	序号	街道	L_i	N_i	C_i	D_i	S_i	I_i	A_i	P_i	EN_i
西固区	36	陈坪街道	0.14	0.07	0.14	0.37	0.72	0.55	0.41	0.97	0.0169
	37	先锋路街道	0.08	0.16	0.17	0.37	0.78	0.48	0.35	0.83	0.0161
	38	福利路街道	0.11	0.13	0.27	0.38	0.88	0.48	0.46	0.93	0.0182
	39	西固城街道	0.12	0.12	0.20	0.39	0.83	0.49	0.54	1.03	0.0186
	40	四季青街道	0.17	0.05	0.10	0.33	0.64	0.52	0.33	0.86	0.0150
	41	临洮街道	0.14	0.10	0.25	0.40	0.89	0.50	0.36	0.85	0.0175
	42	西柳沟街道	0.12	0.05	0.21	0.37	0.75	0.52	0.39	0.92	0.0166
安宁区	43	培黎街道	0.23	0.19	0.39	0.42	1.24	0.38	0.97	1.67	0.0259
	44	西路街道	0.11	0.15	0.35	0.37	1.08	0.61	0.99	1.67	0.0258
	45	沙井驿街道	0.09	0.08	0.13	0.31	0.61	0.53	0.37	0.90	0.0151
	46	十里店街道	0.24	0.12	0.26	0.39	1.09	0.49	0.55	1.04	0.0204
	47	孔家崖街道	0.24	0.15	0.29	0.38	1.06	0.47	0.60	1.08	0.0213
	48	银滩路街道	0.25	0.14	0.30	0.44	1.13	0.61	1.07	1.58	0.0281
	49	刘家堡街道	0.20	0.08	0.32	0.53	1.13	0.39	1.02	0.72	0.0255
	50	安宁堡街道	0.13	0.05	0.17	0.36	0.71	0.51	0.06	0.58	0.0129

　　为了更为形象地分析兰州市主城区居住空间生态位评价结果,借助ArcGIS软件的相关功能,按等计数方法划分精确度精确至万分位的指数,将居住空间生态位、居住势、居住态等划分为5类。

　　首先,从居住势的空间分布来看,兰州市主城区居住势整体呈现出以城关区的张掖路、临夏路、酒泉路、东岗西路等街道为核心区域向外圈层式的依次递减的趋势(见图5-12)。其中,张掖路、临夏路、广武门、酒泉路、东岗西路街道因为交通、区位条件、生活环境等相对最好而居住势也最好。城关区的雁南、拱星墩、嘉峪关路等街道,七里河区的西园、西湖、建兰路等街道,安宁区的十里店、培黎、孔家崖等街道的居住势相对较好,大致分布于居住势最好的街道外围,主要缘于这些街道的交通条件、区位条件等略弱于主城区核心片区居住势最好的街道,生活环境和自然环境也相对逊色于以上街道。居住势一般的街道有城关区的东岗、盐场路等街道,七里河区的土门墩、龚家湾、晏家坪等街道,西固区的福利路、西固城等街道,这些街道远离市中心,交通条件、区位条件、自然环境等一般。居住势较差的街道有城关区的伏龙坪等街道,七里河区的秀川等街道,西固区的陈坪、四季青、西柳沟等街道,安宁区的沙井驿、安宁堡等街道，这些街道无论是交通、区位，还是自然环境、生活环境都相对较弱，因此，居住势也相对较差。居住势最差的街道为城关区的青白石等街道，其交通条件、区位条件、自然环境等都相对最差，故其居住势为主城区最差。

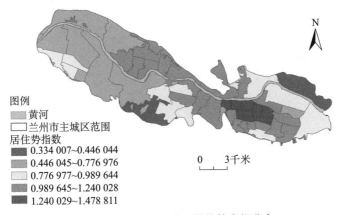

图例
▨ 黄河
▢ 兰州市主城区范围
居住势指数
▨ 0.334 007~0.446 044
▨ 0.446 045~0.776 976
▢ 0.776 977~0.989 644
▨ 0.989 645~1.240 028
▨ 1.240 029~1.478 811

0　3千米

图 5 - 12　兰州市主城区居住势空间分布

其次，从居住态的空间分布来看，兰州市主城区居住态整体呈现出以城关区的渭源路、东岗西路，七里河区的西湖街道，安宁区的培黎、西路、银滩路等街道为核心区域向外逐次递减的趋势（见图 5 - 13）。这些街道的居住态最好，这主要是因为以上街道分布有兰州大学、中国科学院西北生态环境资源研究院、西北师范大学、甘肃政法大学、兰州交通大学等高等院校，且位于人文科技集聚的区域，无论是住户学历还是收入都相对较好。城关区的雁南、拱星墩、高新区等街道，七里河区的龚家湾等街道，安宁区的十里店、孔家崖等街道的居住态相对较好，大致分布于居住态最好的街道周边，主要缘于这些街道的住户学历、人文环境等略弱于居住态最好的街道。居住态一般的街道有城关区的嘉峪关路、皋兰路、酒泉路等街道，七里河区的建兰路等街道，西固区的陈坪、西固城、福利路等街道，这些街道处于居住态较好的街道周边。居住态较差的街道有城关区的东岗、焦家湾等街道，七里河区的西园、土门墩等街道，西固区的四季青、西柳沟等街道，安宁区的沙井驿等街道，这些街道的居民整体学历、收入等相对较低，因而居住态也相对较差。居住态最差的街道分别为七里河区的晏家坪等，以及安宁区的安宁堡、刘家堡等街道。调研发现，这些街道大多为城中村改造社区或安置小区，居民无论是学历还是收入都处于兰州主城区的最低状态，因而其居住态为主城区最差。居住态主要反映了居民的学历、收入等社会属性，这些因素是主导居住空间分异的主要因子。兰州市主城区不同等级的居住态代表着不同阶层的居民，其空间分异在一定程度上反映了居住空间的分异状况。

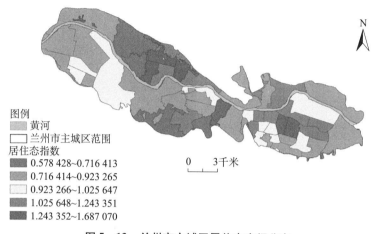

图 5 - 13　兰州市主城区居住态空间分布

　　最后，从居住生态位的空间分布来看，兰州市主城区居住生态位整体呈现出以城关区的张掖路、广武门、酒泉路等街道，七里河区的西湖街道，安宁区的培黎、西路、银滩路等街道为核心区域向外圈层或扇形式逐次递减的趋势（见图 5 - 14），以上街道的居住生态位最好。居住生态位较好的街道有城关区的东岗西路、临夏路、雁南、拱星墩等街道，安宁区的孔家崖街道。居住生态位一般的街道有城关区的雁北、盐场路等街道，七里河区的西园、建兰路、龚家湾等街道，安宁区的十里店等街道，西固区的西固城、福利路等街道。居住生态位较差的街道有城关区的东岗、火车站等街道，七里河区的秀川、建兰路、晏家坪等街道，安宁区的沙井驿等街道，西固区的陈坪、四季青等街道。居住生态位差的街道有城关区的青白石、七里河区的晏家坪、安宁的安宁堡等街道。这反映出城市居民会依据个人偏好，选择与之收入和能力相匹配的区域。具体来讲，富裕阶层会居住于自然环境好、区位条件优越的生态位最好的区域；中高收入阶层会居住在交通便利、生活方便且距市中心较近的繁华区域；底层居民由于

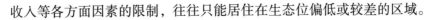

收入等各方面因素的限制，往往只能居住在生态位偏低或较差的区域。

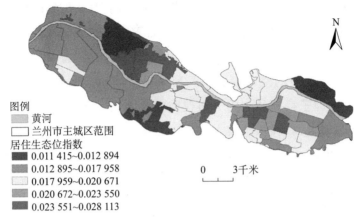

图例
　黄河
　兰州市主城区范围
居住生态位指数
■ 0.011 415~0.012 894
■ 0.012 895~0.017 958
□ 0.017 959~0.020 671
■ 0.020 672~0.023 550
■ 0.023 551~0.028 113

0　　3千米

图 5 – 14　兰州市主城区居住生态位空间分布

由上述分析可以得出，居住生态位包含了居民的社会属性因子和传统区位因子，能从居民本身及其居住环境两个方面描述与评价居住区位。居住势是由居住区位条件、居住生活环境、居住交通环境及居住自然环境构成的居住空间子系统，一方面表征了居住自然人文环境和公共资源对不同经济属性家庭的引力和推力作用，体现区位的集聚和扩散功能；另一方面也反映了不同经济属性的家庭对居住区位的选择能力和适宜程度，体现区位的过滤和排斥功能。居住态主要是由居民自身的学历程度和收入状况等反映居民社会属性因素构成的居住空间子系统，一方面表征了城市区位与公共资源等对不同社会文化属性族群的吸引力和排斥力，体现为房地产市场的过滤功能来分异不同族群的居住区位；另一方面也反映了不同社会文化属性的差异性及由此决定居住空间分异过程中的竞争结果，体现为不同社会经济属性的群体在空间上形成的相对地位和空间格局。兰州市主城区居住空间生态位呈现出以中心繁华城区为核心的高生态位，向中心外围圈层和扇形分布逐次递减的变化趋势。

5.1.4.3　基于空间自相关的分异程度

（1）理论分析。空间自相关分析方法可以辅助分析因子得分的空间分布特征，揭示兰州市主城区各类型住宅的空间相关性，进而刻画其居住空间分异状态。空间自相关分析又可分为全局空间自相关（见式 5 – 16）和局部空间自相关（见式 5 – 17），常用 Moran's I 值来测度[293]。通常在给定的显著性水平下，若 Moran's I >0 表明变量之间存在正的空间自相关，反映出空间单元的观测值呈趋同集聚[294]；若 Moran's I =0 表明变量之间不存在空间自相关，反映出空间单元观测值呈随机分布；若 Moran's I <0 表明变量之间存在负的空间自相关，反映出空间单元的观测值呈离散分布[295]。由于因子得分的空间分布仅能反映各因子属性值的空间分布特征[43]，不能反映事物的空间依赖或关联特征[44]，本书借助 ArcGIS 软件的空间统计分析对兰州市主城区住宅价格进行全局空间自相关分析与局部空间自相关分析，以反映住宅价格的空间关联特征和集聚状况，进而识别其在空间上的冷热点区。

$$ \text{Moran's I} = \frac{n \times \sum_{i=1}^{n} \sum_{j=1}^{n} W_{ij}(x_i - \bar{x})(x_j - \bar{x})}{\sum_{i=1}^{n} \sum_{j=1}^{n} W_{ij} \times \sum_{i=1}^{n} (x_i - \bar{x})^2} \qquad (5-16) $$

其中，Moran's I 为全局莫兰指数，x_i 和 x_j 分别为研究单元 i 和 j 的属性数值，$\bar{x}$ 为样本中所有属性值的平均值，W_{ij} 为空间权重矩阵，n 为研究对象数目。

$$ \text{Moran's I}' = Z_i \sum_{j} W_{ij} Z_{ij} \qquad (5-17) $$

其中，Moran's I′为局部莫兰指数，Z_i 为 x_i 的标准化形式，Z_i 的均值为 0，方差为 1，其余变量含义同上。

（2）结果与分析。借助 ArcGIS 软件的空间统计分析工具对兰州市主城区住宅价格进行全局空间自相关分析[296]。设置空间关系的定义方式为反距离法、要素之间的距离为欧氏距离，经过处理得到相关系数见表 5 – 4，计算结果见图 5 – 15。

表 5 – 4　　　　　居住空间分异的价格全局空间自相关系数

Moran's I 指数	预期指数	方差	z 得分	p 值
0.581163	– 0.000638	0.000932	19.053199	0.000000

由表 5 – 4 可知，全局 Moran's I 指数为 0.581163，其数值明显大于 0，z 得分为 19.053199，显著大于 2.58，p 值为 0.000000，通过了 1% 的显著

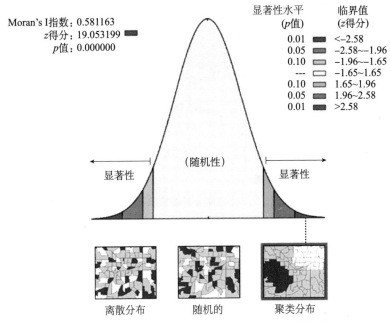

图 5 – 15　居住空间分异的价格全局空间自相关结果

性水平检验，表明兰州市主城区住宅价格呈现显著的空间正相关。

由表 5 – 4 和图 5 – 15 可知，兰州市主城区住宅价格呈现出显著的空间正相关性，反映了不同居住小区在空间上具有明显的聚类特征，换言之，兰州市主城区居住空间分异特征较为明显。

全局空间自相关分析仅能反映兰州主城区住宅价格整体具有集聚分布的特征，而无法具体描述住宅小区的空间分异模式。为了进一步刻画兰州市主城区住宅小区的集聚状况，进而识别其在空间上的"冷热点"分布情况，借助 ArcGIS 软件的聚类和异常值分析工具，进行局部空间自相关分析，并划分为"热点""次热点""冷点""次冷点"四类价格冷热点分布区（见图 5 – 16）。

由图 5 – 16 可知，兰州市主城区不同住宅价格的居住小区呈现出明显的冷热点空间分异。具体而言，热点区域主要分布在西关十字、省政府、南关十字、东方红广场、盘旋路十字等兰州商业中心或政府权力中心围成的区域地带之内，其大部分位于老城区，区位优势突出、基础设施完善、交通条件便利，商业集聚繁华。次热点区域主要分布在热点区域外围，大

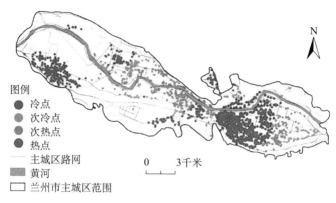

图 5－16　居住空间分异的价格冷热点分布

致呈圈层或扇形分布，如城关区的盘旋路、天水路一带，七里河区的西站什字、敦煌路周边，安宁区的培黎广场、十里店等片区，因区位条件和交通条件略逊色于热点区域，而呈现出住宅价格也明显低于热点片区的特点。次冷点区域主要分布在次热点区域外围，呈扇形分布的特征，如城关区的拱星墩、焦家湾片区，七里河区的秀川、土门墩片区，安宁区的孔家崖、刘家堡片区，西固区的陈坪、四季青等片区，因交通条件相对较差，且缺少大型商圈，该区域住宅价格也相对较低。冷点区域主要分布在主城区边缘或工业集中的地域，如城关区的盐场路、青白石等片区，七里河区的晏家坪、彭家坪等片区，安宁区的安宁堡、沙井驿等片区，西固区的临洮街、西柳沟等片区，其不仅距离市中心较远，且周边开发滞后、基础设施配套性较差，因此，形成了居住价格的"洼地"区域。总之，兰州市主城区居住小区呈现明显的住宅价格冷热点空间分异，且以老城区为热点中心向外呈圈层或扇形的次热点、次冷点、冷点依次递减的分布趋势。

5.2　主城区居住空间分异特征

本节主要续前节，在多尺度视角下分析兰州市主城区居住空间分异情况的基础上，总结其居住空间的分异特征，并为后面居住空间分异模式的提炼奠定基础。

5.2.1 市级尺度的分异特征

5.2.1.1 居住空间以东西方向扩展为主南北方向跳跃为辅

通过居住空间分布中心与发展方向可以看出，兰州市主城区居住空间呈以东西方向扩展为主、南北方向跳跃为辅的空间分异特征。居住区主要以西北—东南方向的椭圆长轴上分布数量最多，而东北—西南方向的椭圆短轴上分布数量最少。这与兰州市"两山夹一河"的主城区地形条件有着直接的关系。东西两端因受地形条件限制相对较少，且可以通过"出城入园"及"退二进三"产业发展政策的引领将工业用地置换为居住用地和商业用地，因而有可扩展开发的城市空间，如东岗的高滩建材市场、板材市场、高滩村、兰州东物流园区等被规划建设为兰州东岗 CBD（范围近 3000亩），涉及华润二十四城、金融府、保利和光尘樾、万科璞悦臻园等商品房住宅小区；而南北方向则受到南北两山的阻隔，可供扩展开发的土地资源有限，仅有部分片区通过削山造地的方式拓展了城市居住空间。2012 年10 月 31 日，兰州市政府与国内大型房企碧桂园集团签订合作协议在城关区北面滩以北青白石乡的低丘缓坡荒山进行大规模商品房开发，现已建成总规划建筑面积约 20 平方千米，分三期开发的兰州碧桂园商品住宅小区。同年，在安宁区西北师范大学、甘肃政法大学和兰州交通大学以北的荒山上也进行着削山造城运动，万科城、保利领秀山、华远三千里等一批商品房居住新城拔地而起。总之，通过近年来的城市空间拓展，最终形成了兰州市主城区东西方向扩展为主、南北方向跳跃为辅的居住空间分异特征。

5.2.1.2 居住空间呈现出一主多次圈层分布的空间分异特征

通过居住空间密度等级可以看出，兰州市主城区居住空间呈现出一主多次圈层分布的空间分异特征。根据 ArcGIS 核密度分析功能中的自然断点法，可以将兰州市主城区的居住空间划分为四个等级，即第一密度等级居住圈主要分布在城关区，位于城关区的核心居住片区，处于全市的商业繁华地段，交通条件便利、设施配套齐全、居住人口密集；第二密度等级居住圈居住小区分布密度相对较高，在主城四区均有分布，交通条件相对便利、设施配套基本齐全、居住人口相对密集；第三密度等级居住圈居住小区分布密度相对较低，在主城四区均有分布，这一居住圈主要处于第二居住圈的周边；第四密度等级居住圈居住小区分布密度最低，在主城四区均有分布，这一居住圈主要处于第三密度等级居住圈周边，部分处于"出城入园"腾退的工业用地上，交通条件正在改善，设施配套逐步完善。总之，由于人口聚集程度不同、设施配套条件各异，形成了居住小区密度差异化的一主多次圈层分布的空间分异特征。

5.2.1.3 居住空间中居住小区数量不断增多且郊区化趋势明显

通过近 30 年的居住小区数量变化及分布情况可以看出，兰州市主城区居住空间呈现出居住小区数量不断增多且郊区化趋势明显的空间分异特征。1990~2000 年，10 年间居住小区增加了 558 个，增幅为 754.05%，增加的居住小区主要位于主城四区的原有居住小区周边；到 2010 年，居住小区增加到了 1385 个，10 年间增加了 753 个，增幅为 119.15%，增加的小区主要分布在主城四区的原有居住小区周边及城郊外围区域；到 2020 年，居住小区增加至 1568 个，10 年间增加了 183 个，增幅为 13.21%，除原主城四区有见缝插针式的零星分布外，大多居住小区分布在城郊边缘。总之，近 30 年来兰州市主城四区的居住空间中居住小区数量不断增多，尤其是郊区居住小区数量增长迅速，呈现出明显的居住郊区化的趋势。

5.2.2 区级尺度的分异特征

5.2.2.1 居住空间中住宅小区的房价分异较大且中高房价小区占多数

通过 2020 年居住小区的住房均价数据总体情况可以看出，兰州市主城区居住空间中住宅小区的价格分异较大。2020 年兰州市主城区居住小区最高的住房价格为 30308 元/平方米，最低的住房价格为 5869 元/平方米，两者之间相差近 24439 元/平方米，相差 4 倍多，整个兰州市主城区的住房价格中高房价住宅小区呈不断增长态势。兰州市主城区居住小区的住宅价格可划分为至少七个不同价格等级，反映出兰州市主城区住宅小区的价格分异较大，住房均价集中在 11001~13000 元/平方米，11001~13000 元/平方米占比最多，达 33.16%，5000~7000 元/平方米占比最少，只有 0.32%，反映出中高房价商品房小区占比相对较多，低价商品房小区占比最少，居住空间中住宅小区的价格分异特征较为明显。

5.2.2.2　居住空间中不同房价等级居住圈呈"圈层 + 扇形"的分布特征

通过居住空间房价等级可以看出，兰州市主城区居住空间中不同房价等级居住圈呈"圈层 + 扇形"的分布特征。第一房价等级居住圈即高等价位居住圈，主要分布在城关区，集中于以水车园小学和一只船小学为两端的哑铃状学区房区域，还有部分是以靠近黄河的鸿运润园的别墅区为主。学区房和高档别墅住宅区在房价空间分异中呈现出极化的增长趋势，构成了高等价位的第一房价等级居住圈。在第一房价等级居住圈外围分布着较高等级价位的第二房价等级居住圈，因其完善的基础设施、便捷的交通条件和独特的区位优势，吸引着中高收入阶层在此区域内安家落户。第三房价等级居住圈即中等价位居住圈，以圈层或扇形的形式围绕第二房价等级居住圈分布，其作为中产阶层的栖息之所，支撑了整个社会中等收入阶层人群的住房需求。第四房价等级居住圈即较低房价居住圈，以"圈层 + 扇形"的形式分布在第三房价等级居住圈外围，为城市中的中低收入阶层群体提供了住房保障。第五房价等级居住圈即低价位居住圈，多以扇形的形式镶嵌在第四房价等级居住圈周边，为城市中的外来人口和低收入群体等提供了经济实惠的落脚之地。总之，从房价等级视角来看，主城区居住空间呈"圈层 + 扇形"的分布特征。

5.2.3　街区尺度的分异特征

5.2.3.1　高档居住区多核心聚集中低档居住区边缘化分散

通过居住空间中的居住区类型可以看出，兰州市主城区居住空间中高档居住区呈多核心聚集，中低档居住区呈边缘化分散。兰州市主城区住宅小区有 7 种典型类型，即名校学区房区、高档居住区、中高档居住区、中档居住区、中低档居住区、低档居住区、小产权房区。中高收入群体大多在名校学区房区、高档居住区、中高档居住区居住。一方面，因名校学区房有全市最好的中小学教育资源，许多家长为了孩子能接受到更好的教育而选择购买房价不菲的学区房，居住在名校划片范围之内；另一方面，基础设施完善、交通条件便捷和区位优势独特的城市中心片区吸引着中高收入阶层在此区域内安家落户，加之聚集效应的影响，房地产开发商在此居住片区见缝插针式地开发中高档居住小区及公寓、写字楼，更加加剧了中高档居住区的多核心聚集。通过对中、低档居住小区的调研与访谈，我们发现中低档居住区的小区一般位于老城区或城郊边缘地带，尤其一些小产权房大量分布在城市边缘，为低收入居民和外来流动人口提供了栖息之所。总之，从居住区类型分析得出，主城区居住空间中高档居住区呈多核心聚集，中低档居住区呈边缘化分散。

5.2.3.2 主城区核心片区的居住空间碎片化程度不断加剧

随着城市更新和老旧小区改造步伐的加快，越来越多的小区设置围墙、加装门禁，加入了"封闭小区"的行列。具体表现为，在小区出入口处设置铁门来阻碍非本小区居民进入，本小区居民刷卡或使用电子钥匙进入，从而达到让居民在心理上感觉本小区有门禁防护出入安全的效果。这样就使得公共空间被不断分隔，私有化、私密性被逐渐推崇为社区安全生活的主流[297]。此外，房地产开发商会迎合不同阶层的居住需求，从而攫取巨额利润[298]。基础设施完善、交通条件便利的出城入园置换的土地，通常被开发商投资建设为更具竞争力的高档商品房；而公共配套薄弱、环境条件较差的城郊则被开发为低档商品房或经济适用房，从而导致了主城区核心片区的居住空间不断被细分化、碎片化，城郊片区则被有选择地逐步地碎片化地开发建设，形成了基于区位和价格的城市居住空间分异[299]。这样一来，主城区日益被"碎片化"，居住空间分异程度不断加剧，具体表现为居住空间单体均质、整体异质的分异状况。

5.2.3.3 社会阶层分化与居住空间分异相对应且日趋显著

由社会主义市场经济启动的社会转型是一场深刻的社会生活方式和生产方式的变革，其直接表征是计划经济体制向市场经济体制转型[300]。这样一场走向现代化的变革，把转型的内容按照现代化的内在逻辑伸向经济、社会、制度等层面，打破了传统的、单一的、固化的社会阶层，并推动着社会空间结构的转型与重构，一个错综复杂、相互渗透、界限模糊的社会空间结构正在形成。计划经济时期，以工人、干部和农民等身份为主导的社会空间结构特征突出。随着流动人口规模的不断扩大、知识分子等精英阶层的迅速崛起，社会空间结构趋于复杂，各类社会区的界限逐渐模糊、碎片化趋势明显[301]。随着土地制度和住房制度的改革，房地产市场呈现出多样化的趋势，一方面迎合了不同价值观和收入水平居民的住房需求，另一方面将居住空间分化出了中心城区、近郊区、远郊区等不同等级的居住圈层。以收入差异和职业细分为标志的阶层分化在当今社会愈演愈烈，并折射到居民的择居行为之中，从而深刻地影响了居住空间的演变，形成了与社会阶层分化相对应的居住空间分异现象，且这种现象日趋显著。

5.3　主城区居住空间分异模式

5.3.1　居住空间总体分异模式

在对居住空间结构演变特征及规律分析的基础上，结合居住空间分异情况和分异特征等，进一步从宏观上分析居住空间的分异模式。

首先，城市空间的扩展受制于自然环境的制约，特别是地形条件对于城市拓展方向和空间有着直接的约束作用[126]。兰州位于黄河河谷盆地之中，"两山夹一河"的自然地形条件深刻制约着城市空间的扩展。这就使得城市空间拓展受阻，可供开发建设的土地更为紧张。因此，地势较为平坦的区域及区位条件较好的滨河地带优先得到开发与建设，导致兰州城市居住空间沿河谷地带条带状分布。通常地形条件对城市空间用地产生直接影响，并通过与其他要素组合共同作用于城市居住空间的发展。最为典型的就是与城市交通道路组合，形成共同影响居住空间分布与发展的因素。在兰州市主城区具体表现为，东西向狭长的河谷地形导致城市交通东西距离长、南北延伸短，从而导致居住小区选址布局时主要沿东西向的交通主干道分布，这就更加加剧了居住空间沿河谷谷地的带状分异。

其次，国家行政力量是兰州等内陆型中心城市产生与发展的重要推动力[302]。20 世纪 50 年代以来，作为国家重点建设的工业城市，兰州相继建成了兰炼、兰化等大型骨干国有企业。与此同时，得益于"一五"计划和"三线建设"的影响，兰州市发展成为西部重要的工业城市。在"先生产、后生活"建设思想的指导下，在兰州市主城区形成了两种类型的居住—生产综合体，一是生产企业就近修建职工住宅区，即一厂一区的居住布局形态；二是几个企业联合修建一个集学校、医院、托儿所、商店等生活服务设施的大型居住区，即在规模较大、统一规划的工业区中修建住宅小区[303]。这样一来，在政府职能的计划性生产方式下形成了同质化圈层发展模式，奠定了兰州市主城区围绕工业布局的带状多中心组团型居住空间结构的基础。

最后，无论是计划经济还是市场经济，城市规划都对城市发展和空间扩展起着很大的引导作用[303]。自中华人民共和国成立以来，兰州共编制了四版城市总体规划。第一版《兰州市城市总体规划（1954—1972 年）》对城市居住用地作出明确规划，奠定了兰州居住空间分布的基本格局[126]。与第一版城市总体规划相比，第二版《兰州市城市总体规划（1978—2000 年）》对城市居住用地进行了部分调整，一是在安宁区的工厂周边布局了居住区，二是将西固的居住空间开始向工业区渗透，三是把七里河区的居住空间规划在东北部，四是将城关区居住空间依旧集中于老城区。第三版《兰州市城市总体规划（2001—2010 年）》在构建"一河两城七组团"的城市用地空间结构过程中，大量商品房不仅在城市内部见缝插针式地呈现，而且在雁滩、九州等周边片区也不断涌现。商品房的开发热潮不仅推动了城市居住空间的扩展，而且在一定程度上促进了住宅类型的空间分异[126]。在主城四区形成了城关核心组团、安宁—七里河核心组团、西固核心组团、盐场—九州组团、彭家坪组团等 5 个居住组团。第四版《兰州市城市总体规划（2011—2020 年）》在对居住用地规划时明确强调要采用分散改造与集中新建相结合的方式。近年来，在城市更新和老旧小区改造的过程中，房地产开发商借助市场的旺盛需求和地方政府造城的契机兴建了大量的商品房。可以说，兰州市主城区的居住空间一方面在政府导向的市场化生产模式下进行了战略式跳跃拓展，另一方面在企业导向的市场化生产模式下进行了空间扩展与重构。总体而言，这些举措在一定程度上加速了城市居住空间的分异。

综上所述，在自然环境的制约、国家行为的推动与城市规划的引导下，兰州市主城区最终形成了"一河两岸、五个组团"的带状多中心组团型的总体空间分异模式。

5.3.2　居住空间内部分异模式

兰州市主城区除总体上形成了"一河两岸、五个组团"的带状多中心组团型的居住空间分异模式外，在组团内部形成了"圈层＋扇形"的空间分异模式。本书通过对比分析居住价格分异与居住类型分异及其抽象化，归纳兰州市主城区居住价格与居住类型的分异模式。

通过对居住空间内的住房价格总体特征及空间插值的分析，可以得出兰州市主城区形成了 5 个房价等级的居住圈。第一房价等级居住圈（高等价位居住圈）主要分布在城关区，集中于以水车园小学和一只船小学为两端的哑铃状学区房区域；第二房价等级居住圈（较高等价位居住圈）分布于第一房价等级居住圈外围，中高收入阶层在此区域内安家落户；第三房价等级居住圈（中等价位居住圈）以圈层或扇形的形式围绕第二房价等级居住圈分布，其作为中产阶层的栖息之所，支撑了整个社会中等收入阶层人群的住房需求；第四房价等级居住圈（较低等价位居住圈）以"圈层＋扇形"的形式分布在第三房价等级居住圈外围，为城市中的中低收入阶层群体提供了住房保障；第五房价等级居住圈（低等价位居住圈）多以扇形的形式镶嵌在第四房价等级居住圈周边，为城市中的外来人口和低收入群体等提供了经济实惠的落脚之地。总之，无论从居住空间内的住房价格总体特征还是房价空间插值分析来看，兰州市主城区在组团内部形成了"圈层＋扇形"的空间分异模式。

通过对居住空间内居住类型的分析，可以得出兰州市主城区形成了 7 类典型居住类型区，分别为名校学区房区、高档居住区、中高档居住区、中档居住区、中低档居住区、低档居住区、小产权房区。其中，名校学区房区主要以全市排名前列的中小学学区划片范围内的居住小区为主，且主要分布在城关区；高档居住区主要以别墅、高档商品房为主，多分布在邻近商务中心、滨河景观带等区位条件较好的区域，且主要分布在城关区和七里河区；中高档居住区主要以商住住宅、2010 年的小高层、高层住宅、公寓等为主，主要分布在城关区、七里河区、安宁区和西固区，如城关区的西关什字、南关什字，七里河区的西站什字、小西湖等片区，安宁区的培黎广场、十里店等片区以及西固区的西柳沟等片区；中档居住区主要以普通商品住宅，2000 年的多层、小高层为主，在主城四区均有分布，如在城关区和七里河的交界地带，在原老城区的东西两侧，七里河区的西站附近，安宁区的费家营什字等周边，西固区的福利路、临洮街等周边；中低档居住区主要以单位制住房、1990 年的老旧小区住宅为主，其主要分布在原老城区核心区域，与政府机关、企事业单位紧邻；低档居住区主要以单位公房、老旧小区住宅、城市边缘商品房为主，其主要分布在西固区及城关区、七里河区和安宁区的城市边缘；小产权房区主要以经济适用房、棚改房、限价商品房、城中村为主，其在主城四区的城市边缘均有分布，经济适用房在城关区分布较少，其次是安宁区，七里河区和西固区相对较多。概括而言，从居住空间内典型居住类型区的分析可以得出，兰州市主城区在组团内部形成了 7 类典型居住类型区组成的"圈层＋扇形"的空间分异模式。

5.3.3 居住空间分异模式归纳

首先在对居住空间结构演变特征及规律分析的基础上，结合居住空间分异情况和分异特征等，从宏观上分析居住空间的分异模式，得出兰州市主城区总体上形成了"一河两岸、五个组团"的带状多中心组团型的居住空间分异模式。

其次通过居住价格与居住类型等视角，从微观上分析了居住空间分异的情况并进行了对比与抽象化，得出兰州市主城区在组团内部形成了由 5 个房价等级居住圈组成的"圈层＋扇形"的空间分异模式及 7 类典型居住类型区组成的"圈层＋扇形"的空间分异模式。

兰州市主城区的居住空间一方面在政府导向的市场化生产模式下进行了战略式跳跃拓展，另一方面在企业导向的市场化生产模式下进行了空间扩展与重构。总之，这些举措在一定程度上加速了城市居住空间的分异。

5.4　本章小结

本章从市级、区级、街道等尺度分析了兰州市主城区居住空间在居住区位、居住价格、居住类型等方面的分布格局及分异程度，并总结了居住空间分异的特征，归纳了其分异的模式。

（1）主城区居住空间分异特征。通过兰州市主城区居住空间分布中心与发展方向可以得出，居住空间发展方向呈以东西方向扩展为主、南北方向跳跃为辅的空间分异特征。通过居住空间密度等级可以得出，居住空间呈现出一主多次圈层分布的空间分异特征。通过近 30 年来的居住小区数量变化及分布情况可以得出，居住空间呈现出居住小区数量不断增多且郊区化趋势明显的空间分异特征。

通过 2020 年兰州市主城区居住小区的住房价格情况得出，居住空间中住宅小区的房价分异较大且中高房价小区占多数。通过居住空间房价等级可以得出，居住空间中不同房价等级居住圈呈"圈层＋扇形"的分布特征，居住小区房价上涨迅速且各区的差异渐趋明显。

通过兰州市主城区居住空间中的居住区类型可以得出，居住空间中高档居住区呈多核心聚集、中低档居住区呈边缘化分散的分布特征。随着城市更新和老旧小区改造步伐的加快，越来越多的小区加入了"封闭小区"的行列，主城区核心片区的居住空间碎片化程度不断加剧，具体表现为居住空间单体均质、整体异质的分异状况。以收入差异和职业细分为标志的阶层分化在当今社会愈演愈烈，并折射到居民的择居行为之中，从而深刻影响了居住空间的演变，形成了与社会阶层分化相对应的居住空间分异现象，且这种现象日趋显著。

通过兰州市主城区居住空间的分异程度得出，居住空间中阶层分异较为明显且社会结构中低收入和高收入阶层分布相对比较分散，中高收入阶层聚居现象比较明显，呈现显著的"U"型分布趋势；居住空间生态位呈现出以中心繁华城区为核心的高生态位向中心外围圈层和扇形分布的逐次递减的变化趋势；居住小区呈现明显的住宅价格冷热点空间分异，且以老城区为热点中心向外呈圈层或扇形的冷热点依次递减的分布趋势。在城市发展和居住演变的过程中,城市拆迁引发了城市原有社区的"消散外移",产业升级推动了中心城区居住空间的"圈层分级",旧区改造加剧了核心城区居住空间的"马赛克化",新城建设促进了远郊居住空间的"跳跃拓展",城市提升开启了高档国际社区的"簇状聚焦",总之,兰州市主城区居住空间在发展演变过程中呈现出独具特色的空间分异特征。

(2)主城区居住空间分异模式。从宏观上分析居住空间的分异,得出在自然环境的制约、国家行为的推动与城市规划的引导下,兰州市主城区总体上形成了"一河两岸、五个组团"的带状多中心组团型的居住空间分异模式。

从微观上分析居住空间的分异,得出兰州市主城区在组团内部形成了由 5 个房价等级居住圈组成的"圈层 + 扇形"的空间分异模式及 7 类典型居住类型区组成的"圈层 + 扇形"的空间分异模式。

总体而言,兰州市主城区的居住空间一方面在政府导向的市场化生产模式下进行了战略式跳跃拓展,另一方面在企业导向的市场化生产模式下进行了空间扩展与重构。这些举措在一定程度上加速了城市居住空间的分异与重构。

第6章　兰州市主城区居住空间分异的影响机制

城市居住空间分异是社会、经济、政策等多方面要素共同作用的结果，它不仅体现了物质空间的地理演化过程，也反映了社会空间的人文互动进程[259]。作为兼具社会群体和物质空间的社会—空间双重属性的社会空间统一体，居住空间的演变分异是不同影响因素联系组合、互为依存、共同作用下的历史产物[260]。探究城市居住空间分异的影响机制可为其调控引导、合理布局提供参考依据，为此，本章依据居住空间分异机制相关理论，在借鉴已有研究的基础上，结合西北内陆河谷型城市——兰州的实际情况，定量分析居住空间分异的影响因素，并定性分析其影响作用机制，为城市居住空间的调控引导提供参考。

6.1　主城区居住空间分异影响因素的定量分析

6.1.1　居住空间分异影响因素选取与指标体系构建

国内已有研究表明，城市居住空间分异的实质是住房质量、社区环境、物业水平等内因[303]，及区位条件、交通条件、周边配套等外因共同作用的结果[305]。其中，区位环境[259]、教育资源[306]、社区档次、轨道交通[307][308]、城市景观[309]、公园绿地[310]等因素被证实显著影响房价分异。然而，现有研究指标的全面性和准确性还有待商榷[259]。另外，还存在以下不足：一是影响房价或居住分异的因素较多，一般研究中在指标体系的构建时指标选取较少则容易造成主观误差。二是影响房价的学区因素不是

・119・

距离中小学的距离远近，而是小区所属片区的中小学的教育质量。三是对人文环境和未来预期的考虑不够，缺乏相应指标的支撑而使得居住空间分析少了人文气息。为此，本节将在居住空间分异影响因素的定量分析指标体系构建时作出以下改进。首先，在指标选取时尽量做到全面、准确，以最大限度地保留多样化的影响因素，从而减少人为的误差。其次，通过实地调研发现，在影响居住分异或房价高低的因素中学区资源的优劣比距离更为显著，因此，对名校学区房周边的居住空间分异进行分析时将着重考虑学区教育质量对房价的影响。最后，测度居住空间的分异影响时加入了人文素养、人文环境等人文气息的指标，以更加接地气地体现居住空间分异中潜在的人文因素。鉴于以上分析，根据居住空间分异机制相关理论，借鉴国内外相关研究成果，考虑到指标的代表性、典型性和数据的可获取性等，确定影响城市居住空间分异的 6 大方面的影响因素，26 类具体指标，详见表 6 – 1。

表 6 – 1　　　　居住空间分异影响因素的特征变量及描述

指标类型	指标代码	指标名称	指标描述	指标量化	数据来源
住区特征	x1	建筑年龄	反映建筑物的物理年龄	2020—建筑物建成年代	网络筛选
	x2	容积率	反映居住的舒适度	总建筑面积/土地总面积	网络筛选
	x3	物业费	间接体现着物业的管理水平	物业每月收取的费用	网络筛选
	x4	绿化率	反映小区的绿化程度及自然环境	绿化用地面积/总用地面积	网络筛选
区位特征	x5	距市中心距离	反映小区距市中心的距离	小区几何中心到市中心量算距离	网络筛选 GIS 计算
	x6	距地铁距离	反映小区距地铁的距离	小区几何中心到地铁量算距离	网络筛选 GIS 计算
	x7	距河流距离	反映小区距河流的距离	小区几何中心到河流量算距离	网络筛选 GIS 计算
邻里特征	x8	邻里满意程度	反映小区邻里关系现状的满意程度	按李克特五级量表进行量化	调查问卷
	x9	邻里熟悉程度	反映小区邻里关系的熟悉程度	按李克特五级量表进行量化	调查问卷
	x10	邻里互助程度	反映小区邻里之间的互助程度	按李克特五级量表进行量化	调查问卷
	x11	邻里活动程度	反映小区内邻里参加活动的情况	按李克特五级量表进行量化	调查问卷

续表

指标类型	指标代码	指标名称	指标描述	指标量化	数据来源
社区特征	x12	社区管理评价	反映社区的管理服务水平	按李克特五级量表进行量化	调查问卷
	x13	社区治安评价	反映社区的治安管理水平	按李克特五级量表进行量化	调查问卷
	x14	社区环境评价	反映居民对社区环境的满意度	按李克特五级量表进行量化	调查问卷
周边配套	x15	公共交通配套	反映小区的公共交通配套情况	小区 500 米内经过的公交数量	调查问卷
	x16	轨道交通配套	反映小区的轨道交通配套情况	步行 15 分钟范围内是否有地铁站	网络筛选GIS 计算
	x17	生活服务配套	反映小区的生活服务配套情况	步行 15 分钟范围内是否有大型综合超市	调查问卷
	x18	医疗服务配套	反映小区的医疗服务配套情况	步行 15 分钟范围内是否有综合医院	调查问卷
	x19	教育资源配套	反映小区的教育资源配套情况	步行 15 分钟范围内是否有中小学	调查问卷
	x20	学区优势程度	反映小区的学区优势程度	小区是否在名校划片范围之内	网络筛选GIS 计算
	x21	金融服务配套	反映小区的金融服务配套情况	步行 15 分钟范围内是否有银行等金融机构	调查问卷
	x22	休闲娱乐配套	反映小区的休闲娱乐配套情况	步行 15 分钟范围内是否有公共休闲场所（广场等）	调查问卷
人文环境	x23	垃圾分类设施	反映小区的垃圾分类设施情况	小区是否有垃圾分类设施	调查问卷
	x24	垃圾分类意愿	反映小区居民的垃圾分类意愿	是否支持生活垃圾分类工作	调查问卷
	x25	垃圾分类认识	反映小区居民对垃圾分类知识的认识	对生活垃圾分类知识（分类标准等）的了解程度	调查问卷
	x26	垃圾分类行动	反映小区居民对垃圾分类采取的行动	居民平时处理垃圾的具体方式	调查问卷

6.1.2　基于 GWR 模型的居住空间分异影响因素分析

6.1.2.1　居住空间分异影响理论分析

城市住宅价格空间分异是居住空间资源非均衡配置的市场化表达，与居住空间分异在机制和格局上存在着一定耦合关联[259]。西方房地产投资界的主流观点认为，影响房价的要素"第一是区位，第二是区位，第三还是区位"，表明住房价格的主要影响因素是区位，即房价具有"空间依赖性"。与西方国家的发展道路不同[311]，中国改革开放以来渐进式的制度改革生产出城市混合空间结构[312]。调研发现，兰州市主城区内部老旧小区与中高档封闭小区错落相邻，周边单位制住房与商品住宅相依相偎，外围新建商品房小区、安置房、城中村等混杂拼贴，而远郊高档别墅区、经济适用房小区、小产权房区等首尾相接，形成了城市居住空间结构的"破碎化"和非连续性的特征。本节将采用地理加权回归模型（geographically weighted regression，GWR）对兰州市主城区的城市居住空间分异及其影响因素进行实证分析。

6.1.2.2　GWR模型的构建

在运用GWR模型之前，首先，利用SPSS22.0软件对影响城市居住空间分异的特征变量（表6-1中所列的26项指标变量）进行Z-score标准化处理和多重共线性诊断分析[268]。其次，经过分析得出，物业费、邻里互助程度、医疗服务配套等8项指标未通过检验，故予以剔除。最后，利用ArcGIS软件，将其余18项指标作为居住空间分异的影响因子，采用CV方法进行GWR模型带宽的计算（见表6-2）。

表6-2　　　　　　　　　2020年居住空间分异GWR模型参数

模型参数	Bandwidth	ResidualSquares	EffectiveNumber	Sigma值	AIC值	R²	调整R²
数值	6562.8133	8644993679	72.2099	2404.0695	28911.4947	0.6836	0.6590

为了更为详细地分析各因素对居住空间分异的影响程度，本书首先对各因素系数的计算结果进行统计描述，进一步给出各因素对居住空间分异的影响程度的最小值、下四分位数、中位数、上四分位数、最大值和平均值[313]。其次，对计算结果进行T检验，估计回归系数的P值[314]。最后，考查自变量对兰州市主城区居住空间分异的影响及其差异，计算结果见表6-3。

表 6 – 3　　　　　　　　　2020 年居住空间分异 GWR 模型计算结果

变量	最小值	下四分位数	中位数	上四分位数	最大值	平均值	P 值
C1_ Z 建筑年龄	− 87.325	252.573	237.797	113.403	272.141	179.215	0.888
C2_ Z 容积率 *	17.206	428.793	418.714	306.887	455.047	359.594	0.044
C3_ Z 绿化率	104.005	261.696	244.244	207.218	284.524	227.023	0.708
C4_ Z 距市中心距离 **	− 2504.635	− 857.994	− 1129.250	− 1387.706	− 262.827	− 1110.730	0.003
C5_ Z 距地铁距离	− 1099.064	− 476.894	− 801.829	− 873.258	− 94.370	− 689.597	0.059
C6_ Z 距河流距离	− 605.142	− 123.500	− 332.080	− 480.020	200.269	− 299.001	0.815
C7_ Z 邻里熟悉程度 **	− 631.042	− 372.438	− 529.190	− 563.373	− 227.416	− 476.614	0.005
C8_ Z 社区管理评价	210.592	887.441	766.007	548.067	993.728	696.208	0.072
C9_ Z 社区环境评价 ***	70.597	310.378	289.330	215.528	343.787	252.477	0.001
C10_ Z 公共交通配套 ***	204.080	374.798	346.025	321.323	461.232	346.884	0.000
C11_ Z 生活服务配套	− 566.597	− 112.022	− 455.891	− 507.437	393.299	− 283.036	0.597
C12_ Z 医疗服务配套	− 1409.769	− 236.745	− 1226.625	− 1314.358	− 51.110	− 889.574	0.527
C13_ Z 教育资源配套 ***	− 178.515	474.223	415.078	145.048	584.172	291.649	0.064
C14_ Z 学区优势程度	− 493.629	− 293.384	− 301.781	− 413.942	− 280.422	− 347.533	0.064
C15_ Z 金融服务配套	− 634.098	− 269.992	− 577.594	− 611.415	− 172.503	− 472.843	0.064
C16_ Z 休闲娱乐配套 *	− 47.641	645.597	593.005	143.349	692.279	429.964	0.044
C17_ Z 垃圾分类认识	− 322.556	− 115.735	− 156.434	− 226.631	− 37.820	− 167.350	0.780
C18_ Z 垃圾分类行动	312.586	1325.831	1243.291	504.996	1393.215	995.539	0.660

注：＊＊＊表示 0.01 显著性水平；＊＊表示 0.05 显著性水平；＊表示 0.1 显著性水平。

6.1.2.3　GWR 计算结果分析

由表 6 – 3 可知，首先通过 P 值分析得出，在影响居住空间分异的 18 个因子中，显著影响（显著性在 5% 和 10% 的水平）的有容积率、距市中心距离、邻里熟悉程度、社区环境评价、公共交通配套、教育资源配套、休闲娱乐配套 7 个因子，其中有 5 个因子影响最为显著（显著性在 1% 和 5% 的水平），按显著性大小排序依次为教育资源配套、公共交通配套、社区环境评价、距市中心距离、邻里熟悉程度。其次，通过相关系数得出，虽然居住空间分异影响因素的回归系数有正有负，但其平均数和中位数相差不大，且系数的符号基本相同。这足以表明以上各个因素对大部分样本点的影响性质是一致的。若以回归系数平均数为例，表现较为显著的影响因素中，回归系数绝对值排名分别是 C4 > C7 > C13 > C10 > C9。若按回归系数的显著性排序，各指标的排名结果为 C13 > C10 > C9 > C4 > C7。

6.1.2.4 居住空间分异影响力分析

鉴于居住空间分异与房价分异存在紧密的逻辑关联[259]，本书在分析中借鉴了房价分异影响因素分析的思路与方法。以下是对显著影响居住空间分异因素的详细分析。

（1）教育资源配套对居住空间分异的影响。教育资源配套反映了小区周边的中小学等教育资源配套情况[315]，其回归系数大部分为正值，说明中小学教育资源越好房价越高，居住空间分异越大[316]。尤其向以城关区的一只船小学与水车园小学为南北轴线的区域内回归系数逐渐变大，反映出优质教育资源对房价和居住空间分异的影响渐强（见图 6-1）。究其原因，该区域内学区房主要集中于一只船、水车园小学的划片范围内，房价普遍在 20000 元/平方米以上，而与此形成鲜明对比的是一街之隔的非划片范围外的小区，房价基本在 20000 元/平方米以下。

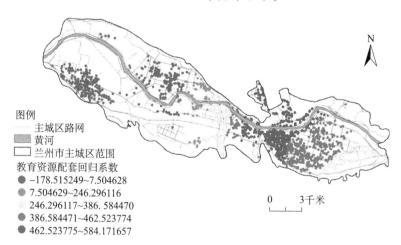

图 6-1 2020 年主城区居住空间教育资源配套回归系数

（2）公共交通配套对居住空间分异的影响。公共交通配套反映了小区周边的公交设施配套情况[317]，其回归系数都为正值，说明公共交通配套资源越好的区域居住空间的分异也越大。大致以西关什字与小西湖片区为核心，回归系数为正且数值较大（见图 6-2），反映出该区域内居住空间的分异较大。究其原因，西关为兰州市重要的公共交通枢纽，在对居民出行产生深刻影响的同时，也显著影响着居住空间的分异。调研发现，在西关一带由于便捷的公共交通条件，被现代高档封闭小区置换住户的老旧小区主要以租户为主，且租户之间来往较少，居民在同一个小区之间相互认识的户数不超过5户，居住隔离较为明显。从西关什字与小西湖片区向外，东西方向回归系数顺次递减，反映出居住空间分异受公共交通的影响逐渐减弱。

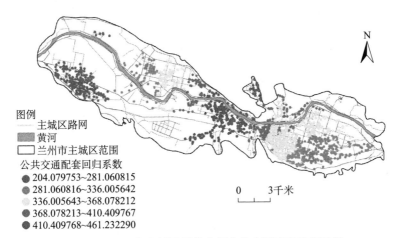

图6-2 2020年主城区居住空间公共交通配套回归系数

（3）社区环境评价对居住空间分异的影响。社区环境评价反映了居民对社区人文及自然景观的综合满意程度[318]，其回归系数均为正值（见图6-3），说明社区环境评价越好，居住空间分异程度越大。城关区的西关至南关片区及七里河区的文化宫至西站什字片区的社区环境评价回归系数最大，反映出该区域居住空间受社区环境影响较大。究其原因，该区域为兰州市主城区的核心片区，基础设施完善、公共配套齐全、交通条件便利、商业活动频繁，其本身具有良好的人文社会环境，吸引了不同行业的权贵精英，因此，居住隔离明显、空间分异显著。由该核心片区向东西方向渐次延伸，社区环境评价回归系数逐渐减小，反映出社区环境对居住空间分异的影响力也随之减弱。总之，社区环境对主城区核心片区的居住空间分异影响较大，而对城区边缘的居住空间分异影响较小。

（4）距市中心距离对居住空间分异的影响。距市中心距离反映了居住

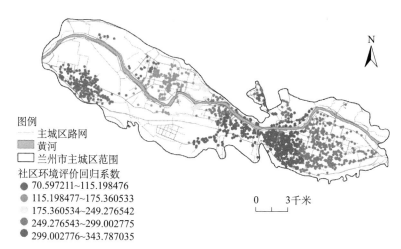

图例
主城区路网
黄河
兰州市主城区范围
社区环境评价回归系数
● 70.597211~115.198476
● 115.198477~175.360533
175.360534~249.276542
249.276543~299.002775
● 299.002776~343.787035

0   3千米

图6-3　2020年主城区居住空间社区环境评价回归系数

小区距市中心的距离远近[319]，其回归系数均为负值（见图6-4），表明距离市中心越远，居住空间分异程度越小；距离市中心越近，居住空间分异程度越大[320]。安宁区、七里河区西部及西固区东部的回归系数较大，反映了以上片区居住空间分异受距市中心的距离影响较大。究其原因，该区域虽然远离商业聚集、居住拥挤、噪声喧闹的市中心片区，但具有各自的区位特色[321]。例如，安宁区以电子仪表、教育科研等为主，同时作为兰州市除兰州新区外新近开发建设的行政辖区，其道路交通条件、滨河绿化环境等相对较新，良好的自然环境和浓厚的人文气息吸引着追求品质生活的文化人士、商业精英等安家落户[322]。西固区以石油化工为主，区内大部分居住小区以单位制居住小区为主，近年来，随着房地产业的蓬勃发展，该区东部一些封闭式高档居住小区拔地而起，成为机关干部、企业领导、青年英才的居住首选[323]。综上所述，由于其独特的区位优势、清雅的自然环境和浓厚的人文气息，使得居住在该区域的居民社会隔离、群体分异显得更为明显。

（5）邻里熟悉程度对居住空间分异的影响。邻里熟悉程度反映了居住小区邻里间关系的熟悉情况及满意程度[324]，其回归系数均为负值（见图6-5），表明邻里间关系越熟悉、生活越满意，居住空间分异程度就越小；反之，则居住空间分异程度越大。西固区西南部邻里熟悉程度回归系数最大，表明其居住空间分异相对较小；城关区东方红广场至西关、七里

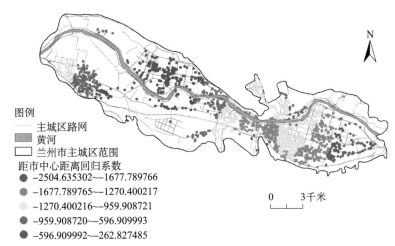

图 6 - 4　2020 年主城区居住空间距市中心距离回归系数

河文化宫至西站片区一带邻里熟悉程度回归系数最小，表明其居住空间分异程度相对较大。究其原因，以兰炼、兰化为主的西固区作为国家重要的石油化工、能源储备基地，区内居住小区主要以单位制的居住小区为主，且住户大都以企业员工及家属为主，邻里间相对熟悉，故居住空间分异程度相对较小。城关区东方红广场至西关、七里河文化宫至西站片区一带主要以商品房为主，居住小区内基本为不同行业的居民，且相互之间来往较少，故较弱的邻里熟悉程度显著影响了居住空间的分异。

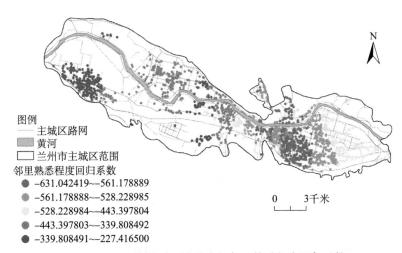

图 6 - 5　2020 年主城区居住空间邻里熟悉程度回归系数

6.2 主城区居住空间分异影响机制的定性分析

在刻画兰州市主城区居住空间结构演变过程及分异特征与模式的基础上，借鉴前人的研究，结合兰州市主城区实际情况，经过综合分析，本节从历史发展、自然环境、房地产业、政策制度、城市规划及家庭个人6个方面分析其演变分异的影响机制。

6.2.1 历史发展视角

与国内众多城市的居住空间演变与分异一样，兰州的居住空间结构演变也是不同阶段住房建设累积的历史结果，其居住空间的演变呈现出（某一时点的居住空间形成会对今后居住空间的发展产生持续影响）显著的历史发展惯性。作为城市居住空间结构演变与分异的一般机制，历史发展惯性延续了城市建设的历史脉络，持续影响着居住空间的演变。兰州市2020年的居住空间中明显包含着2010年的居住类型区特征，2010年的居住空间中也明显包含着2000年的居住类型区特征，并在此基础上综合其他因素的影响，实现其空间演变与分异。例如，各组团中心区域和政府机关所在地，时至今日城关区的张掖路等街道为省市区三级党政军机关部门所在地[88]，七里河、安宁、西固三区主要街道也为政府机关所在地，其周边的居住小区仍承担着原始的单位制配套的角色。

6.2.2 自然环境视角

自然环境制约，尤其地形地貌及自然景观等对城市居住空间结构演变的制约是兰州市的特有机制，赋予兰州市独特的地域特征，形成其特有的居住空间结构烙印[126]。地处西北内陆干旱地区、具备典型河谷盆地型的兰州市主城区，其"两山夹一河"的独特地貌形态深刻地制约着城市居住空间的发展演变[234]，一方面使兰州市的居住空间发展形成了东西向狭长的条带形组团状的城市空间结构形态，另一方面使市区内居住空间转向竖向发展，建筑容积率不断被提高。此外，受滨河自然景观的吸引，大量中

高档居住小区布局在了黄河两岸。这充分体现了自然环境对居住空间演变
与分异的制约和影响。

6.2.3　房地产业视角

房地产的快速发展成为影响城市发展和居住空间结构演变的主导机
制。房地产主要通过城市扩张及市场的力量推动居住空间不断往外拓展，
进而推动新的住房类型代替旧的住房类型的更替发展。从居住空间格局来
看，房地产开发需要大量的国有建设用地，而一般初始建成区因长期建设
已经饱和，可供开发的建设用地数量极少，新建商品房只能见缝插针似的
分散于老房区或公房区之中[234]。另外，2000～2010 年，10 年间兰州市建
成区居住用地面积净增加了约 10 平方千米，居住用地占比已经超过了工业
用地占比，呈现出快速增长的态势，成为影响城市用地结构演变的主导力
量[241]。房地产的快速发展不断推动着居住用地的扩张，成为影响城市发
展和居住空间演变的主导机制。

6.2.4　政策制度视角

改革开放以来，国家出台了一系列住房政策改革措施（见表 6 - 4），
有效促进了房地产的迅速发展[317]。住房政策，尤其是保障房政策是居住
空间结构演变的调控机制，其实质是以行政干预的力量对居住空间结构作
出人为的调整[318]，对居住空间的影响比较明显，直接导致了新的居住类
型区（保障房区）的出现。随着 2005 年《兰州市经济适用住房管理办法》
的首次颁布、2006 年《兰州市城镇最低收入家庭廉租住房管理规定》的发
布及 2008 年新的《兰州市经济适用住房管理办法》的出台[319]，住房保障
政策的相继出台及实施掀起了保障房建设的高潮[320]。相比 2000 年，兰州
市 2010 年的居住空间类型中出现了保障房与自建房混合区，并以扇形的形
式镶嵌在居住空间结构之中，形成了居住空间演变的新格局。2012 年和
2014 年，兰州市住房制度改革办公室、公积金管理中心等相关部门分别对
廉租住房、公积金个人住房贷款业务等相关政策进行了调整。这为中低收
入群体的住房提供了保障，同时也使 2020 年的居住空间类型中保障房与自
建房混合区镶嵌在兰州市主城区的居住空间结构之中。

表 6 – 4　　　　　　　改革开放以来中国住房政策变化梳理

序号	时间	政策主要内容	政策出处
1	1978 年 9 月	首次建议允许私人建房	全国城市住宅建设会议
2	1980 年 6 月	中央首次正式提出住房商品化政策	《全国基本建设工作会议汇报提纲》
3	1988 年 2 月	住房制度改革进入整体方案设计和全面试点阶段的"双轨制时期"	《国务院关于印发在全国城镇分期分批推行住房制度改革实施方案的通知》
4	1993 年 11 月	强调要培育房地产市场体系，促进住房商品化的发展	《中共中央关于建立社会主义市场经济体制若干问题的决定》
5	1994 年 7 月	国务院确定房改基本内容为"三改四建"	《国务院关于深化城镇住房制度改革的决定》
6	1998 年 7 月	全国停止住房分配，实行住房货币化	《国务院关于进一步深化城镇住房制度改革加快住房建设的通知》
7	2000 年 2 月	住建部宣布：住房实物分配在全国停止	建设部通报住房制度改革情况通报
8	2003 年 8 月	提出房地产业已经成为国民经济的支柱产业，明确提出要保持房地产业的持续健康发展	《国务院关于促进房地产市场持续健康发展的通知》
9	2005 年 3 月	"国八条"	《国务院办公厅转发建设部等部门关于做好稳定住房价格工作意见的通知》
10	2006 年 5 月	"国六条"	《关于调整住房供应结构稳定住房价格意见的通知》
11	2007 年 8 月	纳入政府公共服务职能	《国务院关于解决城市低收入家庭住房困难的若干意见》
12	2007 年 9 月	"9·27 房贷新政"	央行、银保监会于 2007 年 9 月 27 日共同发布通知
13	2008 年 12 月	"国十三条"	《国务院办公厅关于促进房地产市场健康发展的若干意见》
14	2009 年 12 月	"国四条"	国务院常务会议
15	2010 年 1 月	"国十一条"	《国务院办公厅关于促进房地产市场平稳健康发展的通知》
16	2010 年 3 月	二次房改方案被写入当年全国两会正式议案	《国务院关于坚决遏制部分城市房价过快上涨的通知》
17	2010 年 4 月	新"国十条"	《关于加强经济适用住房管理有关问题的通知》

序号	时间	政策主要内容	政策出处
18	2010 年 9 月	"九月新政"	《关于完善差别化住房信贷政策的通知》
19	2011 年 1 月	新"国八条"	《国务院办公厅关于进一步做好房地产市场调控工作有关问题的通知》
20	2013 年 2 月	"国五条"	《国务院办公厅关于继续做好房地产市场调控工作的通知》
21	2014 年 9 月	二套房认定标准由"认房又认贷"改为"认贷不认房"	《关于进一步做好住房金融服务工作的通知》
22	2015 年 3 月	二套房首付比例调整为40%，住房公积金贷款购房首付比例则低至20%	《关于个人住房贷款政策有关问题的通知》
23	2016 年 2 月	商业贷款的购房首付比例也降低至25%	《关于调整个人住房贷款政策有关问题的通知》
24	2017 年 10 月	"房住不炒"定位，加快建立多主体供给、多渠道保障、租购并举的住房制度	党的十九大报告
25	2018 年 5 月	重申了住房的居住属性，强调调控政策的延续性和稳定性	《住房城乡建设部关于进一步做好房地产市场调控工作的通知》
26	2019 年 11 月	完善"因城施策"差别化住房信贷政策，抑制投机性购房行为	《中国金融稳定报告（2019）》

6.2.5 城市规划视角

历次的城市规划作为政府部门行政干预的重要手段，对居住空间结构的演变起着重要的引导作用，能够有效引导城市居住空间的方向和布局向着理想的模式发展，有力推动城市居住空间结构的演变。自 1954 年兰州市第一版城市总体规划实施以来，至 2020 年，兰州市已经先后经历了四版城市规划，见图 6 - 6 至图 6 - 9。第一版《兰州市城市总体规划（1954—1972 年）》开启由西向东沿黄河布局的"带状组团式"的城市空间布局的先河[321]；第二版《兰州市城市总体规划（1978—2000 年）》重视生活居住空间，将原有带状为主的城市布局逐渐转向多组团发展的模式；第三版《兰州市城市总体规划（2001—2010 年）》将兰州发展的视线逐渐由主城区移向周边，把带状与组团的发展模式进行融合与创新；第四版《兰州市城市总体规划（2011—2020年）》将居住空间向着分散改造与集中新建相结合的方式发展，并在主要交通线路提高了住房密度。近年来，在城市更新和老旧小区改造的过程中，地方政府注重城市土地利用的内涵式改造和利用，在教育医疗等基础设施完善、交通条件便利的老城区进行旧城改造；同时，在政府声势浩大的"削山造地""削山造城"的集中新建运动中，房地产开发商借助市场的旺盛需求和地方政府造城的契机兴建了大量的商品房。近年来，在房地产开发过程中主要以商业住宅和普通商品住宅为主，虽然在提高住房商品化率的同时满足了不同阶层的居住需求，但是也加剧了城市居住空间的分异。随着城市规划的更新，居住空间结构进入进一步的优化发展阶段，中心城区利用城市更新改造实现了居住环境的提升，城区边缘则通过东扩西移的规划引导，实现了居住空间的进一步拓展。

图6-6　兰州市城市总体规划（1954~1972年）

资料来源：兰州市自然资源局官方网站，http://zrzyj.lanzhou.gov.cn/col/col10426/index.html。

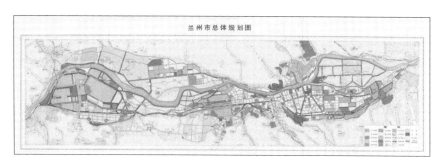

图6-7　兰州市城市总体规划（1978~2000年）

图 6 - 8　兰州市城市总体规划（2001 ~ 2010 年）

图 6 - 9　兰州市城市总体规划（2011 ~ 2020 年）

6.2.6　家庭个人视角

家庭生命周期理论最早由希尔（R. Hill）和汉森（Hanson）提出，常被作为解释现代城市居民择居的理论之一[325]。该理论的核心思想是每个家庭所处生命周期阶段的不同会引起居住需求的变化，进而引起迁居。居民空间择居影响是居住空间结构演变的润滑机制，以居民经济收入这样的个人属性与居住环境相匹配[326]，直接影响城市居住空间的重构与分异，对原有居住空间的演变起到很好的润滑作用[327]。尤其自 1998 年住房制度改革后，城镇居民个人住房选择自由化成了影响城市居住分异的主要力量[328]。家庭收入水平是影响居民住宅选择的首要因素[329]。一方面，居民会因收入水平的高低选择不同区位与级别的住宅小区[330]；另一方面，居民空间择居的行为过程也导致了城市居住空间的重构与分异[331]。例如，居民在购房区位选择上主要倾向于城关区而不是西固区，且这种择居行为越来越明显[332]。换言之，居民择居行为直接影响着居住空间结构的演变与分异。

综上所述，以上因素相互联系、相互影响，并共同作用于城市居住空间，才促成了兰州市主城区居住空间结构的演变与分异[333]。不同因素的作用机理和效应存在一定差异，城市居住空间结构的演变并非由单一因素所决定，而是由各种因素相互作用、相互影响而形成的[334]。兰州市居住空间结构的演变既受到长期以来历史建设的持续影响和自然环境的深刻制约，也受到中华人民共和国成立以来历次城市规划引导、房改以来房地产业推动、住房政策调控，以及在此基础上居民自由择居的综合影响。其中，历史发展惯性和自然环境制约是居住空间演变的历史基础和自然本底[335]，也是其他影响因素发挥作用的前提和基础。城市规划引导、房地产业推动、住房政策调控是在历史基础和自然本底之上的规划调控（制度因素）和市场推动（市场因素），且房地产业推动（市场因素）并非独立影响居住空间结构，而是与规划调控（城市规划引导和住房政策调控）共同作用于城市居住空间结构。加之市场经济以来，特别是1998年后的住房商品化改革，使得居民自由择居成为助推城市居住空间重构与分异的新力量。

6.3 本章小结

本章先从定量角度借助 GWR 模型，主要利用问卷调查数据和网络筛选数据等对居住空间分异的影响因素进行了系统分析；然后以定性角度从历史发展、自然环境、房地产业、政策制度、城市规划、家庭个人等视角探究了居住空间分异的影响机制（见图 6 - 10）。

（1）主城区居住空间分异影响因素的定量分析。根据西方住宅价格波动机制理论和国内相关研究成果，结合兰州市居住空间分异的调研、访

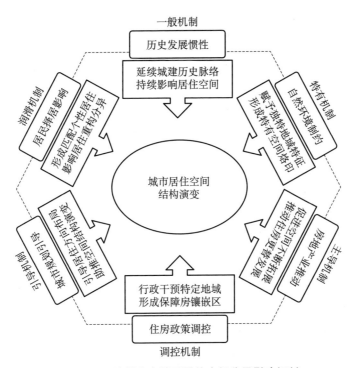

图 6 – 10 兰州市主城区居住空间分异影响机制

谈，考虑到指标的代表性、典型性和数据的可获取性、可量化性等，本书选取了影响城市居住空间分异的 6 大方面 26 类具体因素指标，最终得出有 5 个因子影响最为显著（显著性在 1% 和 5% 的水平），按显著性大小排序依次为教育资源配套、公共交通配套、社区环境评价、距市中心距离、邻里熟悉程度。具体而言，教育资源配套越好房价越高，居住空间分异越大。家长对优质教育资源的热烈追捧及影子教育机构围绕名校的高度集聚，不仅加剧了教育隔离，而且使教育绅士化向商业空间延伸，促使居住空间进一步分异。公共交通配套反映了小区周边的公交设施配套情况，其配套越好的区域居住空间的分异也越大。社区环境评价反映了居民对社区人文及自然景观的综合满意程度，社区环境评价越好居住空间分异程度越大。距离市中心越远，居住空间分异程度越小，距离市中心越近，居住空间分异程度越大。邻里间关系越熟悉、生活越满意则居住分异程度越小；反之，则居住分异程度越大。

（2）主城区居住空间分异影响机制的定性分析。兰州市居住空间演变与分异的机制可以归结为历史发展惯性、自然环境制约、房地产业推动、住房政策调控、城市规划引导及居民择居行为6个主要方面。历史发展惯性是众多城市居住空间演变分异的一般机制（见图6-10），延续了城市建设的历史脉络，持续影响着居住空间的演变；自然环境制约是兰州市居住空间演变分异的特有机制，赋予兰州市独特的地域特征，形成其特有的居住空间烙印；房地产业推动是居住空间演变分异的主导机制，促进城市空间的不断拓展，推动住房类型的更替发展；住房政策调控是居住空间演变分异的调控机制，以行政干预的方式作用于中心区外围的特定地域，形成特定区保障房镶嵌的空间特征；城市规划引导是居住空间演变分异的引导机制，能够有效引导城市居住空间的方向和布局向着理想的模式发展，有力推动着城市居住空间结构的演变；居民择居行为是居住空间演变分异的润滑机制，以居民经济收入这个主要个人属性与居住环境相匹配，直接影响城市居住空间的重构与分异，对原有居住空间的演变起到很好的润滑作用。总之，上述各因素相互联系、相互影响，并共同作用于城市居住空间，促成了兰州市主城区居住空间的演变分异。

第7章 兰州市主城区居住空间分异的效应评价

  作为人地关系地域系统中物质循环和能量转化最为剧烈的空间系统，城市居住空间同时兼具物质空间和社会系统的特征，被称为社会—空间统一体系统[28]。经济社会发展导致了居住空间分异[336]，引致传统社会关系的裂变分化[337]，进一步影响居住满意度、社会交往和社会融合[338]。前面虽然对居住空间分异的模式及特征进行了归纳总结，对居住空间分异的影响机制进行了定量与定性的揭示，但还未对居住空间分异带来的问题及影响作出评价。鉴于此，首先，本章借鉴 PSR 理论模型，构建城市居住空间分异效应的"压力—状态—响应"概念模型，以系统论的视角从宏观上将城市居住空间作为社会—空间统一体系统来考察，通过相关统计数据、问卷调查数据和深入访谈资料分析城市居住空间分异压力、分异状态和社会响应。其次，依据社会分层理论[326]、城市经济学理论等相关理论[339]，运用定性与定量相结合的方法从社会、经济、环境三个方面分析居住空间分异带来的效应。最后，从微观社区居住[340]、社区交往[341]和社区融合[342]三个层面构建居住空间分异的效应评价指标体系，重点从居民主体的心理感受出发来评价兰州市主城区居住空间分异的效应，不仅为降低城市居住空间隔离或空间极化现象提供决策依据，也为打造公平、包容、多元、多彩、和谐的高品质生活居住小区提供重要参考，促进兰州市主城区居住空间健康、协调、可持续发展。

7.1 基于 PSR 模型的居住空间分异效应评价

7.1.1 评价原理与模型改进

7.1.1.1 评价理论依据

本节将借鉴 PSR 理论模型，构建居住空间分异效应的"压力—状态—响应"理论模型[343]。20 世纪 70 年代，加拿大统计学家大卫·拉波特（David J Rapport）和托尼·弗兰德（Tony Friend）提出了一种综合考虑社会、经济、资源与环境等要素并突出多要素互动关系的"压力—状态—响应"的理论模型[344]。20 世纪 80 年代末，这一理论模型被经济合作与发展组织（OECD）和联合国环境规划署（UNEP）应用于环境问题，提出了环境指标的 PSR 框架体系[345]。近年来，PSR 模型在环境保护、生态安全、可持续发展、公共服务评价等领域得到了广泛的应用[346]，但在居住空间分异的研究中较为鲜见。一般来讲，PSR 模型反映的是人类活动、环境资源及机构之间的相互影响关系，而对各个部分之间如何相互作用缺乏深入分析，因此，在应用过程中需要加以修正和改进[347]。

7.1.1.2 PSR 模型的修正和改进

在借鉴 PSR 理论模型的基础上，结合兰州居住空间的特点及实际情况创造性地将 PSR 模型引入居住空间分异效应的评价中，并对 PSR 模型进行改进，以建立居住空间分异效应评价的理论分析框架（见图 7-1）及评价体系。在改进的 PSR 模型居住空间分异效应评价体系中，可将城市居住空间压力、城市居住空间分异状态和社会响应归纳为三类指标。即 P（压力指标）代表社会经济发展与职业分化等给城市居住空间系统造成的压力；S（状态指标）代表社会经济发展与职业分化影响下的城市居住空间系统结构与分异状态，如居住空间分异状态、居住满意状态、邻里交往状态、居住环境状态等；R（响应指标）代表压力之下居住空间系统在原有状态的基础上作出的反应，即政府或居民对居住空间系统的反馈进一步作出响应，如采用公共配套、生活服务、环境保护等响应来改善居住空间系统状态，实现其可持续发展与满足居民需要的功能。本节将借鉴 PSR 模型使用的"压力—状态—响应"这一逻辑思维方式[348]，试图为分析居住空间分异效应提供新的视角。

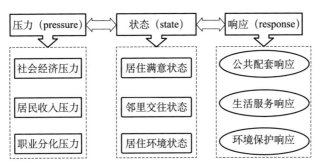

图 7 - 1　居住空间分异效应 PSR 分析模型

7.1.2　评价体系构建与模型方法

7.1.2.1　评价指标选取

考虑到与居住空间中居民的相关性及数据的可获得性等原则，压力方面主要从社会经济压力、居民收入压力、职业分化压力三个层面分析，指标涵盖了宏观层面的城市化率、GDP 年增长率，中观层面的物业费、购房单价，以及微观层面的居民收入、拥有汽车、职业分化、职住分离等情况。状态方面主要是从居住满意状态、邻里交往状态、居住环境状态等三个层面展开，指标涵盖了物质层面的居住环境状态和精神层面的居住满意状态、邻里交往状态，具体有住房满意程度、社区活动程度、邻里满意程度、邻里熟悉程度、邻里互助程度、社区管理评价、社区治安评价、社区环境评价等 8 个指标。响应方面由于没有显性的政府政策等相关指标，故选取间接的隐性的能反映政府或公众参与相关活动情况的响应指标，即从公共配套、生活服务、环境保护三个层面选取了公共交通配套、医疗服务配套、教育资源配套、生活服务配套、休闲娱乐配套、垃圾分类设施、垃圾分类意愿、垃圾分类行动等反映响应情况的具体指标。

7.1.2.2 评价体系构建

本章从居住空间分异效应评价的 PSR 理论分析框架出发，在借鉴相关研究成果的基础上[346-351]，根据研究区特点和数据的可获得性，遵循指标选取的科学性、全面性、系统性等原则[352-353]，从压力、状态、响应 3 个方面 9 个层次共选取了 24 个指标[354-3655]，构建了居住空间分异效应 PSR 评价指标体系，详见表 7-1。

表 7-1　　　　　　　居住空间分异效应 PSR 评价指标体系

准则层	因素层	指标层	代码	指标描述	指标衡量
压力 (pressure)	社会经济压力	城市化率	Z1	反映城市的社会发展水平	非农业人口/总人口
		GDP 年增长率	Z2	反映城市的经济发展水平	当年 GDP/前一年 GDP - 1
		物业费	Z3	反映着小区的生活成本	物业每月收取的费用
	居民收入压力	居民收入情况	Z4	反映小区内居民的经济水平	小区内居民的月收入水平
		购房单价情况	Z5	反映居民的支付能力情况	居住房屋的现价估值
		拥有汽车情况	Z6	反映居民的生活水平	五级的汽车价值水平
	职业分化压力	居民职业分化	Z7	反映小区内的居民的职业分化程度	居民职业分类平均数占总分类的比例
		职住分离情况	Z8	反映小区内的居民的职住分离程度	居民的平均职住距离档次
状态 (state)	居住满意状态	住房满意程度	Z9	反映居民对住房条件的满意程度	按李克特五级量表进行量化
		社区活动程度	Z10	反映小区内邻里参加活动的情况	按李克特五级量表进行量化
	邻里交往状态	邻里满意程度	Z11	反映小区邻里关系现状的满意程度	按李克特五级量表进行量化
		邻里熟悉程度	Z12	反映小区邻里关系的熟悉程度	按李克特五级量表进行量化
		邻里互助程度	Z13	反映小区邻里之间的互助程度	按李克特五级量表进行量化
	居住环境状态	社区管理评价	Z14	反映社区的管理服务水平	按李克特五级量表进行量化
		社区治安评价	Z15	反映社区的治安管理水平	按李克特五级量表进行量化
		社区环境评价	Z16	反映居民对社区环境的满意度	按李克特五级量表进行量化

准则层	因素层	指标层	代码	指标描述	指标衡量
响应 （response）	公共配套响应	公共交通配套	Z17	反映小区的公共交通配套情况	小区 500 米内经过的公交数量
		医疗服务配套	Z18	反映小区的医疗服务配套情况	步行 15 分钟范围内是否有综合医院
		教育资源配套	Z19	反映小区的教育资源配套情况	步行 15 分钟范围内是否有中小学
	生活服务响应	生活服务配套	Z20	反映小区的生活服务配套情况	步行 15 分钟范围内是否有大型综合超市
		休闲娱乐配套	Z21	反映小区的休闲娱乐配套情况	步行 15 分钟范围内是否有公共休闲场所
	环境保护响应	垃圾分类设施	Z22	反映的垃圾分类设施情况	是否有垃圾分类设施
		垃圾分类意愿	Z23	反映居民的垃圾分类意愿	是否支持生活垃圾分类工作
		垃圾分类行动	Z24	反映居民对垃圾分类采取的具体行动	居民平时处理垃圾的具体方式

7.1.2.3　评价模型建立

（1）指标数据标准化处理。先对各项指标数据进行标准化处理，以消除指标量纲影响，即无量纲化[356]。指标标准化如下：

$$x'_{ij} = \begin{cases} (x_{ij} - m_i)/(M_i - m_i) & （正效指标） \\ (M_i - x_{ij})/(M_i - m_i) & （负效指标） \end{cases} \quad (7-1)$$

其中，x_{ij}、x'_{ij} 分别为指标实际值和标准化后的值，i 为指标个数，j 为年份，M_i、m_i 分别为第 i 个指标最大值和最小值。标准值主要参考国家、地方相关标准及相关参考文献等[346]。

（2）指标权重确定。主要采用熵值法来确定指标权重[357]。

第一，熵值计算。设 m 为指标个数 n 为被评价对象个数，第 i 个指标的熵值定义为 E_i，则其计算如下：

$$E_i = -k \sum_{j=1}^{n} f_{ij} \ln f_{ij} ; i = 1,2,\cdots,m \quad (7-2)$$

其中，k 为常数，即 $k = \dfrac{1}{\ln n}$；$f_{ij} = \dfrac{x_{ij}}{\sum\limits_{j=1}^{n} x_{ij}}$；当 $f_{ij} = 0$ 时，令 $f_{ij} \ln f_{ij} = 0$。

第二，差异性系数计算。设 e_i 为第 i 个指标的差异性系数，则计算如下：

$$e_i = 1 - E_i ; \quad i = 1,2,\cdots,m \qquad (7-3)$$

第三，指标权重计算。设 w_i 为第 i 个指标的权重，则计算如下：

$$w_i = \frac{e_i}{\sum_{i=1}^{m} e_{ij}} ; \quad i = 1,2,\cdots,m \qquad (7-4)$$

其中，w_i 值应满足 $0 \leqslant w_i \leqslant 1$，$\sum_{i=1}^{m} w_i = 1$。

（3）评价综合指数确定。

根据指标标准化矩阵和权重矩阵（$X_{ij} = \{x'_{ij}\}_{m \times n}$，$W_i = \{w_i\}_m$），采用线性加权法计算居住空间分异效应 PSR 评价综合指数：

$$C = \sum_{i=1}^{m} x'_{ij} w_i \qquad (7-5)$$

其中，C 为居住空间分异效应 PSR 评价综合指数；x'_{ij} 和 w_i 分别为第 i 个指标第 j 年的标准化值和权重值。

（4）评价标准确定。借鉴已有研究[346-355]，在参考国内外相关判断标准的基础上，将居住空间分异效应健康级别分为 5 个等级，见表 7-2。

表 7-2　　　　　　　　居住空间分异健康分级判断标准

综合指数	[0, 0.2)	[0.2, 0.4)	[0.4, 0.6)	[0.6, 0.8)	[0.8, 1.0]
健康级别	病态	不健康	临界状态	亚健康	健康

7.1.3　评价结果与分析

结合前面兰州市主城区居住类型划分情况，将调查问卷中的小区按名校学区房区、高档、中高档、中档、中低档、低档、小产权房区 7 种类型分类，并求取各类型小区指标的平均值，按前述公式计算兰州市主城区居住空间分异效应 PSR 指标值（见表 7-3）。

表 7 - 3 居住空间分异效应 PSR 指标计算结果

准则层	因素层	指标代码	名校学区房区	高档居住区	中高档居住区	中档居住区	中低档居住区	低档居住区	小产权房区
压力	社会经济压力	Z1	0.0210	0.0210	0.0210	0.0210	0.0210	0.0210	0.0210
		Z2	0.0054	0.0054	0.0054	0.0054	0.0054	0.0054	0.0054
		Z3	0.0252	0.0360	0.0312	0.0192	0.0120	0.0060	0.0000
	居民收入压力	Z4	0.0360	0.0222	0.0166	0.0083	0.0055	0.0028	0.0000
		Z5	0.0270	0.0193	0.0154	0.0116	0.0077	0.0039	0.0000
		Z6	0.0150	0.0270	0.0210	0.0150	0.0090	0.0030	0.0000
	职业分化压力	Z7	0.0617	0.0617	0.0720	0.0701	0.0404	0.0236	0.0251
		Z8	0.0382	0.0445	0.0389	0.0480	0.0247	0.0165	0.0152
状态	居住满意状态	Z9	0.0661	0.0960	0.0715	0.0655	0.0406	0.0228	0.0251
		Z10	0.0371	0.0527	0.0640	0.0631	0.0272	0.0218	0.0228
	邻里交往状态	Z11	0.0323	0.0442	0.0477	0.0513	0.0640	0.0517	0.0270
		Z12	0.0339	0.0099	0.0363	0.0365	0.0480	0.0363	0.0213
		Z13	0.0302	0.0117	0.0380	0.0384	0.0467	0.0480	0.0227
	居住环境状态	Z14	0.0263	0.0320	0.0207	0.0213	0.0142	0.0141	0.0168
		Z15	0.0120	0.0160	0.0105	0.0104	0.0108	0.0107	0.0078
		Z16	0.0222	0.0320	0.0209	0.0197	0.0138	0.0133	0.0072
响应	公共配套响应	Z17	0.0331	0.0288	0.0334	0.0360	0.0295	0.0284	0.0092
		Z18	0.0199	0.0240	0.0236	0.0225	0.0173	0.0136	0.0066
		Z19	0.0600	0.0448	0.0428	0.0391	0.0314	0.0273	0.0139
	生活服务响应	Z20	0.0360	0.0299	0.0310	0.0357	0.0230	0.0220	0.0193
		Z21	0.0183	0.0240	0.0203	0.0182	0.0123	0.0118	0.0059
	环境保护响应	Z22	0.0266	0.0360	0.0257	0.0249	0.0242	0.0187	0.0166
		Z23	0.0334	0.0336	0.0360	0.0338	0.0273	0.0268	0.0306
		Z24	0.0449	0.0446	0.0480	0.0409	0.0403	0.0346	0.0370

进一步按照相关公式汇总计算压力、状态、响应各准则层的数值和评价综合指数（见表 7 - 4）。

表 7 - 4 兰州市主城区居住空间分异效应 PSR 评价结果

准则层	名校学区房区	高档居住区	中高档居住区	中档居住区	中低档居住区	低档居住区	小产权房区
压力	0.2294	0.237	0.2215	0.1985	0.1257	0.0821	0.0666
状态	0.2601	0.2944	0.3095	0.3061	0.2653	0.2187	0.1507
响应	0.2722	0.2658	0.2608	0.2512	0.2053	0.1832	0.1391
综合指数	0.7617	0.7972	0.7918	0.7558	0.5963	0.484	0.3564

根据居住空间分异健康分级判断标准,从表 7 – 4 可以看出,7 类居住小区中有 4 类居住小区(名校学区房区、高档居住区、中高档居住区、中档居住区)处于亚健康状态,占比为 57.14%;2 类居住小区(中低档居住区、低档居住区)处于临界状态,占比为 28.57%;1 类居住小区(小产权房区)处于不健康状态,占比为 14.29%。总体而言,兰州市主城区居住空间分异整体上处于亚健康状态。

7.2 基于相关理论的居住空间分异效应评价

7.2.1 评价思路及方法

国内学者主要从正负两个方面来分析城市居住空间分异产生的效应,认为这两个方面的效应既是居住空间分异直接作用的结果,又是推动空间优化重构的重要途径[76]。下面将主要依据社会分层理论、城市经济学等相关理论,运用定性与定量相结合的方法从社会、经济、环境三个方面分析居住空间分异带来的效应。

7.2.2 评价理论分析与考察视角

7.2.1.1 评价理论分析

社会分层理论作为解释社会空间分异或居住空间分异的基础理论,是解释社会隔离或居住分异现象的最有力佐证,已经被社会学家和地理学者广泛认可[324]。法国思想家列斐伏尔和英国地理学家哈维认为,空间是社会关系的产物和社会的力量源泉[325],社会实践要将其存在方式映射在空间中方能实现,社会及其社会实践的存在方式具有空间性,而空间则是社会关系的产物。我国著名社会学家郑杭生认为,社会空间与地理空间有着密切的关系[326]。挤进效应、挤出效应与市场分化效应作为分析城市经济效应的理论方法,常常被运用于城市发展过程中所产生的各种经济效应[357]。西方学者佩蒂格鲁(Pettigrew)提出了针对群际关系改善与群际偏见消除的群际接触理论[358 – 360]。该理论认为,增加群体间的接触程度可以

有效减少群体间的偏见、促进群际关系的改善，特别是增加不同群体间的
接触，可以显著改善群体的对外交往态度[361-364]。研究表明，混合社区在
一定程度上为各群体构建了一个良性接触的环境[365]。具体来讲，混合社
区不仅为群体混合提供了接触与交往的渠道，进而有利于消除对外群体的
负面印象及减少排斥感；而且可以促使各群体之间进行交流互动，从而实
现群体之间的相互接纳与融合[366]。这为接下来城市居住空间分异的效应
评价与分析提供了理论依据。

7.2.1.2　评价视角

社会、经济、环境一般是考察或评价事物的常用视角。社会视角就是
从社会的角度去观察和分析问题[367]。经济视角有广义和狭义之分，狭义
的经济视角指民生，也就是关注百姓生活最基础的事情，如衣食住行
等[368]。广义的经济视角是从关乎人类社会国计民生相关经济活动去分析
事物的发展规律[369]。环境视角中的环境不仅包括自然环境[370]，而且包括
人文环境，即从自然和人文环境的视角去考察或评价事物的发展状况[371]。

7.2.3　评价结果与分析

7.2.3.1　居住空间分异的社会效应

本节以社会分层理论为视角来分析兰州市主城区居住空间分异的社会
效应，以期为居住空间的合理规划和调控提供决策依据。

（1）积极效应。

第一，有利于提高社区服务的针对性。在兰州市居住空间分异调研和
访谈的分析中发现，不同社区的居民具有不同的消费行为和价值特征，居
住在同一社区的居民的消费行为具有相似性。政府可以根据不同类型社区
的居民价值特征和消费行为采取差异化的社区管理或服务策略，这样可以
提高社区居民的认同感、归属感，也有利于提高社区服务的针对性。因
此，适度的居住分异可以使同一社区内的居民具有基本相似的人际关系、
行为特征等，有利于提高社区服务的针对性。

第二，有利于形成群体之间的激励效应。在兰州市居住空间分异调研
和访谈中发现，企业往往对内部员工进行福利分配时，以专业知识丰富程

度、文化学历程度、业务能力等为衡量标准。这在一定程度上对优秀人士具有激励作用，当然对低学历、低技能的人士具有排斥作用。在现实生活中，城市居民更愿意与高档居住区相邻，向优秀人士靠近并通过自身的对比来提高文化水平和专业素养。因此，适度的差异或分异可以使群体之间形成激励效应，以带动整体素质的提升。

第三，有利于满足差异化的需求而提高生活质量。由职业类型、收入水平、家庭结构等不同而导致居民的居住需求等也不尽相同[324]。在对兰州市居住空间分异的调研和访谈中我们发现，高收入阶层追求良好的居住环境、高尚的生活方式，通常会选择居住在城市中心区的高档小区或者别墅区。低收入阶层因经济原因只能居住在远离市区的地段。这样就形成了同一类型居住小区居民的价值观念、生活习惯和消费行为等方面具有相似性。适度的居住空间分异可以减少不同类型居住小区居民因在生活方式、社会交往等方面不同而引起的冲突，也有利于满足差异化的需求而提高生活质量。

第四，有利于形成共同的社会价值观。在兰州市居住空间分异的调研和访谈中我们发现，同质群体的群居，在一定程度上有利于该群体内部的认同和交流，促进社会交往行为，有利于形成共同的社会价值观。经过具体分析发现，社会空间分异特别是居住空间分异，是社会主义市场经济体制发展的产物，它结合了社会主义分配制度按照多劳多得的原则，有利于促进和激发个体创造社会价值。

（2）消极效应。

第一，形成社会心理落差，加剧社会隔离程度。住宅阶级理论认为，人人都希望有好的居住条件，但是居住资源是有限的，因而各个社会阶层会依据自身所拥有的社会资源去争取好的居住条件[324]。在兰州市主城区居住空间的调研中我们发现，不同类型的居民在居住条件和生活方式等方面会形成阶层之间的交流困难，也会导致群体之间的心理落差，从而造成不同收入水平、文化差异的居民居住分异与社会隔离。

第二，导致资源分配不均，损害社会福利水平。居住空间分异的重要表现之一是居住空间所拥有的各种条件不同。这种因素也会反向哺育相应的居住空间——本身拥有社会资源较好的居住区域，政府政策也会在一定程度上优先倾斜，予以各种资源的补助[327]。例如，在兰州市主城区居住空间的调研中我们发现，公交车路线的制定会优先考虑区位好的小区，公共基础设施、医疗卫生、教育条件等也会更加向这些区域倾斜。因此，居住空间分异会在一定程度上导致资源分配不均，损害社会福利水平。

第三，侵占公共空间利益，影响社会稳定和谐。一般来讲，公共空间可以为公民提供娱乐、休憩、交流等场所[324]。在兰州市主城区居住空间的调研中我们发现，一些拥有公共优质资源的居住社区一般为政府部门及事业单位的家属院；而低档居住小区或城中村居住区的配套设施较为落后，甚至无相关配套设施。同时，在城市开发建设中高档居住小区拥有较好的配套设施，与低档居住小区或老旧小区形成了鲜明的对比。

第四，排斥社会弱势群体，扩大社会阶层分化。城市富有阶层通过对资源的控制和垄断排斥弱势群体[126]。在兰州市主城区居住空间的调研中我们发现，不同群体的排斥具体表现在社会关系、文化水平等方面。经济困顿、社交弱化、就业信息贫乏的弱势群体在被边缘化的同时，与富有阶层的差异会越来越大。这种社会阶层差异的扩大主要表现在地理上凸显的居住空间分异是社会阶层地位差异的体现。这种差异，造成了社会资源的分配不均。资源分配的不公正会使不同群体所能直接和间接得到的经济收入差异扩大。可以说，社会分层越来越复杂化是直接决定个体社会地位的重要因素，因而兰州居住空间的分异在一定程度上扩大了社会阶层的差距。

第五，产生系列社会问题，影响城市持续发展。在住房商品化的条件下，随着城市社会阶层的分化，出现阶层在空间上的聚集和隔离是不可避免的，会产生一系列的社会问题，进而影响城市的可持续发展。在兰州市主城区居住空间的调研中我们发现，中高档商品房小区周边的公共资源较为丰富，而单位制小区周边的公共资源相对较差，城中村周边的公共资源较为匮乏。这种社会资源空间分配的不均衡，往往在城市空间和社会空间上产生"马太效应"和"孤岛效应"[327]。这样就使得低收入阶层逐渐远离主流社会，造成阶层对立和贫困固化，进而影响城市的可持续发展。

综上所述，从城市社会学角度来看城市居住空间分异毫无疑问是一系列城市社会病和社会矛盾的源头。城市的良性运行和健康发展不仅需要社会空间的融合包容，更需要居住空间的开放共享。改善城市居住空间最重要的是推动居住空间由封闭式向开放式转变[357]。2019 年 12 月，中央召开的城市工作会议中指出，今后我国城市需要逐步推进由当前的封闭式小区向未来的开放式小区建设的转变。这是当前解决兰州市社会空间分异格局造成的一系列城市问题的一大政策支撑，也是推动城市居住空间向和谐融合方向发展的重要依据。当前，推动兰州市城市居住空间由封闭式结构向开放式结构转变，需要打破小区与小区间的界限、小区与其他社会空间的界限，倡导多元化的居住人口结构，有效促进社会不同阶层之间的交流，促进同质群体对于异质群体的认同，形成良性的社会互动氛围，促进资源的流通与共享，从而改善城市社会空间，特别是居住空间分异现象。

7.2.3.2 居住空间分异的经济效应

本节将根据经济学相关理论，借鉴相关研究成果，在结合兰州实际情况的基础上，分析和揭示居住空间分异带来的经济效应。

（1）基于城市经济学视角，从市场、土地、房地产经济等几个方面，运用挤进效应、挤出效应和市场分化效应对居住空间分异进行深入剖析，以揭示居住空间分异带来的经济效应。

从劳动力市场区位来看，低收入、弱势群体多数工作机会少且群居于城中村或低档居住小区，在市场竞争中很容易被挤出；而富裕阶层则拥有更多的选择机会，在市场竞争中处于强势地位。从土地区位来看，高收入群体往往占据着较好的交通条件、就业机会、教育设施，居住在城市中心地带；而低收入群体则相对缺乏就业机会和条件，一般处于各种配套设施落后的城市边缘，居住在低档小区或城中村。另外，商品房用地挤压保障房用地的现象较为普遍，使得保障房往往被规划或建设在区位条件较差的城市边缘区域。从住房标准来看，住宅建设标准、空间分布格局等在迎合不同居民需求的同时，与其收入水平形成了对应的固定关系[334]。近年来，兰州市主城区高收入群体从老旧小区向中高档新建商品房小区置换。这些小区一般选择在交通条件便利、基础设施完善的地段，是城市中环境优美、人车分流的封闭式智能小区。从交通条件来看，交通线路、交通工具和车站设备状况常被用来反映交通条件。在调研中我们发现，城市中心或公共交通站点附近住宅小区的交通条件要优于其他区域，成为居住小区布局的引力中心，往往对低收入阶层具有挤出效应。从基础设施条件来看，高档社区周边通常都配套较好的公共服务，但需要支付较高的服务成本，因此，这些区域成为高收入阶层的引力中心，而对低收入阶层具有挤出效应。从周边环境条件来看，在兰州市主城区环境条件好的区域已经形成或在近期内正在形成大规模居住区，是居住倾向的引力中心；而工业区环境条件相对较差，是居住倾向的斥力中心，具有挤出效应。

（2）除从城市经济学角度分析外，还可以从宏观的城市经济社会发展来分析居住空间分异带来的经济效应。

第一，有助于提高土地利用价值。市场经济条件下，城市管理者为了城市土地的科学合理利用，将城市土地划分为不同级别的区域并赋予不同的价格，房地产开发商为了获取高额利润，根据市场要求在不同地段开发建设不同类型和档次的居住小区，从而造成了城市居住空间分异现象，而这种居住空间分异有利于城市土地的合理利用，提高城市土地的利用效率[327]。根据 2020 年兰州市城市基准地价，主城区住宅用地土地分为 8 个级别[328]，其中，Ⅰ级地为中心城区城关区的核心区，Ⅱ级地处于Ⅰ级地的外围，呈"圈层＋扇形"的分布状态，为城关区的雁滩东岗等片区和部分九洲片区、黄河南岸的七里河区兰州西客站和兰石豪布斯卡片区、安宁区宝石花路—建宁东路—学府路—安宁西路—长新路等围合的片区，Ⅲ级地覆盖范围相对较广，大部分处于Ⅱ级地的外围，在城关、七里河、安宁、西固四区均有分布（见图 7 - 2）。这样，在城市的不同区位划分不同级别的土地价格，并配置不同价格的住房，虽然形成了居住空间的价格分异，但在一定程度上也有助于提高土地的利用价值。

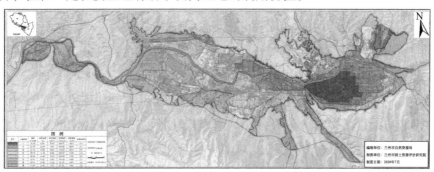

图 7 - 2　兰州市城市住宅用地土地级别及基准地价

第二，有助于提高土地资源配置效率。《2010 年兰州市城乡建设统计年鉴》显示，兰州市实有住宅建筑面积为 5822.74 万平方米，人均住宅建筑面积为 29.23 平方米，城关区人均住宅建筑面积为 20.44 平方米，七里河区人均住宅建筑面积为 16.30 平方米，西固区人均住宅建筑面积为 30.45 平方米，安宁区人均住宅建筑面积为 31.23 平方米。《2020 年兰州市城乡建设统计年鉴》显示，兰州市人均住宅建筑面积为 34.31 平方米，城关区人均住宅建筑面积为 19.27 平方米，七里河区人均住宅建筑面积为 20.31 平方米，西固区人均住宅建筑面积为 20.58 平方米，安宁区人均住宅建筑面积为 36.42 平方米。以上数据表明，随着社会经济的发展，兰州市主城区住宅建筑面积不断增加，人均住房面积有所改善，但不同辖区内的人均住房面积增减不一致，这也反映出主城四区的居住分异不同。2000～2020 年，兰州市保障性住房累计竣工面积达 1875089 平方米，占竣工住宅面积的 15.47%，且以经济适用房为主[88]。总之，不同档次和类型的住房在满足不同阶层居住需求的同时，也促进了土地资源配置效率的提升。

7.2.3.3 居住空间分异的环境效应

在经济社会快速发展和城市用地不断拓展的过程中，居住空间分异除了会产生社会、经济效应外，还会带来环境效应。

第一，形成灰色景观地带，影响城市市容市貌。在城市化过程中，中高档小区大多位于自然人文环境较好区域，其配套设施齐全、交通条件便利，而老旧小区或城中村一般垃圾、污水处理设施不健全，尤其在中高档商品房与城中村交接的地带容易形成灰色景观地带。从不同类型小区对社区环境满意度来看，高档居住区社区环境质量满意度达 95% 以上（见图 7-3），其次为中高档居住区、名校学区房区、中档居住区，其社区环境质量满意度都达到了 90% 以上，而小产权房区、低档居住区的社区环境质量满意度最低，均在 60% 以下。这些地域极易形成城市的灰色景观地带，影响城市的市容市貌，从而对文明城市的评选造成负面影响。

第二，导致环境短板效应，阻碍城市形象提升。兰州市在城市发展过程中形成了一些城中村，如城关区的滩尖子、大雁滩、张苏滩、小雁滩、

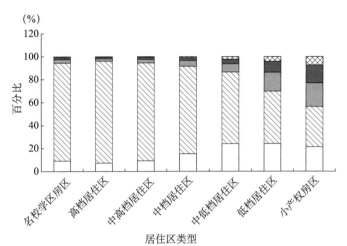

图 7-3 社区环境质量

均家滩、北面滩、宋家滩、刘家滩、南面滩、骆驼滩、高滩等住宅区，七里河区土门墩街道的马滩，晏家坪街道晏家坪村住宅区，安宁区孔家崖街道的王家庄村、水挂庄村，十里店街道的和平村、保安堡村等，银滩路街道的葛家巷道村、乱庄村、宝兴庄村等，刘家堡街道的刘家堡村、崔家庄村等住宅区，西固区陈坪街道的东湾村深沟堡、陈官营村等住宅区。另外，小产权房区的建筑由开发商和社区居委会合作开发的框架结构的没有取得不动产登记证的房屋，以及由居民自建的以砖混结构或框架结构的低层建筑为主，建筑面积和使用面积较小、设施单调陈旧，绿化水平差、物业管理差，甚至某些小区出现了污水横流、垃圾遍地等衰败迹象。这些区域如果得不到尽快整治，容易导致环境短板效应，阻碍城市整体形象的提升。

7.3 基于微观社区调研的居住空间分异效应评价

相关研究表明，居住空间分异引致城市社会阶层关系裂变分化，打破了传统社会空间相对封闭和稳定的状态，进而影响了社区居住满意度、社区交往和社区融合等[259]。本节将从微观的社区居住、社区交往和社区融合三个层面构建居住空间分异的效应评价指标体系，通过问卷调查数据和深入访谈资料，以不同类型居住社区为研究单元，重点从居民主体的心理感受出发，评价兰州市主城区居住空间分异的效应，从而分析城市居住空间的分异效应。这样，不仅为降低城市居住空间隔离或空间极化现象提供了决策依据，也为打造公平、包容、多元、多彩、和谐的高品质生活居住小区提供了重要参考，有利于促进兰州市主城区居住空间健康、协调和可持续发展。

7.3.1 样本数据与分析框架

7.3.1.1 样本基本情况

本节主要利用问卷调查数据和深入访谈资料来研究 2020 年兰州市主城区的居住空间分异情况。2020 年 10 月至 2021 年 6 月，通过现场问卷调查和网络问卷调查，共收回问卷 3112 份，剔除填写不完整、错误问卷后，得到 2911 份问卷，问卷总体有效率为 93.54%，效果较好。调查样本基本涵盖了不同年龄结构、民族状况、政治面貌、家庭结构、文化程度、住房状况、职业状况、收入水平等的居民（见表 7-5）。根据问卷统计结果，被调查对象性别相差不大（男性占 47.85%），年龄以青年（46.41%）和中年（36.28%）为主；民族状况中汉族占大多数（94.95%），但回族等少数民族也占有一定比例；政治面貌中群众占 1/2 以上（57.92%）、党员（包括预备）也占 1/3 以上（36.31%）；家庭结构偏向于三口（37.96%）、四口（22.84%）之家的小家庭，三代同住的占了 19.48%；文化程度中各个学历阶段的居民均占一定比例且大学学历占到了 30.78%；户口状况以本地户口为主（87.50%），住房性质以购买商品房（61.80%）和租赁其他住房（9.58%）为主，住房面积主要集中在 100 平方米左右；住房购买单价以 11000~13000 元/平方米为主（33.08%）；职业状况以国家机关、党群、企事业单位人员为主（36.07%），商业服务业人员也占了相当比例（21.16%）；被调查对象中月收入在 4001~6000 元的占了 1/3 左右（31.05%），无收入和低收入（收入在 2000 元以下）的占了 11% 左右，高收入（收入在 10000 元以上）的占比接近 10%。

表 7 - 5　　　　　　　　　　　**样本基本情况**

项目	指标变量	比例（%）	项目	指标变量	比例（%）
性别构成	男	47.85	住房面积	50 平方米以下	8.86
	女	52.15		50 ~ 69 平方米	9.14
年龄结构	18 岁以下	0.72		70 ~ 89 平方米	17.31
	18 ~ 30 岁	46.41		90 ~ 109 平方米	34.87
	31 ~ 59 岁	36.28		110 ~ 129 平方米	16.11
	60 岁以上	16.59		130 ~ 149 平方米	6.73
民族状况	汉族	94.95		150 ~ 199 平方米	3.85
	回族	3.37		200 ~ 299 平方米	1.20
	东乡族	0.76		300 ~ 500 平方米	0.76
	藏族	0.24		500 平方米以上	0.34
	其他	0.69		其他	0.48
政治面貌	党员（包括预备）	36.31	住房单价	3000 ~ 5000 元/平方米	0.21
	民主党派	0.48		5000 ~ 7000 元/平方米	0.31
	团员	5.29		7000 ~ 9000 元/平方米	4.77
	群众	57.92		9000 ~ 11000 元/平方米	19.34
家庭结构	单身	7.21		11000 ~ 13000 元/平方米	33.08
	两口人	12.50		13000 ~ 15000 元/平方米	21.02
	三口人	37.96		15000 ~ 17000 元/平方米	9.93
	四口人	22.84		17000 ~ 19000 元/平方米	4.88
	五口人及以上	19.48		19000 ~ 21000 元/平方米	4.29
文化程度	未上过学	0.96		21000 ~ 23000 元/平方米	1.44
	小学	4.33		23000 ~ 25000 元/平方米	0.48
	初中	14.15		25000 元/平方米以上	0.24
	普通高中	14.91	职业状况	国家机关、党群、企事业单位人员	36.07
	中职	3.61		专业技术人员	19.00
	大学专科	11.78		办事人员和有关人员	5.05
	大学本科	30.78		商业服务业人员	21.16
	研究生及以上	19.48		农、林、牧、渔、水利业生产人员	1.44
户口状况	本地户口	87.50		生产、运输设备操作及有关人员	1.92
	外地户口	12.50		其他	15.36
住房性质	租赁廉租房、公租房	2.65	月收入	无收入	5.77
	租赁其他住房	9.58		1 ~ 2000 元	5.26
	自建住房	2.40		2001 ~ 4000 元	23.29
	购买新建商品房	46.65		4001 ~ 6000 元	31.05
	购买二手房	15.15		6001 ~ 8000 元	16.83
	购买经济适用房	3.61		8001 ~ 10000 元	8.93
	买原公有住房	7.45		10000 元以上	8.86
	单位分房（福利房）	3.85			
	其他	8.66			

7.3.1.2 评价分析框架

首先，在借鉴相关成果[297-300]的基础上，通过建立城市不同类型居住小区的居住空间分异效应的分析框架（见图7-4），对主城区居住空间分异效应进行系统分析。

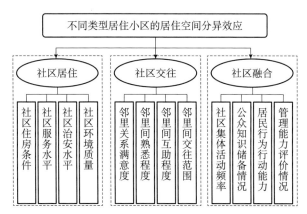

图7-4 不同类型居住小区的居住空间分异效应分析框架

其次，遵循全面性、科学性、可比性、可采集性的原则[301]，从微观的社区居住、社区交往和社区融合三个层面构建居住空间分异效应的指标体系（见表7-6），为定量分析做好准备。

表7-6 居住空间分异效应指标体系

准则层	指标层	指标描述
社区居住	住房条件满意度	从住房条件来反映社区分异下的居民居住满意度
	社区服务水平	从社区服务来反映社区分异下的服务水平的差异
	社区治安水平	从治安水平来反映社区分异下的治安水平的差异
	社区环境质量	从环境评价来反映社区分异下的社区环境的差异
社区交往	邻里关系满意度	从邻里关系满意度来反映社区分异下的邻里关系亲疏的差异
	邻里间熟悉程度	从邻里间熟悉程度来反映社区分异下的邻里间熟识程度的差异
	邻里间互助程度	从邻里间互助程度来反映社区分异下的邻里间互助情况的差异
	邻里间交往范围	从邻里间交往户数来反映社区分异下的邻里间交往范围的差异

续表

准则层	指标层	指标描述
社区融合	社区集体活动频率	从社区集体活动频率来反映社区分异下的居民集体活动的差异情况
	公众知识储备情况	从垃圾分类知识的了解程度来反映社区分异下的公众知识储备情况
	居民行为行动能力	从居民平时处理垃圾的方式来反映社区分异下的居民行为行动能力
	管理能力评价情况	从垃圾处理满意度来反映社区分异下的管理能力的差异情况

最后，通过问卷调查数据和深入访谈资料，以不同类型居住社区为研究单元来分析城市居住空间分异的效应。

7.3.2　评价体系构建与分析方法

7.3.2.1　评价指标选取

根据前面的居住空间分异效应分析框架和指标体系，下面将主要从微观的社区居住、社区交往和社区融合三个层面分别选取评价指标。

社区居住层面主要从居住满意度来分析不同社区的居住空间分异效应。居住满意度是居民通过对实际居住环境和期望居住环境的权衡对比给出的心理评价，主要从住房条件满意度、社区服务水平、社区治安水平、社区环境质量 4 个方面展开评价。

社区交往层面主要从邻居之间的交往程度来分析不同社区的居住空间分异效应。邻里交往程度是社区居民之间交往满意程度、熟悉程度、互助程度和交往范围等的集体表现，主要从邻里关系满意度、邻里间熟悉程度、邻里间互助程度、邻里间交往范围 4 个方面展开评价。

社区融合层面主要从社区融合状况来分析不同社区的居住空间分异效应。社区融合状况主要通过社区集体活动的组织开展频率、社区居民知识储备及参与相关活动、社区居民对公共配套或卫生的满意程度等方面来体现，主要从社区集体活动频率、公众知识储备情况、居民行为行动能力、管理能力评价情况 4 个方面展开评价。

7.3.2.2 评价体系构建

首先，根据居住空间分异效应分析框架及指标体系，结合社区居住层面的相关指标构建评价指标体系见表 7 - 7。

表 7 - 7 兰州市主城区居住空间社区居住满意度评价体系

指标	变量	研究单元（不同类型居住区）得分（%）
住房条件满意度	非常满意	选项占比百分数
	满意	选项占比百分数
	一般	选项占比百分数
	不满意	选项占比百分数
	很不满意	选项占比百分数
社区服务水平	非常满意	选项占比百分数
	满意	选项占比百分数
	一般	选项占比百分数
	不满意	选项占比百分数
	很不满意	选项占比百分数
社区治安水平	非常满意	选项占比百分数
	满意	选项占比百分数
	一般	选项占比百分数
	不满意	选项占比百分数
	很不满意	选项占比百分数
社区环境质量	非常满意	选项占比百分数
	满意	选项占比百分数
	一般	选项占比百分数
	不满意	选项占比百分数
	很不满意	选项占比百分数

其次，根据居住空间分异效应分析框架及指标体系，结合社区交往层面的相关指标构建评价指标体系见表 7 - 8。

表 7 - 8 兰州市主城区居住空间社区交往评价体系

指标	变量	研究单元（不同类型居住区）得分（%）
邻里关系满意度	非常满意	选项占比百分数
	满意	选项占比百分数
	一般	选项占比百分数
	不满意	选项占比百分数
	很不满意	选项占比百分数

续表

指标	变量	研究单元（不同类型居住区）得分（%）
邻里间熟悉程度	非常熟悉	选项占比百分数
	比较熟悉	选项占比百分数
	一般	选项占比百分数
	不太熟悉	选项占比百分数
	很不熟悉	选项占比百分数
邻里间互助程度	总是	选项占比百分数
	大多数	选项占比百分数
	一般	选项占比百分数
	偶尔	选项占比百分数
	根本不	选项占比百分数
邻里间交往范围	5户以下	选项占比百分数
	6~10户	选项占比百分数
	11~15户	选项占比百分数
	16~20户	选项占比百分数
	20户以上	选项占比百分数

最后，根据居住空间分异效应分析框架及指标体系，结合社区融合层面的相关指标构建评价指标体系见表7-9。

表7-9　　兰州市主城区居住空间社区融合评价体系

指标	变量	研究单元（不同类型居住区）得分（%）
社区集体活动频率	总是	选项占比百分数
	大多数	选项占比百分数
	一般	选项占比百分数
	偶尔	选项占比百分数
	根本不	选项占比百分数
公众知识储备情况	不了解	选项占比百分数
	较少了解	选项占比百分数
	基本了解	选项占比百分数
	非常了解	选项占比百分数
居民行为行动能力	基本没有分类	选项占比百分数
	仅把可卖的分类	选项占比百分数
	简单分类	选项占比百分数
	几乎全分类	选项占比百分数

指标	变量	研究单元（不同类型居住区）得分（%）
管理能力评价程度	非常满意	选项占比百分数
	满意	选项占比百分数
	一般	选项占比百分数
	不满意	选项占比百分数
	很不满意	选项占比百分数

7.3.3 评价结果与分析

首先运用 SPSS 软件中的信度检测（scale）检验问卷是否合理。结果显示，信度检测值为 0.865，大于 0.7，通过了信度检验。

7.3.3.1 社区居住满意度分析

（1）住房条件满意度分析。通过对不同类型居住小区居民的住房条件满意度分析可以在一定程度上反映居住空间分异的效应。通过调查问卷统计分析得出，兰州市主城区居住空间中，高档居住区的住房条件满意度最高，达80%以上（见图7-5），其次为中高档居住区、名校学区房区、中档居住区、中低档居住区，住房条件满意度都达到了50%以上，低档居住区、小产权房区的住房条件满意度较低，在50%以下，表明由住房条件带来的居民居住舒适感因小区

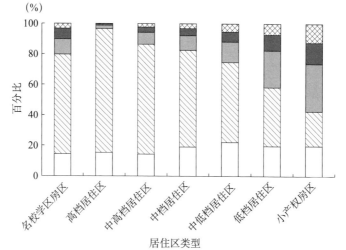

图 7 - 5 住房条件满意度

的档次而异，也从侧面反映了宜居水平与收入水平成正相关关系。

　　受访者A：郭某，男，63岁，退休工人，家住安宁区铝厂家属院，他在访谈中指出："我们小区的房子是单位分配的，住的大多都是一个单位的工人，刚分配给我们那会，大家都感觉住房条件挺好的。但是，现在几十年过去了，小区也老化了。这些年，有些人将房子卖给了其他人或租给了其他人，小区里的陌生人越来越多了，居住条件也越来越差了……"

　　（2）社区服务水平分析。社区服务区别于市场的服务活动，具有福利性、公益性等特点。社区服务水平不仅影响着居民的生活质量，也反映着居民的居住满意度。通过调查问卷统计分析可知，兰州市主城区居住空间中，除小产权房及城中村外，其余类型的社区服务水平满意度均在60%以上（见图7-6），且随着居住类型区档次的提高，其社区服务水平也在显著提升。尤其以高档居住区、名校学区房区等居住区最为典型，其档次的高低、物业收费水平的高低直接与社区服务水平呈正相关；而低档居住区和小产权房的居住群体一般为低收入阶层、下岗工人、失地农民、流动人口等，社区服务相对而言难度大、水平低、效果差。这种对社区服务水平的认同也从侧面反映了居民对社区产生的归属感。

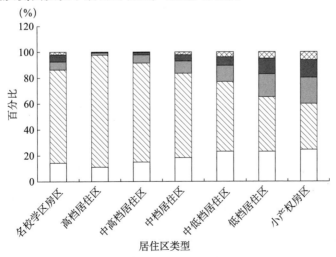

图7-6 社区服务水平

受访者 B：王某，女，36 岁，事业单位工作人员，家住城关区欣欣茗园小区，她在访谈中说道："我们是结婚时买房到该小区的。该小区是人车分流的封闭式高档小区，小区门口有保安，小区里面经常也有保安巡逻。当时考虑到今后小孩有一个安全的成长环境才决定买这个小区的房子的。小区物业服务态度挺好，我们都很满意……"

（3）社区治安水平分析。社区治安水平间接反映了社区自治组织的能力和水平，且因所在辖区的总体水平和小区档次而异。通过调查问卷统计分析可知，兰州市主城区居住空间中，社区治安水平近年来总体上呈现不断上升的趋势，但因区域和居住区类型不同而异。就 7 种典型的居住类型区而言，高档居住区、名校学区房区的社区治安水平满意度最高，达 95%以上（见图 7 - 7）；其次为中高档居住区、中档居住区，其社区治安水平满意度都达到了 90% 以上；小产权房区的住房条件满意度最低，但也在60% 以上，表明兰州市主城区居住空间的社区治安水平总体较高，且档次越好的居住小区其治安水平也越高。居民对社区治安水平的肯定也间接反映了其对社区居住的满意度。

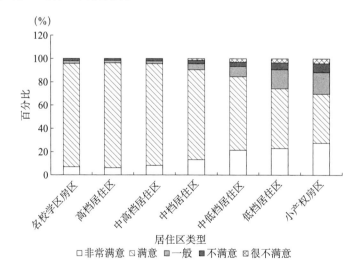

图 7 - 7　社区治安水平

受访者 C：马某，男，65 岁，退休工人，家住七里河区兰州轴承厂家属院，他在访谈中说道："我们这个小区是原先单位分的福利房，属于兰州轴承厂。以前小区里住的都是一个单位的同事，社区的治安也挺好的。前些年有部分房子租给了外人，有了一些陌生人，发生过一些偷盗事件。但是这两年再没听说过这种事，总体上治安还好吧……"

（4）社区环境质量分析。社区环境质量状况是社区居民生活品质的基础和保障，其与居民的幸福感、获得感等关系密切。通过调查问卷统计分析可知，兰州市主城区居住空间中，社区环境质量状况最好的仍然是高档居住区，其社区环境质量满意度达95%以上（见图7-8）；其次为中高档居住区、名校学区房区、中档居住区，其社区环境质量满意度都达到了90%以上；小产权房区的社区环境质量满意度最低，在60%以下，表明兰州市主城区的居住空间中，高档、中高档、名校学区、中档居住区的社区环境质量较受居民好评，而小产权房、城中村的社区环境质量不被居民所赞许，需要进一步加强和改进低档居住区、小产权房和城中村的社区环境质量。

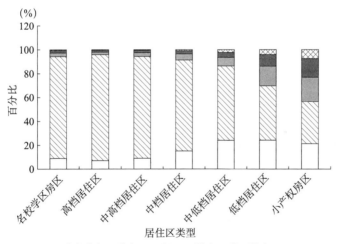

图 7-8 社区环境质量

受访者 D：赵某，男，37岁，事业单位工作人员，家住城关区北方苑家属院，他在访谈中介绍道："我们这个小区属于老小区了，小区三面都是住宅楼，只有西面靠的是省第三人民医院。小区就是这么一个院子，以前院子里到了夏天还会开各种花，现在随着家庭小汽车的增多，停车位都紧张，道路、草坪、绿化带都被占用了，小区的环境也越来越差了，根本没法和现在的那些封闭小区相比⋯⋯"

7.3.3.2 社区交往分析

（1）邻里关系满意度分析。邻里关系满意度体现了小区居民对邻里关系的主观印象。通过调查问卷统计分析可知，兰州市主城区居住空间中，邻里关系总体满意度在50%左右（见图7-9），小产权房区、低档居住区、中低档居住区等居住区邻里满意度相对较高，这与居住在其中的人群有直接的关系。调研访谈表明，居住在小产权房内的居民一般为拆迁群众，大家相互之间较为熟悉，基本为原本一个村（社）的老"土著"；居住在低档小区或中低档小区的居民大多数为原企业或事业单位的同事，是具有类似"单位大院"性质的社会群体，因此，大家对邻里间的关系评价相对较为满意。高档居住区、名校学区房区、中高档居住区等居住小区的邻里关系满意度都在50%左右，这是因为这些小区居民虽然不是同一单位或相同村社的"土著"，但是他们对邻里关系并没有较高的要求，因此，邻里关系的满意度评价也相对较好。这些都在居民的访谈中有所体现。

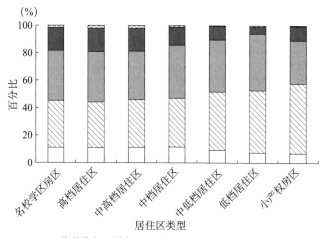

图7-9 邻里关系满意度

受访者E：刘某，男，62岁，退休工人，家住西固区兰州石化家属院，他在访谈中指出："以前我们小区住的都是一个单位的，房子是单位分配的，大家对邻里之间的关系都比较满意。这些年，有些人将房子卖给了其他人，全家搬走了，小区里的陌生人越来越多了，原先认识的人也越来越少了……"

　　受访者F：赵某，男，68岁，退休干部，家住雁滩鸿运润园，他在访谈中强调："我们这个小区属于兰州的高档小区，小区里大多是领导干部、商业精英。我和我老伴每人各有一套别墅，这都是我们年轻时奋斗的成果。说到邻里间的关系，我们在小区中认识的人少，但大家素质都很高，经常见面的人见了会微笑或问好，相互之间也没有什么利益关系，因此，我们觉得小区的邻里关系比较好……"

　　（2）邻里间熟悉程度分析。邻里间熟悉程度是社区邻里之间交往的前提和基础。通过调查问卷统计分析可知，兰州市主城区居住空间中，邻里间熟悉程度评价最好的是小产权房区、低档居住区、中低档居住区，其熟悉程度均达70%以上（见图7-10）；而高档居住区的熟悉程度最低，不到40%，其"一般""不满意"占到了一半以上。这反映出，高档小区、中高档小区入住的居民大多数是从事不同职业且互不相识的社会群体，本来就缺乏社会交集，再加上大部分居民白天忙于上班，晚上回家即吃饭或休息，相互之间没有交往的时间和空间。小产权房区、低档居住区由于其大部分住户为原本一个村社或一个单位的熟人，邻里间熟悉程度也相对较高。这也在具体的访谈中得到了印证。

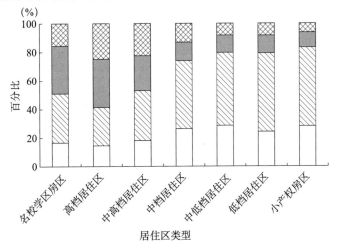

图7-10　邻里间熟悉程度

受访者 G：刘某，女，32 岁，商业服务业人员，家住城关区东岗欣欣嘉园，她在访谈中说："我们家小孩就在附近的幼儿园上学，小区里认识的大多数（居民）也是孩子的家长。由于这是个高档新小区，楼上楼下的邻居也是经常电梯里见面认识的，相互之间也不是很熟，只是见面打声招呼而已，相比而言，像单位家属院那样的小区里面的人相互之间可能熟悉的会多一些吧……"

（3）邻里间互助程度分析。邻里间互助程度是社区居民社会交往程度的深层次体现。通过调查问卷统计分析可知，兰州市主城区居住空间中，邻里间互助程度最好的居住区类型是小产权房区、低档居住区等，其互助程度达 70% 以上（见图 7 - 11）；而高档居住区邻里间互助程度最低，不到 40%。这反映出，越是小产权房区、低档居住区或老旧小区，其邻里间关系密切、互助程度也高；相反，越是高档的小区，其邻里间关系淡薄、缺乏交流与来往，其互助程度也相对较低。这些问卷分析的结果也在居民访谈的言语之间得到了印证。

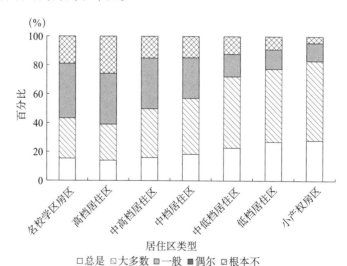

图 7 - 11　邻里间互助程度

受访者 H：王某，女，58 岁，退休工人，家住西固区兰炼东苑小区家属院，她在访谈中介绍："我们小区是单位分的房子，以前小区里住的都是一个单位的，大家相互之间较为熟悉，谁家里要是有什么事，大家都会相互帮助；平时闲来无事，大家会坐一起聊天打牌……"

　　受访者 I：李某，男，35 岁，公务员，家住安宁区刘家堡的梧桐苑，他在访谈中说道："我们这个小区住的人比较杂，有像我这样结婚时买房入住的公职人员、有老家过来帮忙带小孩的老人，还有做生意发财后改善生活买房的生意人，相互之间都不是很熟，所以邻里之间帮忙的事就更少了……"

　　（4）邻里间交往户数分析。邻里间交往户数反映了居住小区邻里之间的交往范围。通过调查问卷统计分析可知，兰州市主城区居住空间中，邻里间交往户数最多的居住区类型是小产权房区、低档居住区，其居民的交往户数在 20 户以上的达 80% 以上（见图 7 – 12）；而高档居住区居民的交往户数在 5 户以下的占了 40% 以上，交往户数在 20 户以上的不到 1%；学区房区居民的交往户数在 6 ~ 10 户的占比在 26% 左右，交往户数在 20 户以上的占比接近 10%；中高档、中档居住区居民的交往户数通常也维持在 10 户左右。相对而言，一些老小区、破旧小区等单位制小区或拆迁改造区、棚户区等低档居住区，邻里间交往户数较多；而一些高档的、中高档的，尤其是最近几年新建的小区，里面大多居住着素不相识的年轻人或来自全国各地的在兰工作人员，其邻里间交往户数一般较少。这也在社区工作人员的访谈中得到了印证。

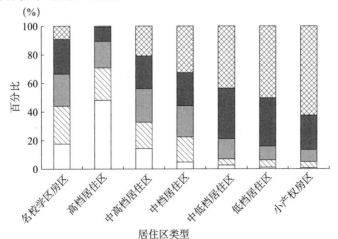

图 7 – 12　邻里间交往户数

受访者 J：高某，女，45 岁，社区工作人员，家住七里河区马滩的恒大帝景，她在访谈中介绍说："现在不少的年轻人白天上班，晚上下班后就关着门，邻里之间根本就不怎么交流。我们在入户走访时部分年轻人都不配合，别说邻居之间敲门串门了……"

7.3.3.3 社区融合分析

（1）社区集体活动频率分析。为了促进居民之间的交流与融合，社区通常会组织一些集体活动，然而居民参与集体活动的频率却因居住区类型和其本身情况而异。通过调查问卷统计分析可知，兰州市主城区居住空间中，居民参与社区集体活动频率最高的居住区类型为小产权房和低档居住类型区，其"总是"和"大多数"参与的居民占比达 30% 以上（见图 7 - 13）；另外，中低档居住区、中档居住区、中高档居住区的居民参与社区集体活动频率也接近 30%；高档居住区居民参与社区集体活动频率最低。这也从侧面反映了低档居住区和小产权房居住类型区居民之间更为熟悉，大家都愿意加入集体活动中相互交流；而高档居住区的居民可能有更高级的社交场所抑或都有自己的交际圈而不愿意参与社区集体活动。这在我们调研中也有所反映。

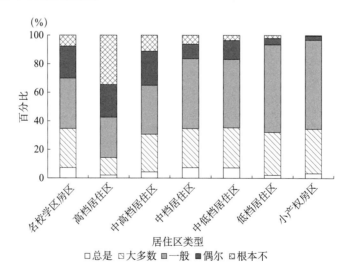

图 7 - 13　社区集体活动频率

受访者 K：马某，男，39 岁，公司高管人员，家住城关区兰亭福地，他在访谈中介绍说："由于公司事务繁忙，平时个人参与的活动几乎都在与业务有关的圈子里，社区的活动都是老大爷、老大妈的事，年轻人哪有闲工夫愿意参与那些事呀？再说，一般像我们这样的人车分流的封闭小区，平时那些小打小闹的活动也不让进来搞，大型活动一年也没见过几场呀……"

（2）公众知识储备情况分析。公众知识储备从侧面反映了一个小区居民的学习能力和文化素养，本书主要用最近几年流行的垃圾分类知识的认知程度来表征居民的知识储备情况。通过调查问卷统计分析可知，兰州市主城区居住空间中，居民对于垃圾分类知识的认知程度中高档居住区、名校学区房区、中高档居住区等居住类型区有70%以上的居民都对垃圾分类知识基本了解（见图7-14）；而小产权房区、低档居住区等居住类型区有近60%的居民都对垃圾分类知识"不了解"或"较少了解"。这不仅反映出居民对于新事物（垃圾分类活动）的了解程度，而且也体现了不同居住类型区居民的学习能力和文化素养。相对于低档居住类型区，高档、中高档和学区房类型区的居民具备了较好的学习能力，且接受新事物的意识相对较强。

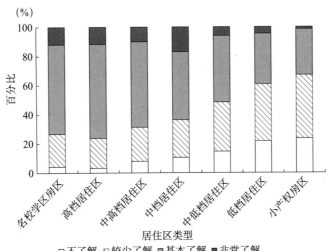

图 7-14　公众知识储备情况

受访者 L：周某，女，48 岁，事业单位工作人员，家住城关区兰州财经大学家属院，她在访谈中介绍道："我国城市生活垃圾分类试点工作已经历时多年，这几年在兰州市也逐渐兴起，高档小区和有高素质居民的小区垃圾分类设施完善、分类工作也相对推进较好，像我们高校家属院小区大家对垃圾分类的知识认知也较好，而在一些老旧小区和城中村推行垃圾分类估计有一定难度，这需要各方的共同努力……"

（3）居民行为行动能力分析。居民行为行动能力是社区一切活动的关键和归宿，本书主要用垃圾分类的实际行动调查来反映居民的行为行动能力。通过调查问卷统计分析可知，兰州市主城区居住空间中，居民采取垃圾分类的行动方式是"基本没有分类"的是小产权房区、低档居住区、中低档居住区等，其比例达到30%以上（见图7-15）；"仅把可卖的分类"的是小产权房区、低档居住区，其比例高达50%以上；"简单分类"的是高档居住区、中高档居住区，其比例高达50%以上。以上结果反映出小产权房区、低档居住区的居民是在利益驱动的情况下才参与垃圾分类的行动，即仅把可卖的分类，将部分垃圾变现；而高档居住区、中高档居住区的居民大多数是简单分类，即真正贯彻了垃圾分类的宗旨。一位接受访谈的居民也提到这样的观点。

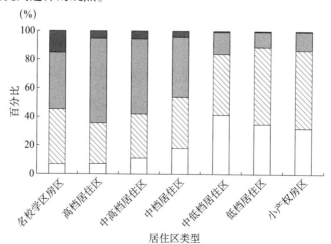

图7-15　居民行为行动能力

受访者 M：陈某，女，41 岁，餐厅服务员，家住安宁区怡园小区，她在访谈中说道："对于垃圾分类，只有学历高、文化水平高的高素质的人才会积极响应国家的号召，咱们普通老百姓能做到的就是把能卖的废纸板子、酒瓶子分类卖了，把剩菜剩饭倒到不同的垃圾桶里就已经不错了……"

（4）管理能力评价情况分析。社区融合不仅需要集体活动、公众参与、居民行动，更需要有一个良好的管理能力。通过调查问卷统计分析可知，兰州市主城区居住空间中，居民对社区管理能力评价最好的是高档居住区、中高档居住区、名校学区房区，其满意度水平达 40% 以上（见图 7－16）；而小产权房区、低档居住区的居民对社区管理能力评价最差，其满意度水平在 20% 左右，"不满意"和"很不满意"的各占 20% 左右。这反映出社区管理能力与社区的档次成正比，越是高档的社区管理能力越好；越是低档的社区其管理能力越差，居民对管理能力就越不满意。这在我们调研中受访者也有所反映。

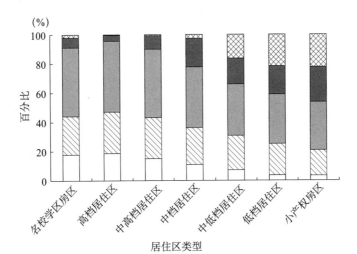

图 7－16　管理能力评价情况

受访者 N：田某，女，43 岁，事业单位工作人员，家住城关区雁滩的国泰嘉园，她在访谈中介绍："小区的管理水平与所在小区的品质和档次相关，像一些高档小区人家的管理水平就是高，各种配套服

务也比较高大上，像老旧小区、城中村等一般就比较脏乱差，这直接
与社区管理水平和居民的素质有关。我们小区算是品质相对好一点的
小区，管理水平我们也算满意吧……"

7.4 本章小结

本章首先借鉴 PSR 理论模型，以系统论的视角将城市居住空间作为社
会—空间统一体系统来考察，不仅从宏观、中观、微观三个方面分析了居
住空间分异在社会、经济、环境等方面的效应，而且着重从居民主体的心
理感受出发评价了兰州市主城区居住空间分异带来的效应。

（1）基于 PSR 模型的居住空间分异效应评价得出结论如下。

兰州市主城区居住空间分异的 7 类居住小区中有 4 类居住小区（名校
学区房区、高档居住区、中高档居住区、中档居住区）处于亚健康状态，
占比为 57.14%；2 类居住小区（中低档居住区、低档居住区）处于临界
状态，占比为 28.57%；1 类居住小区（小产权房区）处于不健康状态，
占比为 14.29%。总体而言，兰州市主城区居住空间分异整体上处于亚健
康状态。

（2）基于相关理论的居住空间分异效应评价得出结论如下。

第一，居住空间分异的社会效应有如下积极效应表现在，居住空间分
异有利于提高社区服务的针对性；有利于形成群体之间的激励效应；有利
于满足差异化的需求而提高生活质量；有利于形成共同的社会价值观。消
极效应表现在，居住空间分异会形成社会心理落差，加剧社会隔离程度；
导致资源分配不均，损害社会福利水平；侵占公共空间利益，影响社会稳
定和谐；排斥社会弱势群体，扩大社会阶层分化；产生系列社会问题，影
响城市可持续发展。

第二，居住空间分异的经济效应有：居住空间分异现象不仅与土地区
位、交通条件等因素密切相关，而且居民居住倾向和市场主体分化效应是
一致的。居住空间分异不仅有助于提高土地利用价值，而且有助于提高土

地资源配置效率。

第三，居住空间分异的环境效应有：居住空间分异一方面会形成灰色景观地带，影响城市市容市貌；另一方面会导致环境短板效应，阻碍城市形象提升。

（3）基于微观社区调研的居住空间分异效应评价得出结论如下。

第一，社区居住满意度与社区的住房条件、服务水平、治安水平、环境质量等密切相关，且这些因素都因居住类型区的不同而存在一定的差异。具体表现在，高档居住区、中高档居住区、学区房区等居住类型区的社区居住满意度总体高于中低档、低档、小产权房区。换言之，居住空间的分异带来了不同居住类型区居住满意度的差异，且这种差异与居住小区的档次呈正相关。

第二，居民的社区交往主要体现在邻里关系满意度、邻里间熟悉程度、邻里间互助程度、邻里间交往户数等方面，且在不同居住类型区的表现各不相同。具体情况为，兰州市主城区居住空间中，小产权房区、低档居住区、中低档居住区等居住区的邻里满意度、邻里间熟悉程度、邻里间互助程度、邻里间交往户数等相对较好，而高档居住区、中高档居住区邻里之间相对陌生一些，互助程度较低，交往户数也较少。地处城市郊区和中心城区老旧小区的低层次居住区具有更高的社区认同。在居住环境空间的贫困再生产机制作用下，这些低层次居住小区更容易产生贫困集聚和居住社会排斥。

第三，通过社区融合分析发现，为了促进居民之间的交流与融合，社区通常会组织一些集体活动，然而居民参与集体活动的频率却因居住区类型而异，即低档居住区和小产权房居住类型区居民之间更为熟悉，大家都愿意加入集体活动中相互交流；而高档居住区的居民可能有更高级的社交场所抑或都有自己的交际圈而不太愿意参与社区集体活动。高档居住区、名校学区房区、中高档居住区等居住类型区居民公众知识储备较好，行为行动能力也较强，而且低档居住区、小产权房区的居民则主要从自身利益出发而参与相关活动。

第8章 兰州市主城区居住空间分异的调控引导

近年来，城市居住空间分异问题成为国内外城市地理学、城市社会学、城市规划学等学科长期关注的热点话题[335]。党的十八大提出以人口城镇化为核心的新型城镇化战略，旨在通过大中小城市的协调治理促进农民工融入城市[336]，同时依靠经济发展转型引领城镇化健康、协调、可持续发展[337]。《中华人民共和国国民经济和社会发展第十四个五年规划和2035年远景目标纲要》强调深入推进以人为核心的新型城镇化战略，不断完善大中城市宜居、宜业功能，使人民群众享有更高品质的城市生活[338]。《兰州市国民经济和社会发展第十四个五年规划和二〇三五年远景目标纲要》也提出要基本建成宜居、宜业、宜学、宜游的幸福城市，基本公共服务体系更加完善，均等化水平稳步提高，体制机制更加健全。本章在响应国家新型城镇化战略，顺应城市发展更新规律，贯彻落实"十四五"规划精神的前提下，借鉴城市规划的理念和原理，运用应对居住分异的理论方法从目标、原则、措施等方面入手，在结合居住空间分异的特征、模式、机制、效应等基础上，为解决居住分异带来的系列问题，构建居住空间分异的调控引导分析框架（见图8-1），设计提出包括宏观引导、中观协调、微观操作的目标、原则和措施等内容的调控策略，最大限度地降低城市居住空间隔离或空间极化现象，发挥有为政府和有效市场的双重力量，打造公平、包容、多元、多彩、和谐的高品质生活居住空间，为西北内陆中心城市——兰州的居住空间健康、可持续发展提供理论支撑与决策参考。

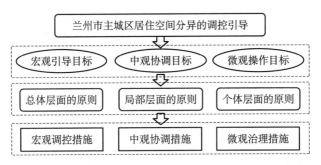

图 8 – 1　兰州市主城区居住空间分异的调控引导分析框架

8.1　调控引导的目标

8.1.1　宏观层面的目标

8.1.1.1　经济社会目标

为了促进共同富裕，实现经济社会和谐发展，需要实施统一的公共服务设施配置标准，实现社会基本公共服务均等化；同时，加大对教育、医疗、住房、公共交通等方面的投入[①]，扩大政策保障性住房的覆盖面，形成完善的社会福利保障体制机制。

8.1.1.2　城市发展目标

为了消除居住分异的负面效应，实现城市居住空间的健康可持续发展，需要构建多中心的城市结构，优化居住用地区位与布局，科学合理配置基础设施和公共服务，规划设计以"混合社区、群族融合"为理念的居住融合发展新模式，逐步实现由规划引导的物理空间混合到利益攸关的社会阶层融合的转型，最终消除排斥与隔阂，形成空间上和谐共处、精神上包容发展的城市命运共同体。

8.1.1.3　居住生活目标

为了满足兰州市民对美好居住生活的向往需求，需要加快经济适用房

---

① 资料来源：《兰州市城市总体规划（2011—2020）》。

和廉租房等政策保障性住房建设，基本建成宜居、宜业、宜学、宜游的幸福城市①，实现公共服务体系更加完善，均等化水平稳步提高，体制机制更加健全，打造健康、可持续、融合发展的居住生活新空间。

8.1.2　中观层面的目标

8.1.2.1　构建社区融合的组织领导核心

党和政府是政策设计与执行的主体，在城市空间分异的治理中起着决定性的作用。针对居住空间分异带来的一系列消极负面效应，应坚持党总揽全局、协调各方，发挥街道、社区党委的领导作用，切实加强党委领导社区工作的制度化建设，统筹协调和研究解决社区融合过程中政策、要素、保障等重大问题，着力构建社区融合的组织领导核心。

8.1.2.2　奠定群族融合的经济社会基础

经济繁荣与共同富裕是实现群族融合的重要基础，是社会融合的前提。针对居住空间分异导致资源分配不均，损害社会福利水平等消极效应，应在发展兰州城市经济、创造社会财富的同时，进一步缩小贫富差距、促进社会资源的公平合理分配，有效减弱社会分层，为实现兰州城市居住空间内群族的融合奠定经济社会基础。

8.1.2.3　健全邻里融合的道德制度规范

建立不同族群共同认同的社会道德和制度规范成为邻里融合的关键[372-373]。针对居住空间分异会形成社会心理落差、加剧社会隔离程度等消极效应，党和政府、社会与企业、学校与家庭等应肩负起社会融合的责任，逐步培育邻里融合的共同价值观念与道德共识，从而有效解决社会中多阶层冲突的问题，努力健全邻里融合的道德制度规范，实现睦邻友好、与邻为善、与邻为伴的新型邻里关系。

8.1.3　微观层面的目标

8.1.3.1　健全居住社区管理机制

建立健全"党委领导、政府组织、业主参与、企业服务"的兰州城市

---

① 资料来源：《兰州市国民经济和社会发展第十四个五年规划和二〇三五年远景目标纲要》。

居住社区管理机制，不断推进城市综合管理服务平台与物业管理服务平台相衔接[374]；同时，引入专业化的物业服务团队参与社区管理[375]，暂不具备条件的居住小区，可通过社区托管[376]、社会组织代管[377]等方式，提高物业管理服务水平。

8.1.3.2 改善居住社区人文环境

城市居住空间的社区居住环境质量是影响居住空间分异的重要因素之一[378]。兰州市政府相关部门及规划机构应结合实际，统筹划定和调整居住社区范围，推动城市管理进社区，衔接城市综合管理与物业管理的服务平台①，提高管理服务的覆盖率，协助开展社区环境综合整治等活动，改善居住社区的自然人文环境。

8.1.3.3 补齐居住社区配套短板

针对居住空间分异带来的侵占公共空间利益、影响社会稳定和谐等消极效应，首先，充分利用兰州市主城区既有居住小区的社区内部空地、荒地等配建相关配套设施，因地制宜补齐既有居住社区配套设施短板②，以增加公共活动空间[379]。其次，按照完整居住社区建设标准，完善兰州市规划新建的住宅项目配套设施，并按有关规定和合同约定做好产权移交。最后，在社区配套补短板的整个过程中，兰州市相关政府行政主管部门要切实履行监督职责，保障产权人按照相关规定使用配套设施。

8.2 调控引导的原则

8.2.1 总体层面的原则

8.2.1.1 坚持党的全面领导

党的十九大报告指出，"党政军民学、东西南北中，党是领导一切

---

① 资源来源：研究｜解读《关于开展城市居住社区建设补短板行动的意见》，网址：http://www.tdzyw.com/2021/0929/107709.html。

② 陆一丹.十三部门联合发文：到2025年基本补齐既有居住社区设施短板［EB/OL］.(2020−08−26)［2021−11−28］.https://www.yicai.com/news/100749030.html。

的。"因此,要坚持和完善党领导经济社会发展的体制机制①,推动党中央和省委关于"房住不炒""住有所居""社区融合""完整社区"等重大决策部署和相关文件精神全面贯彻落实,把党领导经济社会发展的制度优势转化为治理效能,为实现兰州城市居住空间的高质量发展提供根本保证。

8.2.1.2　坚持以人民为中心

从"房住不炒"定位到房地产长效管理机制,再到住房保障的供应体系建设,党的十八大以来,习近平总书记心系百姓安居冷暖②,始终把"实现全体人民住有所居目标"作为一项重要改革任务,全面部署、躬身推进[380]。为此,要切实坚持以人民为中心的原则,维护人民根本利益,促进社会公平公正,不断实现兰州市民对美好居住生活的向往。

8.2.1.3　坚持新发展理念

党的十九届五中全会提出要坚定不移贯彻"创新、协调、绿色、开放、共享"的新发展理念[381],十九届六中全会再次强调,主动融入新发展格局,切实转变发展方式,推动质量变革、效率变革、动力变革[382]。为此,居住空间分异的调控要以满足新市民住房需求为出发点、以建立购租并举的住房制度为主要方向、以市场为主满足多层次居住需求,贯彻新发展理念、构建新发展格局,实现兰州市居住空间的健康、可持续发展。

8.2.2　局部层面的原则

8.2.2.1　坚持整体性原则

在兰州城市居住空间分异调控的调研规划中,需要坚持整体性原则,把城市居住空间看作由各个构成要素形成的有机整体,从整体与部分相互联系、相互依赖、相互制约的关系中揭示居住空间分异的特征和运动规律;不是简单地将居住空间分异的整体等同于构成它的各要素机械之和,

---

① 兰州市人民政府. 关于印发兰州市国民经济和社会发展第十四个五年规划和二〇三五年远景目标纲要的通知[EB/OL]. (2021 – 04 – 15)[2021 – 11 – 28]. https://www.yicai.com/news/100749030.html.

② 央广网. 习近平:让全体人民住有所居[EB/OL]. (2016 – 12 – 27)[2021 – 11 – 28] http://m.cnr.cn/news/20161227/t20161227_523398842.html.

而是要把居住空间作为整体来对待，从整体与要素的关系中揭示系统的整体性质。

8.2.2.2　坚持系统性原则

在兰州城市居住空间分异调控的决策制定中，需要全面衡量决策是否能够保证整个决策系统内外联系处于最佳状态；需要考虑科学决策所涉及的整个系统及与其相关的系统以及构成各个系统的相关环节，以免作出顾此失彼、因小失大的错误决策；需要调控决策做到局部最佳、整体最佳，保障决策系统及其相处环境的协调一致、协同发展。

8.2.2.3　坚持因地制宜原则

在兰州城市居住空间分异调控的决策实施中，需要坚持因地制宜原则，根据各个分区、街区和社区的具体情况，结合当地实际、居民实际等开展调控决策的具体措施落实工作，在整体性、系统性原则下，厘清工作思路、创新工作方法，因时、因地、因事地将各项决策措施落到实处。

8.2.3　个体层面的原则

8.2.3.1　调查研究、早期介入

"没有调查就没有发言权"。在城市居住空间分异的调控引导中，要深入街道、社区、居民，对兰州市主城区的居民居住分异情况进行全面的调查研究，并在此基础上早期介入进行试点，为后期全面调控引导提供可学习、可借鉴、可复制的实践经验。

8.2.3.2　有效衔接、过程互动

在城市居住空间分异的调控引导中，不仅需要兰州市国土空间规划、城市总体规划等相关各级各类规划之间有效衔接，还需要兰州市主城区各级部门及街道社区之间、各类规划及政策文件之间有效衔接，实现全过程、全领域、全方位的协调互动，以保障调控引导措施落到实处。

8.2.3.3　广泛动员、公众参与

任何一项活动的开展或规划的落实都需要广泛地动员和公众的参与。兰州市城市居住空间分异的调控引导也不例外。尤其在具体的调研、实施

阶段更需要专家学者、政府机构、相关单位及社区居民的广泛参与，需要积极动员并充分听取各方的意见和建议，以权衡各方的利益和主张。

8.3 调控引导的措施

空间是人类生活的基本载体，居住空间权益更是每一个人所关注的切身利益。既然城市居住空间分异是城市发展的必然结果，那么如何治理空间权益问题便成为人们建设和谐宜居社会的本源与先决条件之一。近年来，随着经济社会快速发展和城市化进程的加快，城市在其发展过程中逐渐呈现出居住分化甚至相互隔离的状态，并随之带来了一系列社会问题，阻碍了和谐宜居城市的建设[383]。为此，下面将从宏观调控、中观协调、微观治理等方面提出兰州市城市居住空间分异的调控引导措施。

8.3.1 宏观调控措施

一般来讲，城市居住空间体系的建构主要包括总量、空间结构、布局等，通常由城市总体规划确定[384]。因此，下面将多尺度、分层面，借鉴规划理念、运用相关理论、通过规划视角对居住空间的分异提出宏观的调控措施。

8.3.1.1 城市层面：规划引导形成合理的城市空间结构

由于长期以来，国土空间规划、城市总体规划等相关规划对居住空间的布局和建设模式等内容关注相对不足，更多地将其交由市场进行配置，因而在一定程度上忽略了居住空间分异问题，导致规划功能的缺失和政府调控的失策[385]。一般而言，为有效控制城市无序扩张，阻止居住空间进一步分异，根据田园城市等相关理论，需要在城市范围内形成一定社会生活区域，促进城市居住空间的动态平衡。为此，建议从以下几个方面进行城市层面的规划引导。

（1）优化城市整体用地结构，避免形成单中心结构的城市。兰州从中华人民共和国成立之初的单中心结构的城市逐渐向多中心结构的城市演变，经过四版城市总体规划引导，现已逐渐发展为一主多次的城市居住空间结构[386]。未来，需要继续加强规划引导，不断疏解城市功能，根据光明城市理论采用低密度的高层建筑来解决城市居住空间拥挤难题，努力使兰州市主城区形成多中心的居住空间结构。

（2）均衡城市公共资源配置，避免形成区域间的明显分异。针对居住空间分异带来的侵占公共空间利益，影响社会稳定和谐等消极效应，在城市用地规划中应根据土地资源、人口发展趋势等合理确定居住用地资源，一方面尽量考虑有效消费需求、居住收入水平，制定与之相适应的规划；另一方面统筹协调居住空间与就业空间、交通空间等空间之间的关系，形成相互支撑、协同发展的空间结构。此外，要统筹协调好居住、交通、就业等各类用地的关系，尤其要改善兰州市内的交通条件，以便形成合理的职住空间。

（3）提高城镇用地混合特性，营造良好的居民社会交往空间。针对居住空间分异带来的排斥社会弱势群体，扩大社会阶层分化等消极效应，在兰州市主城区的城市用地规划中，应该尽量避免机械地划分工业、居住、商业、文教等各项功能空间，而需要强调"混合功用"，即在主城区内适当安排一些混合用地，为城市生产、生活、居住空间融合奠定物质基础。特别是在居住用地中合理安排其从属功用，提高城镇用地的混合特性，从而营造更多的交往空间，促进不同社会区域居民的交往。

8.3.1.2　街区层面：合理配置教育医疗住房等公共资源

兰州市中心城区公共服务设施与居住小区空间形态差异明显，不同类型公共服务设施与居住小区表现出一定的集聚趋势、分散布局两种极化现象。公共服务设施与人口的耦合度呈现"核心—外围"分布模式，城市核心区域耦合度整体较好，但也存在个别耦合性差的"盲区"，而城市外围区域耦合度普遍偏低，呈现出明显的"边缘弱化"现象[386]。针对居住空间分异在社会方面引发的加剧公共资源配置不均衡、排斥社会弱势群体等负面效应，应平衡各区域的教育、交通、医疗、文化等公共服务设施的建设，缓解居住空间分异进一步加剧。为此，需要从以下几个方面着手对街区层面进行规划调控。

（1）优化教育文化资源配置。兰州市主城区中小学教育资源空间分布呈现典型的河谷带状组团式分布特征、东密西疏的空间分布态势，且空间就学效率有一定差异，但都呈现鲜明的核心—外围结构[387]。兰州市的优质教育资源集中分布在城关区中心城区核心区，如水车园小学、一只船小学、树人中学、东方中学、天庆中学、科技外语中学、兰州十一中、兰州三十三中、兰州三十五中等中小学。优质教育资源带动了周边区域的开发密度和住房价格，其房价基本在 20000 元/平方米以上，尤其以水车园和一只船小学片区范围内的房价最具代表性，基本在 20000～30000 元/平方米。而其他区域的教育设施较为薄弱，对中高收入阶层的吸引力较小。由此形成了以优质教育资源为代表的名校学区房类型区。下一步应在城关区及以外的东西方向上增加优质学校数量并同步提高教学质量，逐步实现教育资源均等化，同时加大图书馆、文化馆、科技馆等文化设施投入建设力度，提升居民文化素质，让全市居民共享均等的教育文化资源。

（2）健全公共交通发展策略。根据相关研究，兰州市主城区可用的建设用地不足，城市交通用地更是捉襟见肘[388]。因此，亟须从以下几个方面着手健全兰州公共交通发展策略：一是不断优化线网结构，加强城市轨道交通建设，发挥轨道交通、快速公交等骨干作用和普通公交、水上交通的辅助作用，平衡各区之间的公交承运能力，构建多中心的城市公交线网结构，促进多层次城市公共交通网络融合衔接[389]；二是适时发展大容量交通[390]，如加快建设以轨道交通、快速公交系统为主的大容量公共交通，缓解地面交通压力，沟通中心城区与外围组团之间的联系[391]；三是合理规划公交站点，在交叉路口、线路较多的站点加强协调[392]，形成多点支撑的公交体系，密切城乡之间的联系，完善公共交通基础设施布局，推进公交枢纽型组织模式转变[393]；四是积极开发水上交通，可以考虑在雁白黄河大桥、雁滩黄河大桥等各大桥处设置码头，将城市节点通过水上交通连在一起[394]。总之，通过以上措施保证居民健康出行、职住逐步回归合理的区间。

（3）改善医疗服务配套体系。根据相关研究，兰州市主城区公共医疗机构共有 275 家，其中综合医院 52 家（城关区 26 家，占比为 50%；七里河区、安宁区、西固区分别有 13 家、8 家、5 家，占比分别为 25%、

15.4%、9.6%)、中医医院 6 家（七里河区 3 家、城关区 2 家、西固区 1家）、中西医结合医院 2 家（全分布在城关区）、专科医院 20 家（集中分布在城关区和七里河区）、社区卫生服务中心 195 家（基本均匀分布）[395]。由此可以看出，兰州市主城区医疗资源空间分布极不均衡。下一步应优化资源配置，在兰州市主城区建成以等级较高的综合性较强的医院为主体，以拥有特色专业的专科医院为辅助，形成新时代背景下主城四区均衡分布、满足居民需求的医疗服务体系和社区卫生服务中心，保证公共医疗服务覆盖各个片区居民。

（4）完善住房供应保障体系。目前，兰州市住房保障体系中对低收入群体的保障措施是以经济适用房、廉租房为主，未能实现全面多元的保障方式。为了满足不同层次中低收入群体的住房需求，需要政府采取措施完善住房保障体系[396-400]。基于地方政府对财政收入和绩效考核的需要，以及房地产商对经济利益的追求[401]，二者将土地收益最大化，从而导致住房市场化程度不断提高[402]，忽略了住房的公共属性[403]。为此，政府需要采取措施保证住房供应途径[404]，以政府、市场、企业"三位一体"[405]，从调整住房供应结构、划定合理住房保障水平等方面完善住房保障体系[406]，具体如下。一是调整住房供应结构[407]，坚持市场导向满足不同收入群体的住房需求，结合兰州市目前经济发展水平，将供应结构划分为市场型商品房、政府资助型商品房、政策保障性住房三类，分别面向中高收入群体、拆迁户或青年人才等收入水平不高的群体、中低收入群体[408]；同时，单位企业也要通过集资建房或团购住房的形式为刚毕业的年轻人提供临时住房[409]。二是政府主体划定合理住房保障水平，并建立多层次的住房供应体系，解决中低收入群体住房问题。此外，需要探索建立商品住房开发项目配建保障性住房制度，积极培育和发展住房租赁市场，完善住房保障配套政策，加快构建多主体供给、多渠道保障、租购并举的住房制度，满足群众多样化、差异化的住房需求。

8.3.1.3　住区层面：大力倡导城市住区的适度混合居住

起源于英国、普及于欧洲、盛行于美国的混合居住模式是目前解决住宅市场分异的主要办法。其初衷是试图缓解、治理居住隔离与阶级冲突现象，从而达到居住融合[410]。下面将借鉴发达国家的典型做法，提出解决兰州城市居住空间分异住区层面的治理措施。

（1）实现公共资源共享，满足混合居住的基本要求。在兰州市的混合居住社区建设过程中需要采用"大配套，小社区"的思路，以公共交通网络站点为基准在附近兴建配套生活设施[411]，除了在社区内设有满足居民日常需求的保健所、幼儿园、街区公园等设施之外，交通站点之内还应配套满足居民需求的教育、医疗、商业等大型公共设施，使居民能够共享社会资源，满足不同收入人群的生活需求。

（2）实施多户型同质规划，达到混合居住的基本标准。在兰州市城市住区的混合居住规划中要将融合理念贯穿混合居住社区规划设计中[412]，实施多户型住宅和同等质量规划。这种多户型同质规划要能够满足不同收入人群的实际需求，一定程度上体现社会公平，提高不同社会阶层居民的情感融入和价值认同[413]。此外，还应注重不同户型之间联系与沟通平台的设计，以增加居民的交往和接触空间，推动社区居民的居住融合[414]。

（3）改变土地供给方式，提供混合居住的基本保障。土地供给方式转变和住房政策调控是实现混合居住模式推广的有力保障[415]。为此，兰州市相关部门可通过转变土地供给方式，实行商品房用地与保障性用地相结合的开发与建设模式，采取在商品房建设中涵盖一定比例保障性住房的措施。同时，通过政策调控手段，适当提高混合住宅项目中保障性住房的比例，并由政府统一收购保障性住房，建立专门的机构进行统一管理，为推广混合居住模式提供基本保障。

8.3.2 中观协调措施

党的十九大报告中指出，要加强社会治理制度建设，完善党委领导、政府负责、社会协同、公众参与、法治保障的社会治理体制。同样，居住空间分异调控和社区治理制度建设也必须遵循社会治理体制建设的基本规律。

8.3.2.1 切实加强组织领导，形成社区融合治理的新局面

在遵循居住空间分异调控的目标、原则下，按照加强社会治理制度建

设的要求，吸收新城市主义理论社区理念的精华[416]，建立完善党委领导、政府推动、社区主导、市场运作、社会参与、居民自治的治理模式。兰州市政府及相关部门、街道社区要组织成立居住融合的工作领导小组，切实加强组织领导，形成各级各部门分工明确、责任靠实、各司其职、齐抓共管的社区融合治理新局面，共同为实现居住空间融合献计献策，及时解决居住空间分异调控和社区融合治理中的突出问题，构建良好的群体关系和邻里关系，维护社会公平与公正。

8.3.2.2 借鉴完整社区标准，确定居住社区合理规模特性

根据《完整居住社区建设标准（试行）》，结合兰州城市实际，因地制宜合理确定居住社区规模，根据社区治理水平有效提升混合社区的正向效应，细化完善居住社区各种基础配套设施和公共活动空间建设的内容和形式。例如，以建设"魅力城关区幸福生活圈"为目标、以"关怀全龄生活服务需求适应城市人口多元化特征实现现代化高品质生活"为出发点①，因地制宜地打造山美、水清、天蓝、地绿的空间特色，建设宜居、宜业、宜游、宜学、宜养的全龄友好型15分钟品质生活圈。

8.3.2.3 落实保障住房建设，促进社会公平社区居住融合

近年来，混合布局不同类型住宅逐渐成为住房发展的新趋势[417]。兰州市在保障性住房建设方式上，需要借鉴混合布局模式采用"集中"和"配套"相结合的建设原则，按照"大融合、小集中"的模式进行合理的空间布局，控制适宜的建设规模[418]。具体而言，需要根据兰州的实际情况，采用"大融合"的方式，在较大区域内推进各种类型、各种层次、各类群体等的相对混合布局，促进社会各阶层的融合，进而避免社会排斥和隔离；同时，通过采用"小集中"的方式，在社区内为不同收入阶层居民提供相适应的居住条件[419]，进而构建良好的群体关系和邻里关系，更好地促进社会公平和社区融合。

8.3.2.4 营造公共活动空间，提升居民主体意识和归属感

在调控居住空间分异的过程中，运用新城市主义理论的社区理念，在

---

① 澎湃政务. 兰州市城关区打造"15分钟生活圈"［EB/OL］（2021－07－27）［2021－11－29］. https：//m. thepaper. cn/baijiahao_ 13770785.

兰州市主城区各街道及社区要注重营造多样化的城市公共活动空间，避免出现居住分离带来的社会隔离，具体而言如下。一方面，尽量减少大型封闭住区的建设，防止其剥夺弱势群体享受优质资源的机会[342]；另一方面，搭建居民交流融合的平台，坚持社区建设功能多样性、物质环境的多彩性，保持社区文化的多元性与包容性，促进物质、信息和能量的交流，推动不同信息的传递与异质文化的交流，促进邻里关系的改善、增强群体融合，提升居民公共主体意识和社区归属感，并进一步实现社区认同、增进社区凝聚力。

8.3.2.5　广泛动员公众参与，倡导居民混合居住融合发展

实现城市居住空间的融合，不仅需要兰州市及各区政府相关部门的共同努力，而且需要广泛动员社会力量积极参与。为此，需要兰州市及各区政府相关部门积极动员广大社会力量参与，征求公众意愿、满足公众需要、维护公众利益，各居住社区根据自身实际情况，进行不断优化和调整，充分利用市场运作的规律和政府宏观调控措施，使居民以自己的实际购买力为前提，共同居住在不同价位梯度的房地产产品的混合功能区内，和谐相处、优势互补、共同生活、相互交流，满足各个阶层的不同需求，实现居住空间的融合发展。

8.3.3　微观治理措施

多元化的社区治理模式是我国当前社区治理发展的创新模式[137]。多元化的社区治理需要调动各方面的主动性、积极性、创造性，需要由一元化向多元化转变，由政府主导向社会主导转变。多元化的社区治理需要采用"政府推动、社区主导、市场运作、社会参与、居民自治"的运作模式（见图 8 - 2）。其中，坚持党委领导是城市居住空间分异治理的最根本的保障。

8.3.3.1　政府推动，创新社区治理机制

社区治理过程中需要政府转变职能将管理重心下移，创新社区治理机制。这就要求兰州市政府相关部门切实转变职能，推动社会事务管理工作交由社区代替执行，而政府作为间接参与者和监督者，需要支持社区的建

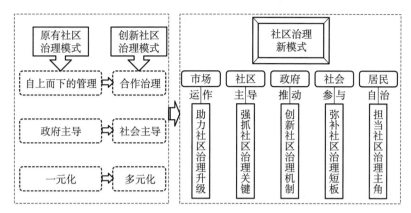

图 8 - 2　兰州市主城区社区融合治理的新模式

设与发展，并为其实现社区民主管理创造必要条件。此外，相关部门还应继续投入人力和物力等，帮助社区完善配套、改善环境、健全机制。当然，做好城市工作尤其社区工作，加强和改进党的领导，形成党委统一领导、党政齐抓共管的城市社区治理的新局面。

8.3.3.2　社区主导，强抓社区治理关键

通过发挥社区的基础性平台作用，着力强化社区主导、促进居民融合，是新时代社区治理的关键[417]。在社区治理过程中，需要由政府领导转为政策引导，让社区作为主导者，即具体由社区居委会通过民主管理和专业服务加强对社区工作的主导；同时，社区主导还体现在其作为政府与居民联系的纽带，需要在政府及街道办指导下，在"区街互动、街居联动"的过程中，积极组织和协调居民开展社区建设，促进社区治理的制度化、规范化，增强居民的认同感和归属感。

8.3.3.3　市场运作，助力社区治理升级

市场在资源配置中起着决定性的作用。在兰州市主城区的居住空间分异调控中，市场的作用不可低估，需要充分利用市场运作的机遇，用市场化的手段解决绝大多数居民的居住、生活等问题。例如，在居住空间分异的调控中可以采用"社会资本与小区业主利益捆绑""商业捆绑开发建设"等多种市场运作的模式进行社区建设或改造[418]。同时，允许政府相关部门以采购服务的方式，委托市场化的社会企业承担网格化管理服务运营，

如购买"服务指导性目录"的幼儿园、托儿所、养老、助残等公益服务事项，以助力中低收入的居住社区治理升级。

8.3.3.4 社会参与，弥补社区治理短板

在居住空间融合治理的过程中，要充分发挥兰州市主城区各社区的作用，同时使社会力量广泛参与其中，将一部分政府管理的职能交由非政府的、群众性的组织来完成，由其提供部分公共产品和公共服务，进而弥补社区建设和治理中的短板[419]。社会参与社区治理既可以协助政府满足民众不断分化的诉求，促进社区全面协调和谐发展，又可以拓宽社区居民的就业渠道，弥补社区治理中市场失灵和政府管理的短板[420]。

8.3.3.5 居民自治，担当社区治理主角

在社区融合治理的过程中，需要发挥兰州居民参与社区事务的主动性，解决居民社会内部和自治活动内部的管理关系问题，完成社区管理与服务的任务[421]。在社区居民自治过程中，要让居民采取有利于集体利益和自身福利的行动，切实促进居民间的利益协调，逐步形成新的自治共同体；同时，还要让居民担当社区治理的主角，在继政府推动、社区主导、市场运作、社会参与之后，让居民自治逐渐上升为社区建设和治理的主旋律。

8.4 本章小结

在结合兰州市主城区居住空间分异的特征与模式、影响机制和效应评价的基础上，本章首先从宏观层面、中观层面和微观层面确立居住空间分异调控的目标，然后从总体层面、局部层面和个体层面提出了调控居住空间分异的原则，最后从宏观调控、中观协调和微观治理三个方面提出了居住空间分异调控治理的措施。

（1）就居住空间分异的调控引导目标而言，首先，从兰州市经济社会目标、城市发展目标和居住生活目标出发确立了居住空间分异调控的宏观引导目标；其次，针对兰州城市居住空间分异带来的系列消极效应，从构

建社区融合的组织领导核心、奠定群族融合的经济社会基础、健全邻里融合的道德制度规范等方面明确了居住空间分异调控的中观协调目标；最后，从健全居住社区管理机制、改善居住社区人文环境、补齐居住社区配套短板等方面细化了居住空间分异调控的微观操作目标。

（2）就居住空间分异的调控引导原则而言，首先，从坚持党的全面领导、坚持以人民为中心和坚持新发展理念出发指出了居住空间分异调控引导的总体层面的原则；其次，在坚持整体性原则、坚持系统性原则、坚持因地制宜原则等方面强调了居住空间分异调控引导的局部层面的原则；最后，从调查研究、早期介入，有效衔接、过程互动，广泛动员、公众参与等方面细化了居住空间分异调控引导的个体层面的原则。

（3）就居住空间分异的调控引导措施而言，首先，从规划引导形成合理的城市空间结构、合理配置教育医疗住房等公共资源、大力倡导城市住区的适度混合居住等提出了居住空间分异调控的宏观引导措施；其次，从切实加强组织领导、形成社区融合治理的新局面，借鉴完整社区标准、确定居住社区合理规模特性，落实保障住房建设、促进社会公平社区居住融合，营造公共活动空间、提升居民主体意识和归属感，广泛动员公众参与、倡导居民混合居住融合发展等方面指出了居住空间分异调控的中观协调措施；最后，从政府推动、创新社区治理机制，社区主导、强抓社区治理关键，市场运作、助力社区治理升级，社会参与、弥补社区治理短板，居民自治、担当社区治理主角等方面细化了居住空间分异调控的微观治理措施。

第9章 结论与展望

9.1 主要结论

本书综合运用地理学、社会学、经济学、管理学等学科的理论与方法，以西北内陆中心城市居住空间为研究对象，构建了生态学视角下"分异表征—分异测度—分异机制—分异效应—分异调控"五个维度，宏观、中观、微观三大尺度的城市居住空间分异及其效应的分析框架，通过描刻居住空间分异的演化过程，归纳居住空间分异的特征与模式，揭示居住空间分异的影响机制，评价居住空间分异的利弊效应，最后提出了调控引导策略。主要结论如下。

（1）从居住空间分异演化过程来看，兰州城市居住空间的建设最早可追溯到秦始皇33年（公元前214年）在今东岗镇一带修筑榆中县城，其不仅便于军事防御，也方便居住生活。西汉昭帝始元六年设金城郡，"金城"由此得名。此后，朝代更替但居住空间主要在街区内建设，区内建筑排列有序。中华人民共和国成立之初，兰州建成区主要包括城关区，人均居住面积3.8平方米，居住空间严重不足，房屋状况两极分化严重。随着第一版《兰州市城市总体规划（1954—1972）》的实施，城市居住空间由原来的旧城区集中建设拓展为带状布局模式，奠定了城市居住空间发展的基本格局。与此同时，人口主要分布在城关区、七里河区及安宁区的十里店等地且少数民族人口基本保持着"围寺而居"的居住格局，从城区最中心向外依次呈圈层分布，体现了以地位等级为标准对人口"生态隔离"和"竞争优势"的过程，也反映了政治权力对城市居住空间格局的规制作用。

改革开放以来，原有带状为主的城市布局逐渐转向多组团发展的模式。进入21世纪，中心城区利用城市更新改造实现了居住环境的提升，城区边缘则通过东扩西移的规划引导，实现了居住空间的进一步拓展。伴随着住房商品化政策的实施，原先的"单位配给制"被"市场资源配置制"逐渐替代。在房价的"过滤"和社会经济差异的"分选"作用下，不同职业背景、收入状况、价值取向的居民在住房选择上趋向于同类聚居、异类隔离，整个城市形成了居住分异的状态。

（2）从居住空间的分异特征与模式来看，兰州市主城区居住空间发展方向呈以东西方向扩展为主，南北方向跳跃为辅的空间分异趋势；居住密度等级呈现出一主多次圈层分布，居住小区数量不断增多且郊区化趋势明显；房价分异较大且中高房价小区占多数，不同房价等级居住圈呈"圈层＋扇形"分布；高档居住区呈多核心聚集，中低档居住区呈边缘化分散；核心片区的碎片化程度不断加剧，居住空间呈单体均质、整体异质的分异状况。分异程度特征为，居住空间中阶层分异较为明显，中低收入和高收入阶层分布相对比较分散，而中高收入阶层聚居现象比较明显；居住空间生态位呈以中心繁华城区为核心的高生态位，向中心外围圈层和扇形分布逐次递减的变化趋势；居住小区呈现明显的住宅价格冷热点空间分异，且以老城区为热点中心向外呈圈层或扇形的冷热点依次递减的分布趋势。就居住空间的分异模式而言，兰州市主城区宏观上形成了"一河两岸、五个组团"的带状多中心组团型的居住空间分异模式，微观上在组团内部形成了由5个房价等级居住圈组成的"圈层＋扇形"的空间分异模式及7种典型居住类型区组成的"圈层＋扇形"的空间分异模式。

（3）从居住空间分异的影响机制来看，借助GWR模型定量分析发现，兰州市主城区居住空间分异的5个因子影响最为显著，依次为教育资源匹配、公共交通配套、社区环境状况、距市中心距离、邻里熟悉程度。运用相关理论等定性分析得出，历史发展惯性是众多城市居住空间演变分异的一般机制，延续了城市建设的历史脉络，持续影响着居住空间的演变；自然环境制约是兰州市居住空间演变分异的特有机制，赋予兰州市独特的地域特征，形成其特有的居住空间烙印；房地产业推动是居住空间演变分异的主导机制，促进城市空间的不断拓展，推动住房类型的更替发展；住房政策调控是居住空间演变分异的调控机制，以行政干预的方式作用于中心区外围的特定地域，形成特定区保障房镶嵌的空间特征；城市规划引导是居住空间演变分异的引导机制，能够有效引导城市居住空间的方向和布局向着理想的模式发展，有力推动着城市居住空间结构的演变；居民择居行为是居住空间演变分异的润滑机制，以居民经济收入这种主要个人属性与居住环境相匹配，直接影响城市居住空间的重构与分异，对原有居住空间演变起到很好的润滑作用。总之，上述各因素相互联系、相互影响并共同作用于城市居住空间，促成了兰州市主城区居住空间结构的演变与分异。

（4）从居住空间分异的效应评价来看，基于 PSR 模型的效应评价得出，兰州市主城区居住空间分异的 7 类居住小区中有 4 类处于亚健康状态，占比为 57.14%；2 类居住小区处于临界状态，占比为 28.57%；1 类居住小区处于不健康状态，占比为 14.29%。总体而言，兰州市主城区居住空间分异处于亚健康状态。基于相关理论的居住空间分异社会、经济、环境效应评价得出，居住空间分异会产生有利于提高社区服务的针对性、形成群体之间的激励效应、满足差异化的需求而提高生活质量、形成共同的社会价值观等积极社会效应；但也会形成社会心理落差、加剧社会隔离程度，导致资源分配不均、损害社会福利水平、侵占公共空间利益、影响社会稳定和谐，排斥社会弱势群体、扩大社会阶层分化，产生一系列社会问题、影响城市持续发展等消极社会效应。居住空间分异的经济效应表现在，居住空间分异不仅有助于提高土地利用价值，而且有助于提高土地资源配置效率。此外，居住空间分异会产生环境效应，一方面会形成灰色景观地带，影响城市市容市貌；另一方面会导致环境短板效应，阻碍城市形象提升。基于微观社区调研的居住空间分异效应评价可以得出，居住空间的分异带来了不同居住类型区居住满意度的差异，且这种差异与居住小区的档次呈正相关；居住交往中小产权房区、低档居住区、中低档居住区等居住区的邻里满意度、邻里间熟悉程度、互助程度及交往户数等相对较好，而高档居住区、中高档居住区的邻里之间相对陌生一些，互助程度较低、交往户数也较少；社区融合过程中低档居住区和小产权房居住区居民之间更为熟悉，而高档居住区的居民则相对陌生一些且不太愿意参与社区活动。

（5）从居住空间分异的调控引导来看，借鉴城市规划的理念和原理，运用应对居住分异的理论与方法、从目标、原则、措施等方面入手，在结合居住空间分异的特征、模式、机制、效应等基础上，首先，从兰州市经济社会、城市发展和居住生活出发确立了宏观引导目标；从构建社区融合的组织领导核心、奠定群族融合的经济社会基础、健全邻里融合的道德制度规范等方面明确了中观协调目标；从健全居住社区管理机制、改善居住社区人文环境、补齐居住社区配套短板等方面细化了微观操作目标。其次，从坚持党的全面领导、以人民为中心和新发展理念出发指出了总体层面的原则；从坚持整体性原则、系统性原则、因地制宜原则等方面强调了局部层面的原则；从调查研究、早期介入，有效衔接、过程互动，广泛动员、公众参与等方面细化了个体层面的原则。最后，从规划引导形成合理的城市空间结构、合理配置教育医疗住房等公共资源、大力倡导城市住区的适度混合居住等方面提出了宏观引导措施；从切实加强组织领导、形成社区融合治理的新局面，借鉴完整社区标准、确定居住社区合理规模特性，落实保障住房建设、促进社会公平社区居住融合，营造公共活动空间、提升居民主体意识和归属感，广泛动员公众参与、倡导居民混合居住融合发展等方面指出了中观协调措施；从政府推动、创新社区治理机制，社区主导、强抓社区治理关键，市场运作、助力社区治理升级，社会参与、弥补社区治理短板，居民自治、担当社区治理主角等方面细化了微观治理措施。

9.2　特色与创新点

与以往研究相比，本书在研究视角、分析框架、研究方法等方面具有一定的特色与创新之处，具体如下。

（1）研究视角方面：从居住区位、居住价格、居住类型等多视角审视居住空间分异格局，并从城市、街区、家庭及个人等尺度揭示居住空间的分异程度，拓展了居住空间分异研究的视角与尺度。

（2）分析框架方面：构建生态学视角下"分异表征—分异测度—分异

机制—分异效应—分异调控"五个维度，宏观、中观、微观三大尺度的城市居住空间分异及其效应研究的分析框架，为研究居住空间提供了新的思路。

（3）研究方法方面：将生态位理论引入居住空间分异的研究中，建立城市居住空间系统生态位指标体系和评价模型，运用居住势、居住态及居住生态位等指数描刻兰州市主城区居住空间分异程度，在一定程度上丰富了城市居住空间研究的理论与方法。

9.3　不足之处与展望

本书对居住空间分异的演变特征、模式、机制、效应、调控策略等进行了理论分析与实证研究。随着研究的深入，现有研究内容可能存在以下不足之处。

（1）由于截至定稿，第七次全国人口普查兰州市人口资料的详细指标数据暂未公布，本书在采用第三次至第六次全国人口普查数据的基础上，开展了较为详细深入的问卷调查，在一定程度上满足了现有研究对数据的需求。待第七次全国人口普查详细指标数据公布后，将继续开展兰州市居住空间的深入研究，并与已有研究结论进行对比分析，进一步深化提升研究成果。

（2）本书在常规研究范式——过程、格局、机制下实证研究了兰州市主城区居住空间分异的演化过程、特征与模式、影响机制、效应评价与调控引导等，而未对居住空间分异的未来进行有效预测。今后，建立居住空间分异的预测模型将是一个新的研究方向，对城市居住空间分异趋势的预测与研判，将为政府相关部门提供预警信息。

参 考 文 献

［1］张森．社会转型期的城市居住空间演变研究［M］．北京：中国社会科学出版社，2009：2－60．

［2］吴启焰．大城市居住空间分异研究的理论与实践［M］．北京：科学出版社，2001：3－12．

［3］陈俊峰．城市居住空间分化与融合研究［M］．合肥：合肥工业大学出版社，2012：2－32．

［4］孔祥利，周晓峰．城镇化率区域差异对农村居民消费结构的影响［J］．西北大学学报（哲学社会科学版），2021，51（3）：54－68．

［5］冯健．转型期中国城市内部空间重构［M］．北京：科学出版社，2004：5－15．

［6］张旭坤．中国城市居住空间分异的国际研究综述［J］．现代城市研究，2019（5）：56－62．

［7］刘旺，张文忠．国内外城市居住空间研究的回顾与展望［J］．人文地理，2004（3）：6－11．

［8］周春山，罗仁泽，代丹丹．2000－2010年广州市居住空间结构演变及机制分析［J］．地理研究，2015，34（6）：1109－1124．

［9］李松．乌鲁木齐居住空间分异及响应研究［M］．北京：中国农业大学出版社，2017：2－22．

［10］黄怡．城市社会分层与居住隔离［M］．上海：同济大学出版社，2006：10－46．

［11］师春梅．城市居住空间分异问题研究综述［J］．黑河学刊，2010（11）：6－8．

［12］习近平．在黄河流域生态保护和高质量发展座谈会上的讲话

[J]．实践（思想理论版），2019（11）：5－9.

[13] 寇有观．习近平新时代中国特色社会主义思想引领区域智慧生态发展 [J]．办公自动化，2019，24（20）：8－13.

[14] 习近平．在黄河流域生态保护和高质量发展座谈会上的讲话 [J]．奋斗，2019（20）：4－10.

[15] 习近平．推动形成优势互补高质量发展的区域经济布局 [J]．奋斗，2019（24）：4－8.

[16] 姜迎春．习近平生态文明思想的方法论特点——习近平总书记关于黄河治理的若干重要论述研习 [J]．人民论坛，2020（25）：132－134.

[17] 杨永春．兰州城市概念规划研究 [M]．兰州：甘肃人民出版社，2004：1－31.

[18] 杨永春，孟彩红．1949 年以来中国城市居住区空间演变与机制研究——以河谷盆地型城市兰州为例 [J]．人文地理，2005（5）：43－49.

[19] 许伟．习近平的贫困问题空间治理新理念 [J]．云南行政学院学报，2020，22（6）：70－76.

[20] 刘含，罗谦，王魏巍．南京市老城南地块社会阶层分化下的居住空间分异现象 [J]．安徽农业科学，2011，39（8）：4871－4874.

[21] 尚虎平，刘俊腾．国家级新区带动欠发达地区"弯道超车"研究 [J]．科学学研究，2021（11）：1－12.

[22] 张涵．西部大开发需要形成高质量发展新格局 [J]．中国国情国力，2020（8）：80.

[23] 王慧．开发区发展与西安城市经济社会空间极化分异 [J]．地理学报，2006（10）：1011－1024.

[24] 郑国．中国开发区发展与城市空间重构：意义与历程 [J]．现代城市研究，2011，26（5）：20－24.

[25] 张志斌，师安隆．开发区与城市空间结构演化——以兰州市为例 [J]．城市问题，2008（11）：52－57.

[26] 柴彦威．城市空间 [M]．北京：科学出版社，2000：2－18.

[27] 赵梓渝，王雪微，王士君．长春市住宅价格空间分异与影响因素研究 [J]．人文地理，2019，34（4）：97－105.

［28］吴启焰，郑如．大城市居住空间分异的理论与实证研究（第二版）［M］．北京：科学出版社，2016：36－46.

［29］王洋，金利霞，张虹鸥，等．广州市居民住房条件的空间分异格局与形成机制［J］．地理科学，2017，37（6）：868－875.

［30］王昕，潘绥铭．城市居住空间分异的动力机制研究——从城市空间资源使用谈起［J］．中国海洋大学学报（社会科学版），2013（6）：78－82.

［31］许学强，胡华颖，叶嘉安．广州市社会空间结构的因子生态分析［J］．地理学报，1989，44（4）：385－399.

［32］顾朝林，C·克斯特洛德．北京社会极化与空间分异研究［J］．地理学报，1997，52（5）：385－393.

［33］廖邦固，徐建刚，梅安新.1947～2007年上海中心城区居住空间分异变化——基于居住用地类型视角［J］．地理研究，2012，31（6）：1089－1102.

［34］郑艳玲，王荣成，甘静．长春市居住空间分异特征与动力机制研究［J］．资源开发与市场，2016，32（3）：327－332.

［35］何邕健，李楠，董晓玉.1990年以来天津市中心城区居住空间结构演变［J］．城市问题，2006（6）：65－69.

［36］吴启焰，崔功豪．南京市居住空间分异特征及其形成机制［J］．城市规划，1999（12）：23－26.

［37］王兴中．中国城市社会空间结构研究［M］．北京：科学出版社，2000：2－18.

［38］李传武，张小林．转型期合肥社会空间分异与重构（1982－2000）［J］．人文地理，2015，30（5）：49－56.

［39］李松，张小雷，李寿山，等．乌鲁木齐市天山区居住分异测度及变化分析——基于1982—2010年人口普查数据［J］．干旱区资源与环境，2015，29（10）：62－67.

［40］张文斌，张志斌．基于扩展生态位理论的居住空间分异研究——以兰州市为例［J］．干旱区地理，2023，46（8）：1376－1386.

［41］袁文华，李建春，秦晓楠．基于片区治理的城市老化风险评估

及空间分异机制［J］. 经济地理，2020，40（7）：81-92.

　　［42］陈华. 中医的科学原理［M］. 北京：商务印书馆，1991：2-28.

　　［43］冯健，钟奕纯. 北京社会空间重构（2000-2010）［J］. 地理学报，2018，73（4）：711-737.

　　［44］冯健，周一星. 转型期北京社会空间分异重构［J］. 地理学报，2008（8）：829-844.

　　［45］王劲峰，徐成东. 地理探测器：原理与展望［J］. 地理学报，2017，72（1）：116-134.

　　［46］宣国富. 转型期中国大城市社会空间结构研究［M］. 南京：东南大学出版社，2010：11-54.

　　［47］余彬. 基于社会—空间结构的城市发展战略转型研究［D］. 成都：成都理工大学，2013：6-10.

　　［48］何小林. 转型期传统居住空间更新研究［D］. 南京：东南大学，2004：12-18.

　　［49］牛丽娟. 基于"森林城市"的山地中小城市空间结构优化研究探讨［D］. 重庆：重庆大学，2012：15-19.

　　［50］武进. 中国城市形态：结构、特征及其演变［M］. 南京：江苏科技出版社，1990：3-31.

　　［51］胡俊. 中国城市：模式与演进［M］. 北京：中国建筑工业出版社，1995：2-23.

　　［52］虞蔚. 城市社会空间的研究与规划［J］. 城市规划，1986（6）：25-28.

　　［53］胡华颖. 城市·空间·发展——广州城市内部空间分析［M］. 广州：中山大学出版社，1993：3-25.

　　［54］顾朝林，甄峰，张京祥. 集聚与扩散——城市空间结构新论［M］. 南京：东南大学出版社，2000：5-28.

　　［55］冯健，周一星. 北京都市区社会空间结构及其演化（1982-2000）［J］. 地理研究，2003，22（4）：465-483.

　　［56］张文斌，姜莉娟，张志斌，等. 居住空间分异研究的热点分析与未来展望——基于 CiteSpace 知识图谱的可视化分析［J］. 地理科学，

2024，44（8）：1332 – 1343.

　　［57］刘杰，王星．从隔离走向融合：失地农民社群隔离现象的破解——以长春市为例［J］．甘肃行政学院学报，2010（4）：16 – 28.

　　［58］许吉黎．成熟型煤炭资源城市社会空间：结构、功能、转型与重构［D］．安徽：安徽师范大学，2014：10 – 15.

　　［59］韦希．成都市边缘区居住空间结构发展研究［D］．西南：西南交通大学，2006：21 – 25.

　　［60］李小建．西方社会地理学中的社会空间［J］．地理译报，1987（2）：63 – 66.

　　［61］曾小莉．从"冰冷城市"到"有机城市"［D］．苏州：苏州大学，2012：8 – 13.

　　［62］王波．城市居住空间分异研究［D］．上海：同济大学，2006：15 – 19.

　　［63］许学强，周一星，宁越敏．城市地理学［M］．北京：高等教育出版社，1997：4 – 22.

　　［64］王均，祝功武．清末民初时期北京城市社会空间的初步研究［J］．地理学报，1999，54（1）：69 – 76.

　　［65］周尚意，王海宁，范砾瑶．交通廊道对城市社会空间的侵入作用［J］．地理研究，2003（1）：96 – 104.

　　［66］汤新．基于自然环境和社会因子的城市居住空间分异［D］．大连：辽宁师范大学，2007：11 – 18.

　　［67］温富荣．昆明城市居住空间分异研究［D］．昆明：昆明理工大学，2008：13 – 19.

　　［68］柴彦威．中国城市的空间结构［M］．北京：北京大学出版社，2002：3 – 10.

　　［69］陈燕．住房转型期城市居住空间分异研究［M］．北京：中国社会科学出版社，2016：36 – 46.

　　［70］姜乖妮，李春聚．城市规划在调整城市居住空间中的作用［J］．城市问题，2012（1）：40 – 43.

　　［71］李晓壮．基于居（村）委会社区尺度的北京市流动人口居住空

间分异研究［J］. 地域研究与开发，2021，40（6）：154 – 159.

［72］毕波，庄建伟. 现代物流对我国城市空间结构的影响研究［J］. 哈尔滨师范大学自然科学学报，2004（6）：95 – 99.

［73］曾刚. 浅析城市居住区空间分异问题及城市规划对策［J］. 山西建筑，2008（19）：47 – 48.

［74］李斌. 中国城市居住空间阶层化研究［M］. 北京：光明日报出版社，2013：4 – 10.

［75］吕露光. 从分异隔离走向和谐交往——城市社会交往研究［J］. 学术界，2005（3）：106 – 114.

［76］王彦君. 西安市居住空间分异及其效应评价研究［D］. 西安：西北大学，2018：2 – 26.

［77］吴启焰，任东明，杨荫凯，等. 城市居住空间分异的理论基础与研究层次［J］. 人文地理，2000（3）：1 – 5.

［78］张祚，李江风，刘艳中，等. 经济适用房运行机制下的城市居住空间分异与社会公平——以武汉为例［J］. 中国软科学，2008（10）：37 – 43.

［79］郭淑芬，秦锐. 城市地价空间结构分析——以太原市为例［J］. 物流工程与管理，2011，33（8）：114 – 115.

［80］刘贤腾. 解析东京都内部空间结构［J］. 世界地理研究，2006（3）：46 – 53.

［81］顾朝林，甄峰，张京祥. 城市社会学［M］. 南京：东南大学出版社，2002：6 – 37.

［82］李春玲，吕鹏. 社会分层理论［M］. 北京：中国社会科学出版社，2017：33 – 45.

［83］杨上广，王春兰. 国外城市社会空间演变的动力机制研究综述及政策启示［J］. 国际城市规划，2007（2）：42 – 50.

［84］李君，陈长瑶. 国内城市居住空间研究进展［J］. 现代城市研究，2010，25（9）：36 – 42.

［85］Le Corbusier. The city of tomorrow and its planning［M］. Dover Publications：Reissue edition，1987：7 – 39.

［86］ Howard E S. Garden cities of tomorrow ［J］. Organization amp, Environment, 2003, 16（1）：98 – 107.

［87］ GRANT J，叶齐茂，等译. 良好社区规划：新城市主义的理论与实践 ［M］. 北京：中国建筑工业出版社，2010：11 – 34.

［88］ 李小虎. 1990 年以来兰州城市居住空间演变研究 ［D］. 兰州：西北师范大学，2012：7 – 19.

［89］ 李跃鲁. 长春市居住空间的形态与形成机制研究 ［D］. 长春：东北师范大学，2013：12 – 18.

［90］ Short J R. Residential mobility ［J］. Progress in Human Geography, 1978（2）：419 – 447.

［91］ Harvey. Class monopoly rent, finance capital and the urban revolution ［J］. Regional of Urban Economics, 1985（1）：61 – 69.

［92］ Dickens, Duncan S, Goodwin M. Housing, States and Localities ［M］. Londan：Methuen, 1985：5 – 28.

［93］ Ball M, Harloo M and Martens M. Housing and Social Change in Europe and The USA ［M］. Londan：Routledge, 1988：3 – 31.

［94］ Knox P, Pinch S. Urban Social Geography：An Introduction ［M］. London：Prentice Hall, 2000：4 – 30.

［95］ 周灵雁. 上海中心城区居住空间变迁与重构研究 ［D］. 上海：上海师范大学，2007：10 – 19.

［96］ 宋岚. 基于 GIS 的西安城区居住空间分异特征研究 ［D］. 西安：西安建筑科技大学，2011：11 – 16.

［97］ 张庭伟. 1990 年代中国城市空间结构的变化及其动力机制 ［J］. 城市规划，2001（7）：7 – 14.

［98］ 廖邦固，徐建刚，宣国富，等. 1947 – 2000 年上海中心城区居住空间结构演变 ［J］. 地理学报，2008（2）：195 – 206.

［99］ 王兴中. 城市居住空间结构的演变与社会区域划分研究 ［J］. 城市问题，1995（1）：15 – 20.

［100］ 顾朝林，王法辉，刘贵利. 北京城市社会区分析 ［J］. 地理学报，2003（6）：917 – 926.

［101］孙斌栋，吴雅菲．中国城市居住空间分异研究的进展与展望［J］．城市规划，2009，33（6）：73－80．

［102］杜德斌，崔裴，刘小玲．论住宅需求、居住选址与居住分异［J］．经济地理，1996（1）：82－90．

［103］吴雅菲．上海城市居住空间分异与城市规划应对策略研究［D］．上海：华东师范大学，2009：8－20．

［104］Yeh A G O, Xu X Q, Hu H Y. The social space of Guangzhou city, China［J］. Urban Geography, 1995（16）：595－621.

［105］Sit VFS. Social areas in Beijing［J］. Geog rafiska Annaler, 1999（81B）：203－221.

［106］刘艳霞．我国城市居住空间研究［D］．兰州：兰州大学，2009：9－13．

［107］王唯．21世纪以来长春市住宅空间布局研究［D］．长春：东北师范大学，2012：8－17．

［108］杨俊宴，钱舒皓．特大城市中心体系空间肌理分异研究——以重庆市为例［J］．城市规划学刊，2014（4）：18－23．

［109］李志刚，顾朝林．中国城市社会空间结构转型［M］．南京：东南大学出版社，2011：48－59．

［110］邱梦华．中国城市居住分异研究［J］．城市问题，2007（3）：94－99．

［111］魏立华，闫小培．有关"社会主义转型国家"城市社会空间的研究述评［J］．人文地理，2006（4）：7－12．

［112］李志刚，吴缚龙，薛德升．"后社会主义城市"社会空间分异研究述评［J］．人文地理，2006（5）：1－5．

［113］王兴中．中国城市生活空间结构研究［M］．北京：科学出版社，2004：101－119．

［114］黄吉乔．上海市中心城区居住空间结构的演变［J］．城市问题，2001（4）：30－34．

［115］周春山，陈素素，罗彦．广州市建成区住房空间结构及其成因［J］．地理研究，2005（1）：77－88．

［116］易峥，阎小培，周春山. 中国城市社会空间结构研究的回顾与展望［J］. 城市规划汇刊，2003（1）：21 – 24.

［117］郑静，许学强，陈浩光. 广州市社会空间的因子生态再分析［J］. 地理研究，1995（2）：15 – 26.

［118］程丽辉，王兴中. 西安市社会收入空间的研究［J］. 地理科学，2004（1）：115 – 121.

［119］李志刚，吴缚龙. 转型期上海社会空间分异研究［J］. 地理学报，2006（2）：199 – 211.

［120］黄靖，王先文. 东莞小城镇外来人口居住空间隔离与整合问题研究［J］. 华中建筑，2004（3）：90 – 92.

［121］李云. 改革开放以来上海郊区社会空间结构演化的机制解析［J］. 上海城市规划，2006（4）：16 – 19.

［122］王战和，许玲. 高新技术产业开发区与城市社会空间结构演变［J］. 人文地理，2006（2）：65 – 66.

［123］康琪雪. 我国城市居住空间结构存在的问题及原因分析［J］. 经济体制改革，2010（2）：153 – 157.

［124］康琪雪. 区位社会特性对城市居住空间结构的影响分析［J］. 兰州学刊，2014（11）：88 – 93.

［125］南颖，杨易，倪晓娇，等. 吉林市城市居住空间结构研究［J］. 地域研究与开发，2012，31（5）：39 – 44.

［126］刘争光，张志斌. 兰州城市居住空间分异研究［J］. 干旱区地理，2014，37（4）：846 – 856.

［127］张志斌，张应亚. 西北内陆中心城市低收入人口居住空间及其社会效应——以兰州市为例［J］. 经济地理，2015，35（5）：78 – 84.

［128］王新越，曹婵婵. 青岛市居民休闲与居住空间结构及其匹配关系［J］. 经济地理，2019，39（9）：156 – 163.

［129］褚铃沂，龚岳，李贵才. 中国特大城市居住分异特征与演化研究：2000 – 2015［J］. 城市问题，2020（2）：31 – 38.

［130］高子轶，张海峰，马晓帆. 西宁市居住空间与公共服务设施空间协调性研究［J］. 干旱区资源与环境，2020，34（2）：64 – 72.

［131］李智轩，胡宏．基于计划行为理论的城市居住分异对居民健康活动的影响研究［J］．地理科学进展，2019，38（11）：1712－1725.

［132］杨上广．中国大城市社会空间的演化［M］．上海：华东理工大学出版社，2006：126－199.

［133］李雪铭，汤新．大连市居住空间分异的定量分析及其机制的初步研究［J］．辽宁师范大学学报（自然科学版），2007（2）：223－225.

［134］邢兰芹，王慧．1990年代以来西安城市居住空间重构与分异［J］．城市规划，2004（6）：68－73.

［135］石恩名，刘望保，唐艺窈．国内外社会空间分异测度研究综述［J］．地理科学进展，2015，34（7）：818－829.

［136］柴彦威．以单位为基础的中国城市内部生活空间结构——兰州市的实证研究［J］．地理研究，1996（1）：30－38.

［137］孟翔飞．城市居住空间更新与社区治理［M］．北京：中国人民大学出版社，2019：44－59.

［138］徐卜融，吴晓．基于“居住—就业”视角的南京市流动人口空间分异研究［J］．规划师，2010，26（7）：113－120.

［139］孙斌栋，吴雅菲．上海居住空间分异的实证分析与城市规划应对策略［J］．上海经济研究，2008（12）：3－10.

［140］李敏纳，覃成林．中国社会性公共服务空间分异研究［J］．人文地理，2010，25（1）：26－30.

［141］余军，陈俊红，杨巍．北京沟域经济空间分异格局与优化途径研究［J］．广东农业科学，2012（19）：216－219.

［142］杨上广，王春兰．上海城市居住空间分异的社会学研究［J］．社会，2006（6）：117－137.

［143］魏立华，丛艳国，李志刚，等．20世纪90年代广州市从业人员的社会空间分异［J］．地理学报，2007（4）：407－417.

［144］黄正良，钟慧润．西安市土地利用空间分异研究［J］．地域研究与开发，2011，30（4）：108－111.

［145］杨永亮．长三角地区生产性服务业空间分异及其影响因素研究［D］．杭州：浙江财经学院．2013：6－14.

［146］徐昀，朱喜钢．近代南京城市社会空间结构变迁——基于
1929、1947 年南京城市人口数据的分析［J］．人文地理，2008，23（6）：
17－22．

［147］宋伟轩，徐昀，王丽晔，等．近代南京城市社会空间结构——
基于 1936 年南京城市人口调查数据的分析［J］．地理学报，2011，66
（6）：771－784．

［148］樊福才．黄河流域城市经济空间分异与发展研究［D］．河南：
河南大学，2008：9－16．

［149］陶海燕，黎夏，陈晓翔，等．基于多智能体的地理空间分异现象
模拟——以城市居住空间演变为例［J］．地理学报，2007（6）：579－588．

［150］刘小平，黎夏，陈逸敏，等．基于多智能体的居住区位空间选
择模型［J］．地理学报，2010，65（6）：695－707．

［151］李志刚．中国城市的居住分异［J］．国际城市规划，2008
（4）：12－18．

［152］李志刚，吴缚龙，肖扬．基于全国第六次人口普查数据的广州
新移民居住分异研究［J］．地理研究，2014，33（11）：2056－2068．

［153］周峰，樊永斌．市场经济体制下南京城市居住空间变化及其动
力机制研究［J］．南京社会科学，1998（1）：3－5．

［154］潘泽泉，邹大宽．居住空间分异、职业地位获得与农民工市民
化意愿——基于农民工“三融入”调查的数据分析［J］．湖南师范大学社
会科学学报，2016，45（6）：37－48．

［155］姚秀利．近百年来大连居住空间分异特征及其形成机制［A］．
中国城市规划学会．和谐城市规划——2007 中国城市规划年会论文集
［C］．中国城市规划学会：中国城市规划学会，2007：7－9．

［156］吴启焰，张京祥，朱喜钢，等．现代中国城市居住空间分异机
制的理论研究［J］．人文地理，2002（3）：26－30．

［157］刘长岐，王凯．影响北京市居住空间分异的微观因素分析
［J］．西安建筑科技大学学报（自然科学版），2004（4）：403－407．

［158］易成栋．制度安排、社会排斥与城市常住人口的居住分异——
以武汉市为例的实证研究［J］．南方人口，2004（3）：58－64．

［159］徐菊芬，张京祥．中国城市居住分异的制度成因及其调控——基于住房供给的视角［J］．城市问题，2007（4）：95-99.

［160］刘望保，翁计传．住房制度改革对中国城市居住分异的影响［J］．人文地理，2007（1）：49-52.

［161］杨上广．大城市社会空间结构演变的动力机制研究［J］．社会科学，2005（10）：65-72.

［162］谢昀霏，王甜，张慧鑫，等．长春市居住空间分异现状及机制研究［J］．住宅与房地产，2019（19）：6-13.

［163］杨瑛，李同昇，冯小杰．西安市主城区居住空间住宅价格分布格局与驱动机制［J］．地域研究与开发，2015，34（5）：68-74.

［164］王洋，方创琳，盛长元．扬州市住宅价格的空间分异与模式演变［J］．地理学报，2013，68（8）：1082-1096.

［165］张华，唐海波，张岸．北京首都功能核心区居住空间分区特征及形成机制［J］．城市发展研究，2019，26（9）：98-106.

［166］余佳，丁金宏．大都市居住空间分异及其应对策略［J］．华东师范大学学报（哲学社会科学版），2007（1）：67-72.

［167］杨上广，王春兰．大城市社会空间结构演变及其治理——以上海市为例［J］．城市问题，2006（8）：47-53.

［168］苏振民，林炳耀．城市居住空间分异控制：居住模式与公共政策［J］．城市规划，2007（2）：45-49.

［169］单文慧．不同收入阶层混合居住模式——价值评判与实施策略［J］．城市规划，2001（2）：26-29.

［170］李志刚，薛德升，魏立华．欧美城市居住混居的理论、实践与启示［J］．城市规划，2007（2）：38-44.

［171］万勇，王玲慧．城市居住空间分异与住区规划应对策略［J］．城市问题，2003（6）：76-79.

［172］王海若，陈晓键．社会—空间视角下的连云港城市居住空间分异研究［J］．华中建筑，2019，37（11）：92-96.

［173］刘建石．大型保障性住区的空间选址的思考［J］．现代城市研究，2016（12）：98-104.

［174］杨卓. 国内城市居住空间分异对策研究综述［J］. 科技与企业,
2014（11）: 174.

［175］宋伟轩, 朱喜钢. 新时期南京居住社会空间的"双重碎片化"
［J］. 现代城市研究, 2009, 24（9）: 65－70.

［176］李梦玄, 周义. 保障房社区的空间分异及其形成机制——以武
汉市为例［J］. 城市问题, 2018（10）: 77－84.

［177］徐祥运, 李晨光. 社会排斥视角下的城市贫困空间问题研究——
以大连市低保家庭为例［J］. 大连大学学报, 2011, 32（6）: 70－78.

［178］吴瑞芹. 上海市居住空间分异的特征研究［J］. 特区经济,
2009（3）: 51－52.

［179］余琪. 转型期上海城市居住空间生产模式及布局形态演进
［J］. 城市规划学刊, 2010（5）: 15－25.

［180］谌丽, 张文忠, 党云晓, 等. 北京市低收入人群的居住空间分
布、演变与聚居类型［J］. 地理研究, 2012, 31（4）: 720－732.

［181］加那提古丽·卡德尔, 王星, 孟晓晨. 北京市与深圳市就业——
居住空间结构对比研究［J］. 城市发展研究, 2014, 21（3）: 35－44.

［182］谌丽, 张文忠, 李业锦, 等. 北京城市居住空间形态对居民通
勤方式的影响［J］. 地理科学, 2016, 36（5）: 697－704.

［183］湛东升, 张文忠, 孟斌, 等. 北京城市居住和就业空间类型区
分析［J］. 地理科学, 2017, 37（3）: 356－366.

［184］周素红, 林耿, 闫小培. 广州市消费者行为与商业业态空间及
居住空间分析［J］. 地理学报, 2008（4）: 395－404.

［185］宋伟轩, 吴启焰, 朱喜钢. 新时期南京居住空间分异研究
［J］. 地理学报, 2010, 65（6）: 685－694.

［186］黄莹, 黄辉, 叶忱, 等. 基于 GIS 的南京城市居住空间结构研
究［J］. 现代城市研究, 2011, 26（4）: 47－52.

［187］周晓辉. 大城市居住社区空间分异过程及机制研究［D］. 西
安: 西北大学, 2005: 3－10.

［188］郑瑶兵. 西安市居住空间分异研究［J］. 陕西师范大学学报
（自然科学版）, 2009, 37（S1）: 93－95.

［189］李辉峰．从宏微观经济学角度浅析西安居住空间分异［J］．经济研究导刊，2013（16）：251 –253.

［190］唐晓龙．基于城市化进程中西安市主城区居住空间分异研究［D］．西安：长安大学，2014：5 –16.

［191］杨瑛．西安市主城区居住空间格局与形成机制研究［D］．西安：西北大学，2016：8 –10.

［192］吕露光．城市居住空间分异及贫困人口分布状况研究——以合肥市为例［J］．城市规划，2004（6）：74 –77.

［193］薛美青．合肥市居住空间分异研究［D］．安徽：安徽大学，2010：6 –14.

［194］云淑萍．城市居住空间分异发展中的农民工家庭生存空间探析——以呼和浩特三合村为例［J］．内蒙古师范大学学报（哲学社会科学版），2012，41（1）：144 –149.

［195］张薇，杨永春，史坤博，等．居住空间视角下多民族聚居城市民族融合格局演变及影响因素分析——以呼和浩特为例［J］．地理研究，2018，37（2）：333 –352.

［196］姜巍，高卫东．居住空间分异——乌鲁木齐市在发展中面临的严峻问题［J］．干旱区资源与环境，2003（4）：43 –47.

［197］蒋德超，何浪．我国城市居住空间分异研究进展及方法评述［J］．福建建筑，2015（6）：42 –46.

［198］余思奇，朱喜钢，刘风豹，等．社会公平视角下城市公园绿地的可达性研究——以南京中心城区为例［J］．现代城市研究，2020（8）：18 –25.

［199］张悦倩．上海市别墅商品住宅的空间分布研究［D］．上海：华东师范大学，2006：5 –16.

［200］刘明．苏南地区乡村居住空间组织研究［D］．苏州：苏州科技学院，2009：3 –10.

［201］王涵．城市滨水区居住空间分异研究［D］．上海：华东师范大学，2008：6 –12.

［202］贺昌全．成都旧城低收入社区渐进式更新模式探索［D］．成

都：西南交通大学，2005：4－13.

［203］强欢欢，吴晓，王慧.2000年以来南京市主城区居住空间的分异探讨［J］.城市发展研究，2014，21（1）：68－78.

［204］靳帅.临汾市新型农村合作医疗制度可持续发展研究［D］.太原：山西财经大学，2013：5－16.

［205］肖俊杰.景德镇生态农业发展模式研究［D］.景德镇：景德镇陶瓷学院，2012：3－11.

［206］张力.基于生态位理论的居住区位及居住空间分异［D］.大连：辽宁师范大学，2011：4－15.

［207］张维，马春波.武汉市居住空间分异特征初探［J］.华中建筑，2004（3）：69－71.

［208］龚婧媛.基于GIS的城市居住空间分异特征研究［D］.武汉：武汉大学，2018：8－17.

［209］赵威.城市更新策略研究［D］.兰州：兰州大学，2008：3－11.

［210］苏晓红.廊坊市居住空间分异研究［J］.资源与产业，2009，11（5）：96－100.

［211］吴永宏.中国城市住房保障制度设计与实践运行研究［D］.苏州：苏州大学，2013：5－15.

［212］陈蜓.兰州市就业空间分布研究［D］.兰州：西北师范大学，2016：5－14.

［213］宋伟轩，朱喜钢.中国封闭社区——社会分异的消极空间响应［J］.规划师，2009，25（11）：82－86.

［214］兰州市概况.兰州市人民政府［EB/OL］.（2024.6.27）［2024－9－30］.http：//zgzfg.lanzhou.gov.cn/col/col5/index.html.

［215］张应亚.兰州市低收入人口居住空间及其社会效应［D］.兰州：西北师范大学，2016：8－19.

［216］潘晶.近30年来兰州城市人口空间分布演化研究［D］.兰州：西北师范大学，2013：21－23.

［217］曾越.让"精致"成为兰州城市竞争力的重要标志［J］.城乡建设，2019（23）：52－54.

[218] 叶萍萍. 兰州新区城市空间扩展研究 [J]. 矿山测量, 2020, 48 (1): 40-43.

[219] 张志斌, 巨继龙, 李花. 兰州市人居环境与住宅价格空间特征及其相关性 [J]. 经济地理, 2018, 38 (6): 69-76.

[220] 李启瑄, 王录仓, 乔杰, 等. "物象·意象、经济·情感" 新数据环境的餐饮业空间特征——以兰州市为例 [J]. 经济地理, 2018, 38 (7): 126-135.

[221] 陈蜓, 张志斌. 兰州市商品住房价格空间分布格局及其影响因素 [J]. 干旱区资源与环境, 2015, 29 (12): 44-50.

[222] 兰州市统计数据. 兰州市人民政府 [EB/OL]. (2021.10.24) [2021-10-30]. http://tjj. lanzhou. gov. cn/col/col20284/index. html.

[223] 魏瑶. 兰州: 撑起沿黄河产业带脊梁 [N]. 兰州日报, 2013-06-26 (013).

[224] 杨继忠. 中国西北游 出发在兰州——打造宜居宜业宜游魅力大都市 [J]. 中国商人, 2012 (7): 88-89.

[225] 王录仓, 常飞. 基于多源数据的兰州市主城区城市职住空间关系研究 [J]. 人文地理, 2020, 35 (3): 65-75.

[226] 王若屹. 兰州市主城区商业网点布局研究 [D]. 兰州: 兰州财经大学, 2016: 8-16.

[227] 余琪. 转型期上海城市居住空间的生产及形态演进 [M]. 南京: 东南大学出版社, 2011: 1-7.

[228] 蒲卉, 张鹏. 产城融合背景下城乡结合区居住空间演替特征与理想结构——以南京麒麟地区为例 [J]. 资源与产业, 2019 (6): 18-24.

[229] 强欢欢. 个体择居与结构变迁: 进城务工人员居住空间演化研究 [D]. 南京: 东南大学, 2019: 7-14.

[230] 兰州市地方志编纂委员会. 兰州市志·建置区划志 (第一卷) [M]. 兰州: 兰州大学出版社, 1999: 2-19.

[231] 冯绳武. 兰州过去与未来 [M]. 兰州: 甘肃教育出版社, 1992: 230-238.

[232] 吕叔桐. 兰州州城建置时间探析 [J]. 兰州古今, 1994 (1):

5 – 8.

[233] 邓明. 兰州历史地理研究取得丰硕成果——兰州市情·历史地理论证会研究成果综述 [J]. 兰州宣传, 1997 (1): 12 – 15.

[234] 陈志杰. 改革开放以来兰州城市社会空间结构演变分析 [D]. 兰州: 西北师范大学, 2015: 8 – 11.

[235] 杜森. 兰州城市居住空间发展研究 [D]. 西安: 西安建筑科技大学, 2009: 13 – 18.

[236] 孙晓东. 民国时期兰州城市空间变迁与社会发展研究 [D]. 西宁: 青海师范大学, 2013: 24 – 27.

[237] 王丹. 1949 – 1960 年兰州市移民研究 [D]. 兰州: 西北师范大学, 2014: 12 – 14.

[238] 杨成钢. 兰州城市空间结构发展研究 (1840 – 1949) [D]. 西安: 西安建筑科技大学, 2013: 17 – 20.

[239] 兰州市地方志编纂委员会. 兰州市志·建置区划志 (第一卷) [M]. 兰州: 兰州大学出版社, 1999: 162 – 165.

[240] 邵彦涛. 国家与边缘: 近代兰州城市发展研究 (1872 – 1949) [D]. 武汉: 华中师范大学, 2014: 101 – 106.

[241] 伍俊辉. 1949 年以来兰州市居住区变迁与发展趋势研究 [D]. 兰州: 兰州大学, 2007: 18 – 52.

[242] 张利, 雷军, 张小雷, 等. 乌鲁木齐城市社会区分析 [J]. 地理学报, 2012, 67 (6): 817 – 828.

[243] 张沈生, 吕振瑛. 沈阳市工业能源综合利用效率评价研究 [J]. 生态经济, 2019, 35 (2): 74 – 80.

[244] 李彬, 章军. 辽宁省文化价值传播力的指标构建、评估与对策——基于主成分分析的省域测度 [J]. 辽宁大学学报 (哲学社会科学版), 2012, 40 (6): 71 – 80.

[245] 贾璐宇, 张泽阳, 李萱, 等. 环境污染责任保险风险评价指标体系的构建 [J]. 环境保护科学, 2021, 47 (1): 115 – 123.

[246] 赵静, 宣国富, 朱莹. 南京都市区社会空间结构与演化——基于第六次人口普查数据的分析 [J]. 地域研究与开发, 2021, 40 (2): 56 – 61.

［247］米子川，郭旭梅，侯晋红，等．家庭资本对大学生过程性学习投入的影响研究［J］．太原师范学院学报（社会科学版），2018，17（5）：81－88．

［248］申玉铭，邓秀丽，任旺兵，等．我国创意产业发展的支撑条件评价及空间发展战略［J］．地理研究，2012，31（7）：1269－1279．

［249］刘燕燕．民族地区人口流动对农村发展影响综述［J］．天水行政学院学报，2018，19（2）：18－22．

［250］钟子琪．基于 SPSS 因子分析法的 2019 年全国省市宜居度评价与提升对策［J］．农村经济与科技，2021，32（22）：11－13．

［251］陈志杰，张志斌．兰州城市社会空间结构分析［J］．兰州大学学报（自然科学版），2015，51（2）：285－292．

［252］黄志宏．城市居住区空间结构模式的演变［M］．北京：社会科学文献出版社，2006：1－6．

［253］余俊．在建设和谐社会的新时期城市规划如何进行［J］．科技创新导报，2008（28）：107－108．

［254］李燕玲．基于社会空间结构下城市社会区域演化与空间结构研究［D］．西安：西安外国语大学，2011：3－15．

［255］张文斌，张志斌，周翼，等．基于夜间灯光数据的兰西城市群时空演变特征［J］．遥感信息，2020，35（6）：38－43．

［256］季顺伟，蒋海兵，任丽燕，等．江苏农村公共服务的可达性与居民满意度空间分异［J］．上海国土资源，2021，42（2）：70－77．

［257］王金梅，杨维芳，杨树文，等．兰州市安宁区彩钢板建筑空间分布特征研究［J］．兰州交通大学学报，2019，38（1）：110－114．

［258］张梦洁，张恩嘉，单卓然．基于 POI 数据的武汉市多类型商业中心识别与集聚特征分析［J］．南方建筑，2019（2）：55－61．

［259］宋伟轩，毛宁，陈培阳，等．基于住宅价格视角的居住分异耦合机制与时空特征——以南京为例［J］．地理学报，2017，72（4）：589－602．

［260］宋伟轩，黄琴诗，谷跃，等．宁杭城市多时空尺度居住空间分异与比较［J］．地理学报，2021，76（10）：2458－2476．

[261] 程亚鹏. 城市住房子市场价格差异的分位数分解方法与实证 [J]. 中国管理科学, 2017, 25 (6): 39-49.

[262] 王洋, 李强, 王少剑, 等. 扬州市住宅价格空间分异的影响因素与驱动机制 [J]. 地理科学进展, 2014, 33 (3): 375-388.

[263] 申悦, 柴彦威. 基于日常活动空间的社会空间分异研究进展 [J]. 地理科学进展, 2018, 37 (6): 853-862.

[264] 刘争光, 张志斌, 汪晓霞, 等. 兰州市居住空间分布及其成因 [J]. 干旱区资源与环境, 2014, 28 (1): 72-78.

[265] 丁甲宇. 转型期深圳市居住空间分异现象研究 [D]. 哈尔滨: 哈尔滨工业大学, 2009: 4-15.

[266] 朱春全. 生态位理论及其在森林生态学研究中的应用 [J]. 生态学杂志, 1993 (4): 41-46.

[267] 王如松, 陈亮. 中国人口生态态势的系统分析和空间发展格局探讨 [J]. 人口研究, 2007 (2): 1-14.

[268] 李翠兰. 特大城市的生态环境研究 [D]. 重庆: 西南师范大学, 2005: 3-15.

[269] 李志恒. 基于生态位理论的开封市不同功能模块动态研究 [D]. 开封: 河南大学, 2006: 5-16.

[270] 丁圣彦, 李志恒. 开封市的城市生态位变化分析 [J]. 地理学报, 2006 (7): 752-762.

[271] 刘建国, 马世骏. 扩展的生态位理论 [M]. 北京: 科技出版社, 1990: 72-75.

[272] 谢坤. 生态位适宜度理论在江西省城市发展中的应用研究 [D]. 南昌: 江西师范大学, 2008: 4-13.

[273] 赵维良. 城市生态位评价及应用研究 [D]. 大连: 大连理工大学, 2008: 5-12.

[274] 赵维良, 纪晓岚, 柳中权. 城市生态位原理探析 [J]. 未来与发展, 2008, 29 (2): 35-38.

[275] 赵伟. 城市型生态农业园区规划研究——以开封高效生态农业园区为例 [D]. 北京: 中国农业大学, 2004: 3-12.

［276］王维．我国城市化进程引起城乡生态位变化问题研究［D］．沈阳：沈阳工业大学，2011：5 – 13.

［277］谢春讯，吴忠，彭本红．基于生态位理论的第三方物流合作关系模型研究［J］．商场现代化，2006（25）：104 – 106.

［278］王立峰．小陇山国家级自然保护区森林种群生态位研究［D］．兰州：西北师范大学，2011：7 – 16.

［279］张力，李雪铭，张建丽．基于生态位理论的居住区位及居住空间分异［J］．地理科学进展，2010，29（12）：1548 – 1554.

［280］张文忠．城市居民住宅区位选择的因子分析［J］．地理科学进展，2001（3）：267 – 274.

［281］刘园园．我国生态城市系统评价及空间分异规律［D］．兰州：西北师范大学，2010：9 – 19.

［282］陈亮，李爱仙，刘玫．区域人口复合生态系统生态位评价［J］．城市发展研究，2008，15（6）：33 – 36.

［283］陈亮，王如松，王志理．2003 年中国省域社会 – 经济 – 自然复合生态系统生态位评价［J］．应用生态学报，2007（8）：1794 – 1800.

［284］董翰蓉．干旱区城市生态位研究［D］．兰州：西北师范大学，2012：12 – 20.

［285］周婷婷．区域性现代农业园区体系发展规划研究［D］．合肥：安徽农业大学，2012：6 – 17.

［286］王勇，李广斌．生态位理论及其在小城镇发展中的应用［J］．城市问题，2002（6）：13 – 16.

［287］李宁，林清．浅谈生态位理论及其应用［J］．今日南国（中旬刊），2010（7）：218 – 220.

［288］李光耀．生态位理论及其应用前景综述［J］．安徽农学通报，2008（7）：43 – 45.

［289］李雄文．龙岩市旅游空间结构及其优化模式研究［D］．福州：福建师范大学，2007：2 – 11.

［290］韩秀娣．城市生态位的内涵及其调控［J］．现代城市研究，2000（2）：42 – 43.

［291］王永峰，高建华，张智先．生态位理论及其在城市竞争研究中的作用——以中原城市群为例［J］．城市环境与城市生态，2007（4）：32－41.

［292］王钰．基于空间自相关的西北五省城市产业结构空间变化分析［J］．内蒙古科技与经济，2021（1）：8－10.

［293］Wang Jingfeng. Spatial Analysis［M］. Beijing：Science Press，2006：76－84.

［294］Johnston R J，Gregory D，Pratt G，et al. The Dictionary of Human Geography［M］. Malden：Black well，2000：23－51.

［295］Feitosa F F，Camara G，Monteiro A M V，et al. Global and local spatial indices of urban segregation［J］. International Journal of Geographical Information Science，2007，21（3）：299－323.

［296］宋伟轩，马雨竹，李晓丽，等．南京城市住宅小区房价增长模式与效应［J］．地理学报，2018，73（10）：1880－1895.

［297］胡述聚，李诚固，张婧，等．教育绅士化社区：形成机制及其社会空间效应研究［J］．地理研究，2019，38（5）：1175－1188.

［298］姚春丽．基于居住空间分异理论的城市居住空间规划研究［D］．西安：西北大学，2005：11－18.

［299］邹宁，陈大昆，肖欣荣．湘潭城市居住模式演变及居住空间发展策略探析［J］．华中建筑，2009，27（9）：136－138.

［300］艾大宾，王力．我国城市社会空间结构特征及其演变趋势［J］．人文地理，2001（2）：7－11.

［301］杨兴柱，孙井东，陆林，等．千岛湖旅游地聚居空间特征及其社会效应［J］．地理学报，2018，73（2）：276－294.

［302］杨永春．中国西部河谷型城市的形成与发展［J］．经济地理，1999（2）：45－50.

［303］杨永春．论典型河谷盆地型城市兰州的发展模式［J］．人文地理，2000（1）：10－14.

［304］刘望保，闫小培，曹小曙．转型期中国城镇居民住房类型分化及其影响因素——基于CGSS（2005）的分析［J］．地理学报，2010，65（8）：949－960.

［305］邹利林，杨俊，胡学东．中国城市住宅价格时空演变研究进展与展望［J］．地理科学进展，2013，32（10）：1479－1489.

［306］陈培阳．中国城市学区绅士化及其社会空间效应［J］．城市发展研究，2015，22（8）：55－60.

［307］冯长春，李维瑄，赵蕃蕃．轨道交通对其沿线商品住宅价格的影响分析——以北京地铁5号线为例［J］．地理学报，2011，66（8）：1055－1062.

［308］刘康，吴群，王佩．城市轨道交通对住房价格影响的计量分析——以南京市地铁1、2号线为例［J］．资源科学，2015，37（1）：133－141.

［309］温海珍，李旭宁，张凌．城市景观对住宅价格的影响——以杭州市为例［J］．地理研究，2012，31（10）：1806－1814.

［310］陈庚，朱道林，苏亚艺，等．大型城市公园绿地对住宅价格的影响——以北京市奥林匹克森林公园为例［J］．资源科学，2015，37（11）：2202－2210.

［311］杨永春．中国模式：转型期混合制度"生产"了城市混合空间结构［J］．地理研究，2015，34（11）：2021－2034.

［312］Song Weixuan and Wu Qiyan. Gentrification and residential differentiation in Nanjing, China［J］. Chinese Geographical Science，2010，20（6）：568－576.

［313］宗会明，季欣．1999—2018年重庆市主城区住宅用地空间演变特征及驱动因素研究［J］．地理科学，2021，41（7）：1256－1265.

［314］曹天邦，黄克龙，李剑波，等．基于GWR的南京市住宅地价空间分异及演变［J］．地理研究，2013，32（12）：2324－2333.

［315］高发文，张志斌，陈龙，等．学前教育资源空间布局与服务主体匹配性探析——以兰州市为例［J］．兰州交通大学学报，2021，40（1）：133－140.

［316］刘春卉，谷跃，刘予，等．城市影子教育机构的空间分异与教育资源领域化——以南京为例［J］．经济地理，2021，41（5）：155－164.

［317］吕萍，邱骏，丁富军，等．住房属性困境、产权残缺与住房制

度改革——基于中国住房政策演变和调整讨论［J］.公共管理与政策评论，2021，10（5）：115 – 127.

［318］因城施策　分类调控［J］.中国房地产，2019（36）：1 – 3.

［319］蒋亮，冯长春.基于社会—空间视角的长沙市居住空间分异研究［J］.经济地理，2015，35（6）：78 – 86.

［320］田绒.城镇低收入群体保障性住房政策实施的困境及出路研究［D］.兰州：西北师范大学，2015：48 – 49.

［321］居翠屏.城市规划视角下兰州市主城区住宅空间结构研究［D］.兰州：西北师范大学，2014：15 – 18.

［322］李晶，程久苗，范菲菲.略论中国城市居住空间分异研究的进展［J］.长江师范学院学报，2012，28（5）：30 – 34.

［323］刘雪春，张志斌，张翠翠，等.兰州市主城区酒店空间分布格局及影响因素［J］.兰州大学学报（自然科学版），2017，53（2）：199 – 205.

［324］易成栋.中国城市家庭住房选择的时空变动和社会分化研究［M］.北京：北京大学出版社，2012：1 – 28.

［325］王晓磊.社会空间论［D］.武汉：华中科技大学，2010：3 – 16.

［326］邓晓臻.社会分层论［D］.北京：中国人民大学，2006：7 – 19.

［327］刘争光.兰州城市居住空间分异研究［D］.兰州：西北师范大学，2014：3 – 18.

［328］兰州市人民政府关于印发兰州市城市基准地价更新及公共服务项目用地基准地价制定成果的通知［J］.兰州政报，2020（9）：10 – 26.

［329］张志斌，杨莹.兰州市穆斯林人口时空变动及其影响机制［J］.中国人口科学，2013（2）：89 – 100.

［330］张志斌，杨莹，居翠屏，等.兰州市回族人口空间演化及其社会响应［J］.地理科学，2014，34（8）：921 – 929.

［331］杨光.基于房地产市场信息系统的住宅供地分析方法研究［D］.上海：同济大学，2008：6 – 17.

［332］张小玉，张志斌.兰州市居民居住区位偏好研究［J］.干旱区资源与环境，2015，29（5）：36 – 41.

［333］张志斌，张小平.西北内陆城镇密集区发展演化与空间整合

［M］．北京：科学出版社，2010：5－32．

［334］赵磊．我国大城市居住空间分异现象经济学分析［J］．科技致富向导，2011（17）：243－244．

［335］陶希东．超大城市居住空间结构探索［N］．中国社会科学报，2021－04－14（012）．

［336］张昱．高速转型期城市居住空间分异的调控策略研究［D］．武汉：华中科技大学，2004：12－17．

［337］方创琳．中国新型城镇化高质量发展的规律性与重点方向［J］．地理研究，2019，38（1）：13－22．

［338］中华人民共和国国民经济和社会发展第十四个五年规划和2035年远景目标纲要［J］．中国水利，2021（6）：1－38．

［339］魏维，马云飞，纪叶．补齐居住社区建设短板 培育发展内生动力——国家标准《完整居住社区建设标准（试行）》解读［J］．工程建设标准化，2020（10）：53－58．

［340］陈球，张幸，陈梓．“完整社区”理念下的老旧小区改造实例与探讨［J］．城乡建设，2020（19）：59－61．

［341］单颖，李鑫．基于大数据分析的沈阳市完整社区评价与研究［A］．中国城市规划学会城市规划新技术应用学术委员会．智慧规划·生态人居·品质空间——2019年中国城市规划信息化年会论文集［C］．中国城市规划学会城市规划新技术应用学术委员会：《规划师》杂志社，2019：10－11．

［342］赵强，段进军．农民工市民化视域下的居住空间分异到融合［J］．商业时代，2013（36）：32－34．

［343］殷克东，赵昕，薛俊波．基于PSR模型的可持续发展研究［J］．软科学，2002（5）：62－66．

［344］Peter C，Schnlze. Overview：Measures of Environmental Performance and Ecosystem Condition［M］．Washington DC：National Academy Press，1999：3－15．

［345］Kim，G. － E.；Choi，M. J. Spatial Homophily of Commercial Areas：The Case of Seoul［J］．Sustainability，2017（9）：10－12．

［346］张文斌. 基于改进 PSR 模型的西北干旱区土地利用系统健康评价——以玉门市为例［J］. 中国农学通报，2014，30（34）：74 - 80.

［347］杨倩倩，陈英，金生霞. 西北干旱区土地资源生态安全评价——以甘肃省古浪县为例［J］. 干旱地区农业研究，2012，30（4）：195 - 241.

［348］谢威，安明胜，钟世才，等. 突发事件对油价的效应分析模型——基于 PSR 的概念框架［J］. 软科学，2012，26（8）：37 - 39.

［349］李玲，朱道林，胡克林. 基于 PSR 模型的房地产调控政策对房价影响的研究［J］. 资源科学，2012，34（4）：787 - 793.

［350］蒋依依，张敏. 基于 PSR 模型的旅游地生态持续性空间差异评价——以云南省玉龙纳西族自治县为例［J］. 资源科学，2013，35（2）：332 - 340.

［351］郑华伟，张锐，杨兴典，等. 基于 PSR 模型的土地利用系统健康评价及障碍因子诊断［J］. 长江流域资源与环境，2012，21（9）：1099 - 1105.

［352］化柏林，武夷山. 加强定性分析与定量分析的结合［J］. 情报学报，2012（10）：1 - 2.

［353］白易，张奇，石哲. 基于改进 PSR 模型的恩平市土地可持续利用评价［J］. 水土保持通报，2009，29（4）：209 - 214.

［354］宫继萍，石培基，魏伟. 基于 BP 人工神经网络的区域生态安全预警——以甘肃省为例［J］. 干旱地区农业研究，2012，30（1）：211 - 223.

［355］张文斌，陈英，张仁陟，等. 土地利用总体规划实施的多维评价指标体系的构建及其应用［J］. 生态经济（学术版），2011（10）：54 - 58.

［356］赵晓露，高敏华，高军. 乌鲁木齐市土地利用效益的耦合关系分析［J］. 干旱区资源与环境，2011，25（1）：91 - 95.

［357］赵磊，刘洪彬，于国锋，等. 基于熵权法土地资源可持续利用综合评价研究——以辽宁省葫芦岛市为例［J］. 资源与产业，2012，14（4）：63 - 69.

［358］Wu, Q. , Cheng, J. , Chen, G. , Hammel, D. J. , Wu, X. Socio - spatial differentiation and residential segregation in the Chinese city based on the

2000 community – level census data：A case study of the inner city of Nanjing [J]. Cities, 2019 (9)：109 – 119.

［359］Iceland, J. , Sharp, G. White Residential Segregation in U. S. Metropolitan Areas：Conceptual Issues, Patterns, and Trends from the U. S. Census, 1980 to 2010 [J]. Popul Res Policy Rev, 2013 (3)：663 – 686.

［360］Johnston, R. , Poulsen, M. , Forrest, J. The geography of ethnic residential segregation：A comparative study of five countries [J]. Ann. Assoc. Am. Geogr, 2017 (9)：713 – 738.

［361］Gu, C. , Wang, F. , Liu, G. The structure of social space in Beijing in 1998：A socialist city in transition [J]. Urban Geogr, 2015 (6)：167 – 192.

［362］Wu, Q. , Cheng, J. , Young, C. Social differentiation and spatial mixture in a transitional city – Kunming in southwest China [J]. Habitat Int, 2017 (6)：11 – 21.

［363］Pettigrew, T. F. , & Tropp, L. R. Does intergroup contact reduce prejudice? Recent metaanalytic findings [M]. In S. Oskamp (Ed.), Reducing prejudice and discrimination Hillsdale, NJ：Erlbaum. 2020：93 – 114.

［364］Kawakami K, Dovidio J F, Moll J, Hermsen S, Russin A. Just say no (to stereotyping)：effects of training in the negation of stereotypic associations on stereotype activation [J]. Journal of personality and social psychology, 2020, 78 (5)：871 – 888.

［365］李森森, 龙长权, 陈庆飞, 等. 群际接触理论：一种改善群际关系的理论 [J]. 心理科学进展, 2010, 18 (5)：831 – 839.

［366］唐晓岚. 城市居住分化现象研究 [M]. 南京：东南大学出版社, 2007：3 – 21.

［367］郭永昌. 大城市社会阶层空间错位 [M]. 北京：中国经济出版社, 2008：5 – 16.

［368］赵民, 陶小马. 城市发展和城市规划的经济学原理 [M]. 北京：高等教育出版社, 2001：2 – 9.

［369］刘冰, 张晋庆. 城市居住空间分异的规划对策研究 [J]. 城市规划, 2002 (12)：82 – 85.

［370］郭宏定，姚润月，胡俊成．城市居住区分化及混合生态居住模式研究［J］．现代城市研究，2007（2）：78－82．

［371］杨菊华．从隔离、选择融入到融合：流动人口社会融入问题的理论思考［J］．人口研究，2009，33（1）：17－29．

［372］Wissink, B., Schwanen, T., van Kempen, R. Beyond residential segregation：Introduction［J］. Cities, 2016, 59, 126－130.

［373］Zhou, S., Deng, L., Kwan, M.－P., Yan, R. Social and spatial differentiation of high and low income groups' out－of－home activities in Guangzhou, China［J］. Cities, 2020, 45, 81－90.

［374］住房和城乡建设部等13部门联合启动城市居住社区建设补短板行动［J］．工程建设标准化，2020（9）：33－34．

［375］住房和城乡建设部等部门关于开展城市居住社区建设补短板行动的意见［J］．房地产世界，2020（17）：3－4．

［376］住房和城乡建设部等13部门开展城市居住社区建设补短板行动［J］．住宅产业，2020（8）：7－8．

［377］宗边．住房和城乡建设部等13部门开展城市居住社区建设补短板行动［N］．中国建设报，2020－08－28（001）．

［378］社区短板如何补？住建部等十三部委有了新行动［J］．房地产世界，2020（18）：1－2．

［379］中华人民共和国住房和城乡建设部．关于开展城市居住社区建设补短板行动的意见［J］．上海建材，2020（5）：5－8．

［380］毕照卿．劳动演变与基本经济制度的历史生成——基于马克思劳动过程理论的分析［J］．社会主义研究，2021（6）：40－47．

［381］张新江．聚焦主业顺势而为努力做好转型发展必答题［J］．河南检察论坛，2019（1）：3－5．

［382］曹雅丽，林毅夫．中国将势不可挡地成为世界经济中心［J］．中国纪检监察，2021（23）：58－60．

［383］王德福．中国式小区：城市社区治理的空间基础［J］．上海城市管理，2021（1）：45－51．

［384］王承慧．转型背景下城市新区居住空间规划研究［M］．南京：

东南大学出版社，2011：152 – 173.

[385] 张志斌，达福文，潘晶. 基于公交视角的兰州市城市交通发展策略 [J]. 兰州大学学报（自然科学版），2012，48（4）：39 – 44.

[386] 陈龙，张志斌，张亚丽，等. 城市公共服务设施与居住小区空间匹配性研究——以兰州市为例 [J]. 干旱区资源与环境，2019，33（11）：120 – 127.

[387] 陈芸芬，雒占福. 兰州市基础教育资源空间分布特征及布局效率研究 [J]. 干旱区资源与环境，2017，31（1）：44 – 50.

[388] 达福文. 兰州市公共交通空间分布特征及其可达性研究 [D]. 兰州：西北师范大学，2013：45 – 48.

[389] 齐博. 兰州市公共交通发展对策研究 [J]. 公路与汽运，2010（1）：32 – 33.

[390] 鲁静. 中国休闲产业发展评价、结构与效率研究 [D]. 上海：华东师范大学，2016：4 – 15.

[391] 徐晓明. 社会资本参与老旧小区改造的价值导向与市场机制研究 [J]. 价格理论与实践，2021（6）：17 – 22.

[392] 刘乃仲，丁世文. 非营利组织在我国城市社区建设中的作用探讨 [J]. 前沿，2007（10）：134 – 136.

[393] 罗晓媚. 浅析非营利组织在我国社区治理中的发展困境及原因 [J]. 三峡大学学报（人文社会科学版），2009，31（S2）：80 – 82.

[394] 郭翔. 新型城镇化背景下对城市居住空间分异的探究——以常德市居住空间布局为例 [J]. 中外建筑，2018（4）：77 – 82.

[395] 张翠翠. 兰州市主城区公共医疗机构空间格局及影响因素研究 [D]. 兰州：西北师范大学，2017：29 – 32

[396] Hall, M. , Stringfield, J. Undocumented migration and the residential segregation of Mexicans in new destinations [J]. Soc. Sci. Res, 2014, 47, 61 – 78.

[397] Liu, Y. , Dijst, M. , Geertman, S. Residential segregation and well-being inequality between local and migrant elderly in Shanghai [J]. Habitat Int, 2019, 42, 175 – 185.

[398] Tang, M. , Coulson, N. E. The impact of China's housing provident fund on homeownership, housing consumption and housing investment [J]. Reg Sci. Urban Econ, 2017, 63, 25 – 37.

[399] Wang, X. – R. , Hui, E. C. – M. , Sun, J. – X. Population migration, urbanization and housing prices: Evidence from the cities in China [J]. Habitat Int, 2020, 66, 49 – 56.

[400] Wang, M. , Yang, Y. , Jin, S. , Gu, L. , Zhang, H. Social and cultural factors that influence residential location choice of urban senior citizens in China—The case of Chengdu city [J]. Habitat Int, 2021, 53, 55 – 65.

[401] 夏方舟, 刘唱. 靶向居住分异的国土空间规划中混合社区优化设计研究 [J]. 南方建筑, 2021 (2): 56 – 62.

[402] 张昱, 倪明. 我国大中城市居住空间分异的规划调控与引导 [J]. 中华民居 (下旬刊), 2013 (5): 49 – 50.

[403] 孙彩歌, 昝涛, 赵宇, 等. 基于城市住宅类型的不同年限建成区居住空间分异研究 [J]. 中国人口·资源与环境, 2017, 27 (S2): 87 – 90.

[404] 韦佳伶, 赵丽元. 基于房价数据的居住空间分异与规划应对策略研究——以武汉市主城区为例 [A]. 中国城市规划学会、重庆市人民政府活力城乡美好人居——2019 中国城市规划年会论文集 (20 住房与社区规划) [C]. 中国城市规划学会, 2019: 12 – 13.

[405] 周晓敏, 谢世雄. 基于教育设施分布的典型学区空间居住分异研究 [J]. 城市建筑, 2020, 17 (5): 53 – 56.

[406] 张若曦, 王丽芸. 城市教育设施分布引起的居住空间分异研究——基于厦门市厦港、滨海街道小学"学区房"分析 [J]. 中国房地产, 2018 (27): 45 – 52.

[407] 孙颖. 和谐社会视阈下的城市空间分异治理研究 [J]. 湖南科技大学学报 (社会科学版), 2018, 21 (6): 105 – 111.

[408] 张梦尧. 社会分层理论视角下的城市社会空间分异研究——以银川市为例 [J]. 中阿科技论坛, 2018 (2): 64 – 67.

[409] 秦洛峰, 周雪吟, 俞淳流. 基于城市空间分异理论的深圳城中

村租赁改造研究［J］. 建筑与文化，2019（8）：119 – 121.

　　［410］美青，魏开. 空间隔离及空间融合的研究述评［J］. 城市建筑，2020，17（16）：33 – 36.

　　［411］王振坡，黄玉洁. 居住空间分异视角下我国城市基础教育资源配置研究［J］. 天津城建大学学报，2019，25（1）：35 – 39.

　　［412］李武装. 经典马克思主义的空间正义理论及其当代启示［J］. 毛泽东邓小平理论研究，2020（2）：48 – 55.

　　［413］唐静，耿慧志. 居住空间分异背景下公共服务设施供需矛盾研究——以宁波高新区为例［J］. 城市建筑，2020，17（25）：60 – 64.

　　［414］孙鹜，张海峰. 西宁市居住空间质量的空间格局与形成机制［J］. 内蒙古科技与经济，2021（3）：12 – 14.

　　［415］杨砚茹，豆丁. 济南市保障性住宅的城市居住空间发展研究［J］. 城市住宅，2021，28（3）：193 – 194.

　　［416］王帅，任杰. 居住空间分异视角下的老旧社区改造策略研究——以西安市纺织城三棉社区为例［J］. 城市住宅，2021，28（2）：129 – 130.

　　［417］刘玉梅. 社区组织在贫民住区中的作用研究［J］. 现代商贸工业，2016，37（29）：133 – 134.

　　［418］吕萍，邱骏. 创新供地方式适应大城市保障性租赁住房建设［J］. 中国房地产，2021（33）：8 – 12.

　　［419］国务院办公厅. 我国加快发展保障性租赁住房［J］. 资源与人居环境，2021（7）：9 – 11.

　　［420］侯丽鸿. 谈城市居住空间分异现状及其规划调节思路［J］. 山西建筑，2012，38（33）：11 – 13.

　　［421］王伟，赵迪，吕霞. 新时期我国城市管理运维资金机制创新探析［J］. 城市管理与科技，2021，22（6）：21 – 24.

附录 调查问卷

《兰州市居住空间分异及其效应研究》调查问卷

尊敬的先生/女士：

您好！我们是西北师范大学的研究生。为了更加准确地了解兰州市居住空间演变与分异情况，并对居住空间分异所带来的社会效应等进行深入探究，我们开展这次问卷调查活动。希望您能如实地回答问题，以使我们的研究更具有真实性。同时，我们郑重承诺，本调查问卷只用于学术研究，采取不记名方式进行，对您提供的信息我们将严格保密，非常感谢您的配合和支持！　　　　　西北师范大学居住空间研究课题组

一、基本情况

1. 您家住在兰州市_____区_____街道_____社区_____小区。

2. 您的性别为（　　）。

A. 男　　　　　　B. 女

3. 您的年龄为（　　）。

A. 18 岁以下　　　B. 18～30 岁　　　C. 31～40 岁　　　D. 41～50 岁

E. 51～60 岁　　　F. 61～70 岁　　　G. 70 岁以上

4. 您的民族状况为（　　）。

A. 汉族　　　　　B. 回族　　　　　C. 东乡族

D. 藏族　　　　　E. 其他_____

5. 您的政治面貌为（   ）。

A. 党员（包括预备）   B. 民主党派

C. 团员   D. 群众

6. 您的家庭结构为（   ）。

A. 单身   B. 两口人   C. 三口人

D. 四口人   E. 五口人及以上

7. 您的文化程度为（   ）。

A. 未上过学   B. 小学   C. 初中

D. 普通高中   E. 中职   F. 大学专科

G. 大学本科   H. 研究生及以上

8. 您的户口为（   ）。

A. 本地户口   B. 外地户口

9. 您在本市居住的时间为（   ）。

A. 半年以内   B. 半年至 1 年   C. 1 ~ 5 年

D. 6 ~ 10 年   E. 11 ~ 20 年   F. 20 年以上

10. 您离开户口登记地的时间为（   ）。

A. 半年以内   B. 半年至 1 年   C. 1 ~ 5 年

D. 6 ~ 10 年   E. 11 ~ 20 年   F. 20 年以上

G. 没有离开户口登记地

11. 您离开户口登记地的原因为（可多选）

（您若在户口所在地，请跳过此题）（   ）。

A. 工作就业   B. 学习培训

C. 随同迁移   D. 房屋拆迁

E. 改善住房   F. 寄挂户口

G. 婚姻嫁娶   H. 为子女就学

I. 其他_____

12. 您在老家是否有宅基地（   ）。

A. 有   B. 无

13. 您家拥有家用汽车的情况（   ）。

A. 没有汽车

B. 拥有 10 万元以下的汽车

C. 拥有 10~20 万元的汽车

D. 拥有 21~30 万元的汽车

E. 拥有 30 万元以上的汽车

二、住房情况

1. 您家的住房来源类型为（　　　）。

A. 租赁廉租房、公租房

B. 租赁其他住房

C. 自建住房

D. 购买新建商品房

E. 购买二手房

F. 购买经济适用房、两限房

G. 购买原公有住房

H. 单位分房（福利房）

I. 其他＿＿＿＿＿＿＿＿

2. 您家住房的建筑面积为（　　　）。

A. 50 平方米以下	B. 50~69 平方米
C. 70~89 平方米	D. 90~109 平方米
E. 110~129 平方米	F. 130~149 平方米
G. 150~199 平方米	H. 200~299 平方米
I. 300~500 平方米	J. 500 平方米以上

K. 其他＿＿＿＿＿＿

3. 您家住房的间数为（包括客厅、厨房等）（　　　）。

A. 一间	B. 二间	C. 三间	D. 四间
E. 五间	F. 六间	G. 七间	H. 八间
I. 九间	J. 十间	K. 其他＿＿＿＿＿＿	

4. 您家住房所在的建筑物一共有多少层（　　　）。

A. 平房	B. 2~3 层楼房	C. 4~6 层楼房
D. 7~9 层楼房		E. 10 层及以上楼房

5. 您家住房的建筑结构为（　　　）。

A. 框架结构　　　　　　　　　B. 砖混结构

C. 砖木结构　　　　　　　　　D. 其他结构

6. 您家住房的建成时间为（　　　）。

A. 1978 年以前　　B. 1979～1989 年　C. 1990～1999 年

D. 2000～2009 年　E. 2010～2020 年　F. 其他_____

7. 您家住房里有无厨房（　　　）。

A. 独立使用　　　B. 与其他户合用　　C. 无

8. 您家住房的常用炊事燃料中最主要的是（　　　）。

A. 天然气　　　　B. 液化气　　　　C. 电

D. 煤炭　　　　　E. 其他_____

9. 您家住房的洗浴设施为（　　　）。

A. 统一供热水　　　　　　　　B. 家庭自装电热水器

C. 燃气壁挂炉热水器　　　　　D. 无

10. 您家住房里有无卫生间（　　　）。

A. 两个独立卫生间　　　　　　B. 一个独立卫生间

C. 合用其他形式　　　　　　　D. 无

11. 您家住房有没有宽带网络（　　　）。

A. 有宽带网络　　　　　　　　B. 无宽带网络

12. 您家住房若是租的，其租房费用为每月多少元
（若不是租赁住房，请跳过此题）（　　　）。

A. 500 元以下　　　B. 500～800 元　　C. 800～1000 元

D. 1000～1500 元　　E. 1500～2000 元　　F. 2000～3000 元

G. 3000～5000 元　　H. 5000 元以上

13. 您家住房是____年购买的，现估单价为
（若不是购买房屋，请跳过此题）（　　　）。

A. 3000～5000 元/平方米　　　　B. 5000～7000 元/平方米

C. 7000～9000 元/平方米　　　　D. 9000～11000 元/平方米

E. 11000～13000 元/平方米　　　F. 13000～15000 元/平方米

G. 15000～17000 元/平方米　　　H. 17000～19000 元/平方米

I. 19000～21000 元/平方米　　　　　　J. 21000～23000 元/平方米

K. 23000～25000 元/平方米　　　　　　L. 25000 元/平方米以上

14. 您购房（租房）主要是为了（可多选）（　　　）。

A. 安居乐业　　　　B. 以房养老　　　　C. 子女婚房

D. 自用婚房　　　　E. 孩子上学　　　　F. 赡养父母

G. 改善生活　　　　H. 生产经营　　　　I. 投资增值

J. 其他＿＿＿＿＿

15. 您对您的住房条件的评价（　　　）。

A. 非常满意　　　　B. 满意　　　　　　C. 一般

D. 不满意　　　　　E. 很不满意

16. 如果有选择机会，您最希望在以下哪个片区居住（　　　）。

A. 城关中心　　　B. 雁滩　　　　C. 东岗　　　　D. 盐场

E. 七里河　　　　F. 安宁　　　　G. 西固　　　　H. 其他＿＿＿

17. 您选择这个片区看重的因素有（可多选）（　　　）。

A. 上班方便　　　　B. 有好学校　　　　C. 就医方便

D. 购物方便　　　　E. 交通便利　　　　F. 环境优美

G. 有升值潜力　　　H. 其他＿＿＿

三、职业及待遇情况

1. 您的职业状况为（　　　）。

A. 国家机关、党群、企事业单位人员

B. 专业技术人员

C. 办事人员和有关人员

D. 商业服务业人员

E. 农、林、牧、渔、水利业生产人员

F. 生产、运输设备操作及有关人员

I. 其他＿＿＿＿

2. 您的月收入为（　　　）。

A. 无收入　　　　B. 1～2000 元　　　C. 2001～4000 元

D. 4001～6000 元　E. 6001～8000 元　F. 8001～10000 元

G. 10000 元以上

3. 您的工作单位所在片区为（　　　　）。

　A. 城关中心　　　　B. 雁滩　　　　　C. 东岗　　　　D. 盐场

　E. 七里河　　　　　F. 安宁　　　　　G. 西固　　　　H. 其他____

4. 您家到工作地的距离为（　　　　）。

　A. 1 千米以内　　　B. 1~2.5 千米　　C. 2.6~5 千米

　D. 6~10 千米　　　E. 11~15 千米　　F. 16~20 千米

　G. 21~30 千米　　　H. 31~40 千米　　I. ____ 千米

5. 您前往工作地所乘主要交通工具为（　　　　）。

　A. 步行　　　　　　B. 自行车　　　　C. 电动、摩托车

　D. 私家车　　　　　E. 公交车　　　　F. 轨道交通

　G. 公交车 + 轨道交通　　　　　　　　H. 单位通勤车

　I. 其他____

6. 您前往工作地所需要的时间为（　　　　）。

　A. 5 分钟内　　　　B. 6~15 分钟　　C. 16~20 分钟

　D. 21~30 分钟　　　E. 30~60 分钟　　F. 61~90 分钟以上

　G. 91~120 分钟　　　H. 120 分钟以上

7. 您前往工作地的交通费用（单程）为_____元。

8. 参加社会养老保险的情况（　　　　）。

　A. 城镇职工基本养老保险

　B. 城镇（乡）居民社会养老保险

　C. 新型农村社会养老保险

　D. 机关事业单位养老保险

　E. 未参加以上四种社会养老保险

9. 参加社会医疗保险的情况（　　　　）。

　A. 职工基本医疗保险

　B. 城镇（乡）居民基本医疗保险

　C. 新型农村合作医疗

　D. 机关事业单位医疗

　E. 未参加以上四种基本医疗保险

四、居住满意度

1. 您对自己小区邻里关系现状的满意度为（　　　）。

A. 非常满意　　　　B. 满意　　　　　　C. 一般

D. 不满意　　　　　E. 很不满意

2. 您和您的邻居的熟悉程度（　　　）。

A. 非常熟悉　　　　B. 比较熟悉　　　　C. 一般

D. 不太熟悉　　　　E. 很不熟悉

3. 遇到困难，您会找邻居帮助吗（　　　）。

A. 总是　　　　　　B. 大多数　　　　　C. 一般

D. 偶尔　　　　　　E. 根本不

4. 您在住处附近认识的人家户数为（　　　）。

A. 5 户以下　　　　B. 6 ~ 10 户　　　　C. 11 ~ 15 户

D. 16 ~ 20 户　　　E. 20 户以上

5. 您参与小区或社区的一些集体活动的情况为（　　　）。

A. 总是　　　　　　B. 大多数　　　　　C. 一般

D. 偶尔　　　　　　E. 根本不

6. 您对社区管理工作的评价为（　　　）。

A. 非常满意　　　　B. 满意　　　　　　C. 一般

D. 不满意　　　　　E. 很不满意

7. 您对社区治安的评价为（　　　）。

A. 非常满意　　　　B. 满意　　　　　　C. 一般

D. 不满意　　　　　E. 很不满意

8. 您对社区环境（绿化、噪声、环境卫生等）的评价是（　　　）。

A. 非常满意　　　　B. 满意　　　　　　C. 一般

D. 不满意　　　　　E. 很不满意

五、小区及配套设施情况

1. 经过小区的公交有＿＿＿路（数量）

2. 步行 15 分钟范围内是否有地铁站（　　　）。

A. 是　　　　　　　　　　　　B. 否

3. 步行 15 分钟范围内是否有大型综合超市（　　）。

A. 是　　　　　　　　　　　　B. 否

4. 步行 15 分钟范围内是否有综合医院（　　）。

A. 是　　　　　　　　　　　　B. 否

5. 步行 15 分钟范围内是否有中小学（　　）。

A. 是　　　　　　　　　　　　B. 否

6. 步行 15 分钟范围内是否有幼儿园（　　）。

A. 是　　　　　　　　　　　　B. 否

7. 步行 15 分钟范围内是否有银行等金融机构（　　）。

A. 是　　　　　　　　　　　　B. 否

8. 步行 15 分钟范围内是否有公共休闲场所（广场、公园）（　　）。

A. 是　　　　　　　　　　　　B. 否

9. 您的小区是否有垃圾分类设施（　　）。

A. 是　　　　　　　　　　　　B. 否

10. 社区是否有垃圾分类的宣传（　　）。

A. 有　　　　　　　　　　　　B. 没有

11. 您身边亲戚朋友垃圾分类情况为（　　）。

A. 基本没有分类　　　　　　　B. 仅把可卖的分类

C. 几乎全分类　　　　　　　　D. 不清楚

12. 您觉得生活垃圾分类有无必要（　　）。

A. 有必要　　　B. 无所谓　　　C. 没必要

13. 您对生活垃圾分类知识（分类标准、如何分类等）的了解程度（　　）。

A. 不了解　　　B. 较少了解　　　C. 基本了解　　　D. 非常了解

14. 您是否愿意支持生活垃圾分类工作（　　）。

A. 愿意　　　　　　　　　　　B. 不愿意

15. 您平时处理垃圾的方式为（　　）。

A. 基本没有分类　　　　　　　B. 仅把可卖的分类

C. 简单分类　　　　　　　　　D. 几乎全分类

16. 您对政府相关部门垃圾分类管理工作的满意度为（　　　）。

A. 非常满意　　　　B. 满意　　　　　　C. 一般

D. 不满意　　　　　E. 很不满意

感谢您配合我们完成此次调查！祝您及家人健康幸福！

后　记

　　本书是我攻读博士学位期间对居住空间分异及其效应这一问题思考的成果。

　　有人说，你所吃过的苦终会照亮你脚下的路，你所遭遇的人定会助力你成长的梦……在我成长求学的追梦之路上就有许许多多使我感动、感恩的贵人。在这研究成果付梓之际，就让我用发自内心的最真挚的情感向你们致谢！

——题记

　　2006 年 8 月 26 日，初秋的天空下着小雨，告别了养育我近二十年的清水河，带着家乡父老的嘱托和期望，平生第一次踏上了去省城兰州的客车，开始了我的大学生活。没想到，从清水河畔到黄河岸边的甘肃农业大学一学就是七年。从初入大学的少不更事，到四年之后的独当一面；从传统思想的备战公考，到意想不到的推免学硕；从毕业送别的难舍友情，到悲喜交加的随即入门……我从一名热爱"三农"问题的大学本科生成长为了一名深爱农村土地问题的研究生。三年之后的 2013 年 6 月 2 日，我上午通过了兰州财经大学教师岗工作的面试，下午完成了硕士学位论文的答辩，在告别母校农大的同时又入职一所陌生的高校，成为一名大学教师。五年之后的 2018 年，正值秋高气爽、硕果累累的季节，因始终对学术怀有浓厚的兴趣，我毅然选择重返校园再次来到黄河岸边，有幸师从北京大学博士、西北师范大学张志斌教授，攻读人文地理学博士学位，开始了我的第二次求学生涯。从清水河畔到黄河岸边，回想二十几年来走过的路，求学的往事如烟，但却历历在目。每次梦回故乡的我，醒来后便会潸然泪下……

（一）　初心不忘

不忘初心、锲而不舍。我的家乡在河西走廊凉州区人均耕地不足一亩的清水乡。村边有条只有多雨季节才会流水的河，虽河水不清但因乡得名——清水河。

河边长大的我从上初中开始就因远离县城且家境贫寒而不得不选择了清水乡中学。虽说是乡上的中学，但距离我家也有近半个小时的自行车车程。无论春夏秋冬、刮风下雨，我都每日骑车往返于家与学校之间。三年的时光如白驹过隙……中考之后，我又因高额的学费无奈放弃了当时认为香饽饽的武威师范，选择了离家较近的武威三中。为了节省食宿费用我依然坚持每日骑车往返于家与学校之间，但不同的是，这次的自行车车程变成了 50 分钟。中午的课间有 120 分钟，我花在骑车上的时间就接近 100 分钟。每当放学时，我们像极了大坝口外泄的洪水，个个争先夺门而出，飞一样地往家里赶。狼吞虎咽地吃完午饭后又像上了发条的闹钟一样分秒不差地往学校赶。与时间赛跑的我们练就了精准地掌控在下午预备铃响之前入座教室的本领。但遇到雨雪天，我们不得不蹚着泥泞或湿滑扛着车子往学校赶，迟到便成了铁定的事实。然而，这些对我们来说都不算难事，最可怕的是下午第一节课的上下眼皮"打架"，尤其是春夏季节，一下午因困乏无法听课。那时的我只有一个想法，就是必须考上大学！现在回想起来，在那样的环境和条件下中学学习都能坚持下来，还有什么困难能难倒我呢？也正是那一段难忘经历告诉我——不忘初心、锲而不舍，才能实现自己的目标！

（二）　师恩如山

山高水长，师恩难忘。"能遇上名师引路贵人相助，一定是人生一大幸事！"很荣幸，在我博士求学的路上就遇到了我生命中的名师和贵人——张志斌教授。张老师的学术思想像一盏明灯指引着我的科研之路，并将继续照亮我的学术生涯；其人文关怀使我在一次次遇到困难和挫折时备受感动，滴水之恩当以涌泉相报！

回顾四年前，两次均因"在职"身份被其他两所大学在面试中"刷去"时，是张老师不嫌不弃收我于师门之中，这足以让我感激余生！在论文选题的过程中，张老师从我专业背景和未来发展的视角帮助我规划方向、搭建框架、理顺思路等。从数据获取到理论创新，从学术规范到遣词造句等，都无不倾注着老师的心血与汗水。在小论文的写作与修改过程中，张老师缜密的思维、严谨的逻辑、流畅的语言和华美的文采等都使我佩服得五体投地。印象最为深刻的一次是，老师顶着38度的高温穿着背心在暑假的办公室里帮我逐字逐句地修改论文。这种学术追求和敬业精神是我受益终生的精神财富！当然，我曾因为其严格与严厉而心生畏惧，也曾因为其信任与包容而感激欣慰，更因为其关怀备至而感动落泪……尤其是张老师和师母张小平老师在我父亲受伤住院时的慰问、资助与关怀等使我倍感家人般的温暖与疼爱，那股感恩与感激之情源自内心而流遍全身，只言片语无法诠释，只好将它深深埋入心底并化作祈祷与祝福——愿你们好人一生平安！

在此，请允许我感谢另外两位导师，我的硕导张仁陟和陈英老师，是你们谆谆教诲、悉心指导的培养和动之以情、晓之以理的推荐，我才有机会踏上博士求学之路。当然，从小到大求学路上的老师也是我必须感谢的！不再一一列举……

衷心感谢兰州大学的杨永春教授、姜安印教授和常跟应教授，西北师范大学的石培基教授、王录仓教授、赵锐锋教授、赵雪雁教授、马利邦教授、雒占福副教授等在论文开题及答辩过程中提出的宝贵意见和建议，让我能够顺利完成毕业论文写作；同时，感谢西北师范大学地理与环境科学学院的其他任课老师对我的教育与培养，谢谢你们！你们严谨的治学态度永远值得我学习。愿事业顺利！

（三）含辛茹苦

谁言寸草心，报得三春晖。20世纪90年代的家乡，十里八村都找不到一个大学生，读书无用论更是在我们村子里盛行着。周围及亲戚家的哥哥姐姐们大多初中毕业就外出打工了，但是，父母硬是顶着压力，在周围邻居的冷嘲热讽中坚持供我们兄弟俩读高中考大学。不论寒暑春秋，数十年如一日，父母用爱铺就了一条助子成长之路。父亲虽然言语很少，但却为人实在，岁月无情夺走了辛苦劳作、默默付出的父亲一只眼睛，又在去年飞来横祸使其脑内受伤……就像那句歌词"生活的苦涩有三分，你却吃了十分……"这四年，我们还经历了五位亲人的离世之痛……如今，父母已年过半百，每次回家探亲回兰之际，母亲眼里总是含着泪水，别人可能不会理解，但您的儿子却能读懂这份牵挂与担忧……

致敬，伟大的母亲

致敬，伟大的母亲	致敬，伟大的母亲
生我养我	女婿半儿
多于辛苦，少于享福	如于己出，胜于亲儿
劳作于农家粮田之中	繁忙于三尺讲台之上
育我于穷乡僻壤之间	识吾于"两无""卑鄙①"之境
积劳成疾因忙于生计	脱俗于传统嫁女之风
华发早生为望儿成才	超凡在始终鼎力相助
廿余年如一日起早贪黑	支持女儿，奔波反复带孙
两儿郎同培养周到细心	助力儿子，"孟母三迁"感人
上敬公婆如亲生父母	以菩萨心肠处事于亲朋之间
下带子孙赢众人夸赞	用人间大爱温暖在天地之上
母爱的伟大世人皆知	岳母的形象宛如菩萨
朴素的母亲谁来吟诗	这样的母亲谁来吟诗
致敬，伟大的母亲	致敬，伟大的母亲

注：①"两无"即无房无车；"卑鄙"同《出师表》之"卑鄙"。

谨以此诗献给两位伟大的母亲！

而今，将近不惑之年的我将义不容辞地赓续你们身上的那份责任担当。你们的辛勤付出，我将用余生来报答，让你们享受儿孙的天伦之乐、人生的幸福美好！

（四）白头相守

相濡以沫，齐头并进。与妻相识，始于同心，合于协力；操劳于柴米油盐之间，运筹于鸡毛蒜皮之外；奉献青春于养儿育女，播撒爱心于长幼尊卑；上得祖孙三代之喜欢，中砥家庭事业之基柱，下苦孤灯长夜之研学；不慕光鲜亮丽于虚荣，孜求同甘共苦于贫家；好看的皮囊千篇一律，上进的灵魂万里挑一……

感谢我的妻子姜莉娟女士，在这四年博士求学期间我们聚少离多，是你用爱和辛劳支撑着整个家庭的运转和我们的学业。同时，感谢岳父、岳母将掌上明珠下嫁于我，并如同亲生父母一样帮助着我，一直支持着我们俩的学习与发展。每次我们遇到困难和挫折，你们都会挺身而出施以援手，使我们一次次走出困境低谷……2022 年 6 月，辞职读研的妻子毕业，儿子在你的精心培育下也幼儿园毕业，希望你能如愿找到理想的工作。今后，我会加倍珍惜来之不易的幸福生活，照顾好我们共同的父母，培养儿女健康成长，用诗和远方伴你白首！

（五）同窗情深

海内存知己，天涯若比邻。在这四年的时光里，陪伴我最多、帮助我最多、欢声笑语最多的是我们同门的师兄和师弟师妹们！我们或是相互学习、共同探讨，或是灵感交锋、大脑风暴，或是一同干饭、偶尔小酌；谈笑间友情倍增，讨论中学识见长；虽然具体研究各有小圈，但是集体关怀聚成一团……这让我无时无刻感受到兄弟姐妹一样的家庭温暖！认识你们是我青春奋进的源泉，感谢上天让我遇到如此优秀的你们！感谢张怀林、高发文、董建红师兄，公维民、陈龙师弟，冯雪丽、郭倩倩、张亚丽、师晶、马亚兄、郑岚、王奕璇、马晓梅、李瑞红、马晓敏、郭燕、柴姣师妹及高峰、赵学伟、吴志祥师弟等 611 办公室的伙伴在学习和生活中的鼓励与帮助，特别感谢老师、师母及同门伙伴在问卷调研中的辛勤付出！同时，感谢陈志杰、乔富伟、罗君、李花、王伟军、潘翔、严翠霞、李骞国、瞿德业、温媛媛、李群等博士在课程学习及论文写作中的帮助，祝大家前程似锦！

（六）感恩回报

常怀感恩，奋力前行。感谢兰州财经大学资助我完成学业，感谢兰州财经大学的苏孜等校领导、公共管理学院的方来、韩作珍等院领导、财政与税务学院的柳江、李永海等院领导和原财税与公共管理学院的各位领导和同事，以及梁健、王庆、王晓慧、赵霞、王彦平、谢雁、荆磊、王一婕、周晓霞等博士在工作上的支持和生活上的关怀！这四年，是你们的理解与包容允许我脱产攻读博士学位，为我扛下了所有！衷心地谢谢你们！毕业返校之后，我将倍加努力、加倍补偿欠学院的所有！我将以青春之我、奋进之我为学院的发展壮大贡献智慧和力量！感谢帮助过我们的所有亲人！我将心怀感恩、奋力前行，以时不我待的紧迫感努力学习和工作，将自己的所学奉献给我热爱的教育事业！把论文写在祖国的大地上！

长风破浪会有时，直挂云帆济沧海。感谢西北师范大学的栽培与育养！是您让我学会了坚强，给了我乘风破浪的力量，我将"知术欲圆，行旨须直"的校训铭记于心，付诸于行，将母校师大所学的知识去影响周围和下一代的青年！

纸短情长！最后，再次感谢导师张志斌教授的悉心指导与倾力培养！谢谢！感谢三位外审专家以"2 优秀和 1 良好"的评阅成绩对论文的肯定！

衷心感谢兰州财经大学公共管理学科（甘肃省重点学科）建设经费、甘肃省陇原青年英才、兰州财经大学科研专项等经费资助！谢谢！

感谢马燕、魏玮、刘婧、苏婉丽、杨克莹、马令帅等研究生对本书校对工作的付出。本书在写作过程中参考和引用了众多学者专家的成果，在此表示诚挚的谢意。

由于城市居住空间因同时具有物质空间和社会空间的双重属性，因此，城市居住空间分异是一个具有挑战性的研究课题。作为一篇多学科交叉性质的学术成果，书中不足之处在所难免。恳请学界同人多提宝贵意见或建议。

谨以此书献给我的父母、岳父母、爱人、孩子以及关心和支持我的导师、领导、同事、学生、朋友和亲人们。祝愿大家平安顺遂、快乐常伴！

张文斌
2023 年 10 月 28 日晚